古代政治史における天皇制の論理【増訂版】

河内祥輔

吉川弘文館

目 次

序論 ——予備的考察——

一　『読史余論』をめぐって

a　古代政治史とか古代の天皇制という言葉に接するとき、我々はどのような輪郭を心に描くであろうか。本来、それは人様々に異なって然るべきはずであろうが、意外にある一つの見方が多くの人に共有されているように思われる。その見方とは昨今に生まれたものではない。その起源は遠く江戸時代にまで遡ることができる。日本人はこの三百年間、ある種の歴史観を根強く保ち続けてきたのではなかろうか。新井白石《あらいはくせき》『読史余論《とくしよろん》』を読むと、そのような想いに囚われる。

『読史余論』の意義は、何よりも時代区分を明快に定式化したことにあろう。その基本的な発想は公武交替史観であるといえる。すなわち、「天下の大勢」としては、天皇の支配が九つの画期（「九変」）を経て次第に衰え、それにかわって、「武家の代」が五つの画期（「五変」）を通して興隆に向かう。これを表に示せば次のようになるが、これは我々が小学校以来、日本史の授業で学んできた、馴染深い見方にほかならない。おそらくは、この白石の立てた定式は、さほどの抵抗もなく現代人の多くに受け入れられるであろう。私自身も十数年前までは、この定式に違和感をおぼえなかったと記憶している。

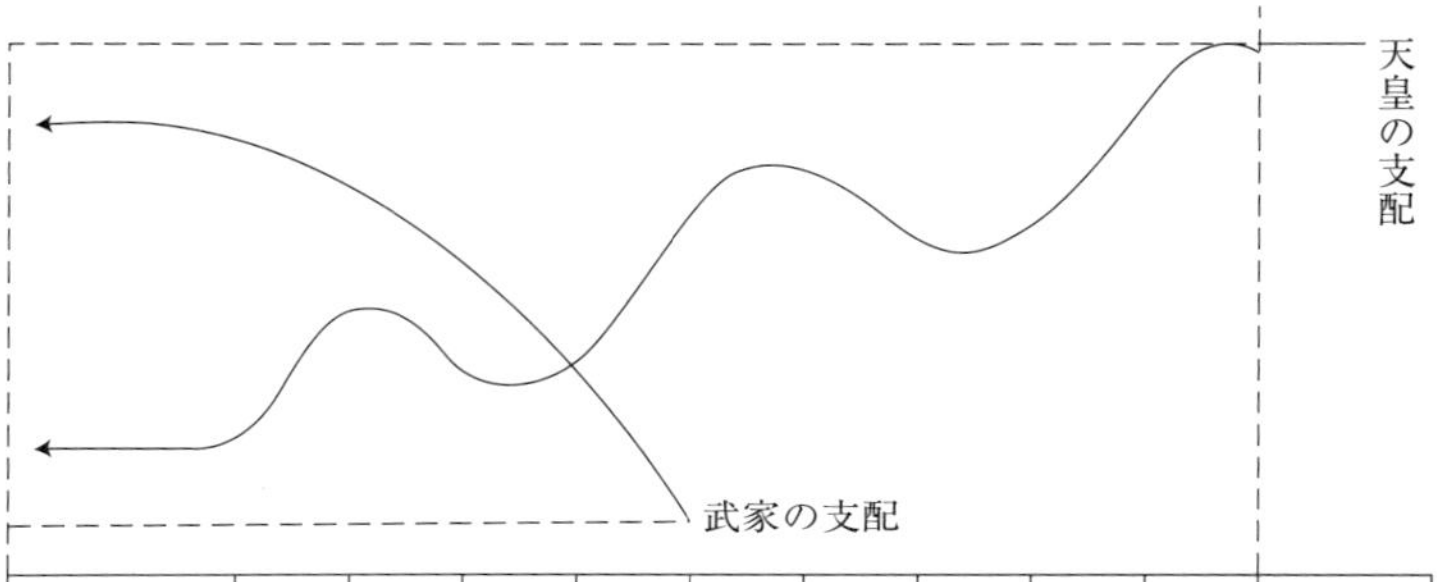

「天下の大勢」	一変　外戚専権の始	二変　天下の権藤氏に帰す	三変　外戚権を専にす	四変　政天子に出づ	五変　政上皇に出づ	六変　鎌倉殿天下兵馬の権を分掌す	七変　北条陪臣にて国命を執る	八変　後醍醐重祚す 天下朝家に帰す	九変　源尊氏光明を立て 天下ながく武家の代となる		
「武家の代」						一変　源頼朝幕府を開く	二変　平義時天下の権を執る	三変　源尊氏幕府を開く		四変　豊臣秀吉天下の権を恣にす	五変　当代(徳川)の世となる

＊「天下の大勢」に関する補注

一変　幼帝清和の即位（858年）と藤原良房の摂政就任
二変　藤原基経による光孝天皇の擁立（884年）
三変　冷泉天皇の即位（967年）
四変　後三条天皇の即位（1068年）
五変　白河上皇の「院政」（白河の譲位は1086年）
六変（1180年代）　七変（1221年）　八変（1333年）　九変（1336年）

『読史余論』はどうして現代にも通用するのであろうか。この書を読むと、いろいろ思い当たる節がある。私は次のような諸点に注目してみたい。

b　『読史余論』は平安時代の初期から天皇の支配が衰え始めたという構想を立て、その衰勢は武家（幕府）の成立によって決定づけられたとみなしている。その理由はいかなるところにあったか。たとえば、次の一節にその意見は集約されるであろう。(1)

謹按《つつしみてあんずるに》、鎌倉殿（源頼朝）天下の権を分《わか》たれし事は、平清盛武功によりて身を起《おこ》し、遂に外祖の親《したしみ》をもて権勢を専《もっぱら》にせしによれり。清盛かくありし事も、上は上皇の政《まつりごと》みだれ、下は藤氏《とうし》（藤原氏）累代《るいだい》権を専にせしに倣《なら》ひしによれる也。されば、王家の衰《おとろえ》し始は、文徳《もんとく》、幼子（清和）をもてよつぎ（世継）となされしによれりとは存ずる也。尊氏（足利）天下の権を恣《ほしいまま》にせられし事も、後醍醐《ごだいご》中興の政、正しからず、天下の武士、武家の代をしたひしによれる也。尊氏より下は、朝家《ちょうけ》はたゞ虚器を擁せられしまゝにて、天下はまつたく武家の代とはなりたる也。

かくのごとき『読史余論』の思考の成り立ちには、種々の特徴がある。

第一に、まず、歴史を貫通する存在として、「天下の権」なるものがある。「天下の権」は常にある一定の量的規模を保つものであるらしい。天皇、藤原氏、武家などの政治勢力は、それぞれ、この「天下の権」の何程かを分有するとみなされているが、これら諸勢力の有する力を合算すれば、その総和は常に一定量になるのであろう。つまり、「天下の権」そのものが発展するとか、その量的規模が変動するとかいうような考え方は、ここには見られない。

第二に、その当然の結果として、ある一つの政治勢力が興隆すれば、他の政治勢力の衰退が必然となる。他の有するものを奪わなければ、自己の力は増大しない。諸々の政治勢力が共存し、ともに発展するというような思考法は、『読史余論』においては不可能である。

第三に、天皇、藤原氏、武家などの政治勢力は、「天下の権」を争奪するという関係において、対等の地位におかれている。この意味において、これらの諸勢力は同質の存在として捉えられ、その各々に固有の異質性にはほとんど配慮が及ぼされない。故に、『読史余論』によって、たとえば天皇制について何がわかるかといえば、それはまことに心許無い感じである。朝廷という存在についても、公家と武家との二元的ともいえるような体制のあり方についても、納得できるような説明はほとんど得ることができない。

以下のように観察すれば、『読史余論』には種々の基本的な点で、重大な欠陥があることは明らかである。「王家の衰」なるものも怪しげな史観である。しかし、それにもかかわらず、何故この書は現代に通用しているのであろうか。

c　この書には、現代人に理解しやすい要素がある。私の見るところ、それは特に天皇制の捉え方に関係する。現代人にとって天皇制とは、何よりも眼前にある天皇、すなわち、明治維新後の天皇の姿であった。ところが、『読史余論』における天皇観は、この明治維新後の天皇のあり方に奇妙に一致しているのである。ここに、『読史余論』を馴染みやすいものにしている理由があるのではなかろうか。
その一例を挙げよう。『読史余論』中巻の冒頭を繙くと、「上古には征伐天子より出でし事」という主題が登場する。ここで白石は次のように論じた。

はじめ神武《じんむ》東征し給ひしより此《この》かた、代は三十八代、年は千二百廿五年がほどは、国中に皇化にしたがひまいらせぬものある時は、天子みづからこれを征し、あるひは皇子してこれを討《うた》しめらる。その中、神功《じんぐう》・斉明《さいめい》のごときは、女主にておはしませしかど、皆みづからこれを征せられき（中略）。戎旅《じゅうりょ》は国の大事なれば、古《いにしえ》にはこれを重くし、慎《つつし》み給ひし御事とみえし。後代のごとくに、坐《い》ながら将帥《しょうすい》に命じてこれを討しめられし事のごとくにはあらず。

第三十八代の天皇とは斉明であり、この記述は六六三年の対唐・新羅戦争に関わっている。神武以来、この頃までは、天皇の支配は立派に行われていたという。それでは、この「上古」の時代に、天皇とはどのような存在であったか。ここに天皇の本然の、理想の姿があったと説かれる。それは軍人としての天皇である。天皇は軍人であったからこそ、「天下の権」を全的に掌握できたのであった。しかるに、その後、天皇がみずからその軍人としての性格を捨ててしまったところに、天皇の支配が衰退に向かう原因がある、と白石は説いている。
「王家の衰し始」は、幼帝清和《せいわ》の即位のみにあるのではなかった。それ以前に、臣下を「将帥」に任じ、「兵馬の権」を与えるようになったことも、天皇の支配が衰え始める発端の一つに数えられるわけである。

ところで、このような軍人天皇論は、歴史上、過去の天皇の実像からははるかに乖離していたにもかかわらず、その後、明治維新によってにわかに現実性を獲得したことを見逃してはならない。既に和辻哲郎が鋭く指摘したように、(2) 明治維新は天皇制の伝統を否定し、天皇のあり方に根本的な変質をもたらした。和辻は、その最たる現象が天皇の軍人化にあると論じた。確かに現在人にとって天皇とは最高位の軍人であったから、そのような眼前の天皇の姿が強く意識されればされるほど、軍人たることに天皇の原像を重ね合わせるような錯誤も生まれやすい。こうして、『読史余論』の軍人天皇論を受容する受け皿がつくられたのではないか。この軍人天皇論の効果は、「上古」に「天下の権」なる強力な統治権力が実在し、その権力が天皇に帰属したかのごとき幻想をふりまいたことにあろう。

右の一例にもみるように、現代人の天皇観、及び天皇制観には、意外な落とし穴があるように感じられる。われわれは天皇の存在を日常的に経験し、また、あまりに生々しい戦争体験を共有しているために、知らず知らずのうちにも、この現代流の理解を以て、そのまま過去に投影してしまうということになりがちではなかろうか。眼前にある天皇は、あくまでも明治維新後の天皇であり、過去の天皇のあり方とは大きく異なるということに、十分の注意を払わねばならないであろう。

d　それでは、明治維新によって生まれた天皇制の変化とは、どのようなものであろうか。まず第一は、いま述べたところの、天皇の軍人化である。この他に、次の二点が重要であると考える。すなわち、第二に、朝廷が解体され、消滅したこと、第三に、天皇の地位及び皇位の継承が国家法に規定されたことである。

第二の朝廷の解体、消滅ということは、いかなる影響をもたらしているか。それは現代人が天皇を孤立した丸裸の存在として捉えるようになった点に著しい。かつて天皇は朝廷の中の存在であったということが、感覚的にもわかりにくくなっている。

朝廷の起源は天皇の存在とともに古く、曖昧であるが、一応は、数世紀にわたる発展期を経て、平安時代後期にほぼ成熟を遂げたとみなすことができよう。朝廷はその全体が一つの親族集団ともいえるような組織であり、天皇を中心に、天皇と貴族、及び貴族相互の濃密な身内関係の結合によって、排他的世界をつくった。この朝廷と天皇制の関係をいかに捉えるかに、議論の大きな分かれ目がある。和辻哲郎の指摘を引用しよう。

維新政府がこの時に紀元節を重大視したのは、決して意味の軽いことではない。それは明治維新が、単なる話し合ひによつてでなく、武力を以て達成されたといふことと関係のある問題である。当時、明治維新の王政復古は、所謂王朝時代への復古ではない。更に遡つて神武天皇への復古であるといふことが、強く主張された。これは実は容易ならない主張だつたのである。

確かに、明治維新の掲げた「王政復古」なるスローガンは、頗る特殊な内容であった。ここに言う「王政」とは、歴史的実在としての王政ではない。歴史上、実在した王政といえば、それは朝廷の支配以外にはない。しかるに、明治維新はその朝廷を解体した(3)。「復古」という言葉とは裏腹に、天皇制の歴史的伝統は否定され、新しい「王政」が生み出されたのである。しかも、「王政復古」というスローガンによって、この新しい「王政」こそ天皇の本然の姿であるかのような、それが歴史上の実在であったかのような幻想が広められた。まさしくそれは『読史余論』における「上古」の時代観に一致していた。

かくして、天皇と貴族とを基本的に対立する関係におく考え方は、現代人の受容しやすいものとなった。現代人には、貴族集団に囲繞《いにょう》された天皇というイメージの方が理解しにくい。天皇制といえば天皇ひとりのみを想い浮かべる、という発想法にわれわれは慣れている。現代人の思考には、このような特有の限界がありうることを自省すべきではなかろうか(4)。

e　第三に挙げた、皇位の法制化という点に話を進めよう。明治維新以後、天皇の地位や皇位継承が国家法に規定されることによって、天皇制の変質は紛れもなく確定する。天皇制が自律性を維持しうる条件はほとんど全く失われた。ここにも留意すべき数々の問題があろう。しかしながら、いまは一つの点のみに触れておきたい。それは皇位というものの捉え方である。

現代人は、過去の人々に較べて、皇位を非常に重視するようになったと思われる。その例として、いわゆる「院政」と呼ばれる天皇制の一形態を取り上げてみよう。白河《しらかわ》や鳥羽《とば》は譲位した後においても、その存在感はまことに重かった。この「院政」について、『読史余論』は「上は上皇の政みだれ」とか、「院中にて御政務ある事、すべて道理にもそむき、王者の法にもたがへり」とか、否定的評価を下している。「院政」を天皇と貴族との権力争奪戦の一環として捉えたのであった。現在もこの「院政」については、変則的であり、本来あるべきことではない、とする感じ方、受け取り方が根強くあるように見受けられる。

「院政」に対して否定的評価が与えられるのは、おそらく、皇位を重視するからであろう。皇位にあってこそ天皇として振舞えるのであり、譲位して皇位から離れてしまえば、天皇としての地位も権限も失われるはずだ、という理解があるように思われる。これはいかにも法的なものの考え方であって、天皇制が国家機関としての性格を明確にした時代にふさわしい。しかし、過去の天皇制は、はたしてこのような思考の枠内に捉え切れるであろうか。はたして皇位に最上の価値があるのであろうか。視点の置き方次第によって、「院政」の評価も、さらに天皇制の捉え方も、大きく変化することにもなるのではないかと思われる。

二　『神皇正統記』をめぐって

a　以上、『読史余論』を批判しつつ、現在人の天皇制観について、自省的に検討を加えてみた。それでは、政治史といい、天皇制といい、古代を見る眼はいかにあるべきことになろうか。それを見つけるためには、何らかの寄るべにすがらなくてはならない。天皇制と政治史について論述した書物といえば、北畠親房《きたばたけちかふさ》『神皇正統記《じんのうしょうとうき》』がある。古人ほど古代を知り、武士よりは貴族の方が天皇を知るとすれば、この書こそ恰好の材料ではあるまいか。

『読史余論』にとっても、『神皇正統記』は最も重要な参考書であった。『読史余論』には『神皇正統記』からの引用がおびただしいほどにあるし、そもそも、その巻頭は次の引用文から始まっている。

　神皇正統記に、「光孝《こうこう》より上《かみ》つかたは一向上古《いっこうしょうこ》也。万《よろず》の例《ためし》を勘《かんが》ふるも、仁和《にんな》より下《しも》つかたをぞ申《もうす》める。」

『読史余論』は、このあとに「五十六代清和幼主にて、外祖良房《よしふさ》摂政す。是《これ》外戚専権の始《はじめ》。一変。」と続けている。あたかも自己の時代区分論の根拠を『神皇正統記』に求めたごとくであるが、しかしそこには、彼方は光孝、此方は清和というズレがある。大したことはないようにみえて、実はこのズレがなかなかにおもしろい。それはこの両書は時代区分を立てる論拠を全く異にしているからである。『読史余論』はその相違を無視して引用したにすぎない。

　『神皇正統記』の場合、何故「光孝ヨリ上ツカタハ一向上古」[5]なのであろうか。それは、光孝が「カタハラ」（傍）から出て、しかも「正統《しょうとう》」を継いだ天皇となったからである。「カタハラ」とは傍流のことで、仁明《にんみょう》のあと皇位は文徳、清和、陽成《ようぜい》と父子継承されたから、この嫡流に対して、光孝（仁明男子）は傍流でしかなかった。その光孝が即位し（八八四年）、皇位は光孝の子孫に継承されたのである。『神皇正統記』はこの事実に注視し、しかも、「カヤウニカタハラ（傍）ヨリ出給《いでたもう》コト是マデ三代ナリ」と論じる。その「三代」とは、継体《けいたい》と光仁《こうにん》、そして光孝である。光孝以前にも同様の例が二つ存在したというわけであるが、しかし、光孝以後には、もはやこのような例はないとする。「光孝ノ御子孫、天照太神ノ正《しょう》統《とう》トサダマ（定）」ったのである。「カタハラ」より出た最後の例が光孝であるということ、そこに「光孝ヨリ上ツカタハ一向上古也」と断じる所以《ゆえん》があった。

このように、『神皇正統記』の立てた時代区分は、『読史余論』のそれとは全く異質である。『読史余論』が権力の所在とその変化に主たる関心を示すのに対し、『神皇正統記』の関心は、皇位継承の論理性に向けられる。しかも、注意されねばならないのは、『神皇正統記』において、「上古」は必ずしも理想的な時代とみなされてはいない。それはときに皇位継承のあり方に乱れのあった時代であり、止むをえず「カタハラヨリ出」て皇統をつくることも行われた。それに対して、光孝以後こそ「正統」がゆるぎなく実現する時代、すなわち、「マサシキ《(正)》御ユヅリ《(譲)》」の行われるべき時代であった。『神皇正統記』は単純な下降史観ではない。

以上に、『神皇正統記』における天皇(制)観が、かなり特色あるものであることの一斑を示してみた。この書において、天皇は決して均質の存在とは見なされていない。天皇一人ひとりの性格を見究めること、そのために個別に検討を加えることが、必要とされるのである。この発想は学ぶに値すると私は思う。

b　親房は、『神皇正統記』を明確な自覚をもって執筆した。「神代《かみよ》ヨリ正理《しょうり》ニテウケ伝ヘルイハレ《(謂)》ヲ述《のべん》コトヲ志テ」とか、「神代ヨリ継体正統《けいていしょうとう》ノタガ《(違)》ハセ給ハヌ一ハシヲ申サンガタメナリ」などと記しているように、天皇制の存在原理が「正統《しょうとう》」の理念にあることを論証しようとした。日本の天皇制は「日《ひの》神《かみ》ナガク統ヲ伝」え、「天祖ヨリ以来《このかた》、継体タガ《(違)》ハズシテ、タヾ一種マシマス」ものであるという。その点に外国の王朝と異なる特質を見るのであるが、その「一種姓《いちしゅしょう》」を保ち続けた原理の働きが「正統」であることになろう。

それでは、「正統」とは実際にどのようなものかとみると、それは父子一系の血統として示される。神武から始まり、後醍醐に至るまで、一筋に間断なく連続し、兄弟などの全く交わらない、あくまでも父子一系で貫かれた血統である。『神皇正統記』はこの「正統」の順序を「世」字を以て表わし、一方、皇位継承順序には「代」字を用いることによって、この両者を劃然と区別した。

代《だい》ト世《せい》トハ常ノ義差別《しゃべつ》ナシ。然《しかれ》ド凡《おおよそ》ノ承運《しょううん》トマコト《(真)》ノ継体《けいてい》トヲ分別《ぶんべつ》セン為《ため》ニ書分《かきわかち》タリ。

「世」は実際に皇位に即《つ》いたかどうかには関係がない。たとえば、日本武尊《やまとたけるのみこと》は歴代にはかぞえられないが、「正統」としては第十三世に当たる。また、継体《けいたい》天皇は第十六代第十五世、応神《おうじん》の「正統」を嗣ぐ者として、第二十七代第二十世とされる。継体は応神の五世孫と伝えられるので、中間の四人の人物を第十六世から第十九世に数えたためである。仁徳《にんとく》から武烈《ぶれつ》までの十代は「世」に数えられない。かくのごとく「世」と「代」とを数え分けた結果、後醍醐は第九十五代第四十九世、最後の後村上《ごむらかみ》は第九十六代第五十世とされる。歴代の天皇のうち、半数以上も「正統」から外れてしまうのであった。「世」は「マコトノ継体」（真実の皇位継承）であるから、「凡ノ承運」（一般的な皇位継承）の「代」よりもすぐれた価値がある。

コレヨリハ世ヲ本《もと》トシルシ奉《たてまつる》ベキ也。

「正統」こそが天皇制の本質であると主張するのである。

『神皇正統記』は後醍醐と南朝を擁護しようとする意図をもって書かれたものであるから、その内容には、その意図からもたらされた歪みが多々みられる。「正統」論についても、後醍醐こそが「正統」であるというその主張は、南朝の敗北という歴史の結果に伴って色褪《あ》せることになった。しかしながら、それでは「正統」論そのものが無意味なものになるのかといえば、そうではない。〔補注1〕「正統」論について見直すべきことは、この立論を通して親房の天皇（制）観がどのように表現されているのか、親房はどのように説けば後醍醐の権威を人々に納得させることができると考えたのか、そのような「正統」理念が生まれる発想の特徴を捉えることであろう。

『神皇正統記』に言う。

　二《ふたつ》ヲナラベ《（並）》テアラソフ《（争）》時ニコソ傍正《ぼうしょう》ノ疑《うたがい》モアレ、

「二ヲナラベテアラソフ」とは、親房がみずから身を置いた現実である。それは北朝と南朝の対立であり、さらに遡れば、鎌倉時代後期の持明院統と大覚寺統の対立であった。皇統が二つに分化すれば、「傍正ノ疑」が生まれるという。故に、親房は後醍醐にかけられた「傍」か「正」かの「疑」に答えねばならないのであり、そこに『神皇正統記』の主題があった。

この考え方は決して親房の一人よがりではない。当時の人々に共通した考え方である。持明院統も大覚寺統も、皇統が分裂した当初から、ともに自己のみが「正統」であると一貫して主張した。自己とともに相手が共存することは認めないのである。両統迭立の妥協案は問題を何ら解決しないのみか、かえって事態をこじらせるばかりであった。これを単に利己的な主張とみなしてすますわけにはゆかない。

二つの皇統があれば、必ずや一方が「正」で、他方が「傍」であらねばならない、という考え方こそ当時の人々の常識であり、信念なのであろう。それ故に、この二つの皇統の対立はきわめて深刻な情況に陥ったのであろう。

皇統は一つであらねばならない、それは分化してはならない、という考え方は、「正統」の理念の基礎である。そして同時に、それは天皇制に固有の理念なのではなかろうか。十三、四世紀だけに限って見られるものとは思われない。それ以前の天皇制においても、普遍的に認められるのではないか。そのような予想を立ててみたいと思う。〔補注2〕

既に述べたごとく、『神皇正統記』における「正統」とは父子一系の皇統を意味するが、それに当てはまる現代語は「直系」である。天皇は直系として存在するときに、その権威が高まるのである。〔補注3〕

いささか強引ながら、「正統」理念の基礎にある天皇（制）観の特徴を、右のように読み取ってみた。これを古代を見る眼として、政治史や天皇制を見る眼として、生かしたいと考える。『神皇正統記』は中世人の著作であって、古代に通用するかどうかは疑問とする見方も、或いはありうるであろうが、だからといって、その試みを最初から放棄してしまういわれはない。また、古代といい、中世といっても、どのような違いがあるのか、とても明々白々とは思われない。もし、案外に通用するところがあるとなれば、天皇制における古代とは、南北朝期をもその視野に入れて理解すべきことになるかもしれない。

c　ところで、もう一度、「正統《しょうとう》」論にそって『神皇正統記』の特色を探ってみよう。後醍醐が「正統」として認定される根拠は何か。実のところ、神武より後醍醐に至る一筋の血統を「世」に数えて表示したところで、それ故にこれぞ「正統」である、と言えることにはならない。一筋の血統を表示すること自体は、当然ながら、後醍醐に限らず、後二条《ごにじょう》であっても、光厳《こうごん》や花園《はなぞの》であっても、誰の場合でも可能である。「正統」の原理はおのずから別に説明されねばならないのであった。

「正統」の論拠とされるものには、周知のごとく、一つに神の意思があり、また、神器の継承があり、さらに、帝徳の論がある。しかし、これらの他に、これらにもまして重視されるべき、もう一つの論拠がある。それは、『神皇正統記』の時代区分論に密接に関わり合っている。「正統」がゆるぎなく実現する時代、すなわち、光孝以後に注目しよう。

『神皇正統記』がこの時代における「正統」の最も確かな根拠とするものは、「ユヅリ」（譲）である。光孝の即位に関して、

　マシテスヱ《(末)》ノ世ニハ、マサシキ《(正)》御ユヅリ《(譲)》ナラデハ、タモタ《(保)》セ給《たもう》マジキコトト、心エ《(得)》タテマツルベキ也。

と言い、又、後嵯峨《ごさが》の即位（一二四二年）に関して、

　天日嗣《あまつひつぎ》ハ御譲《おんゆずり》ニマカセ、正統《しょうとう》ニカヘ《(返)》ラセ給《たもう》ニトリテ、用意アルベキコトノ侍《はべる》也。

と言うごとく、[6] 光孝以後の「スヱノ世」（現代）にあっては、「ユヅリ」によって「正統」が実現されると強調している。

それでは、この「ユヅリ」はどのような天皇によって行われるのであろうか。それを知る適例は、後《ご》

鳥羽《とば》の即位（一一八三年）である。時に、安徳《あんとく》は平家に擁されて、京から脱出した。この事態を『神皇正統記』は次のように述べる。

先帝《(安徳)》西海ニ臨幸アリシカド、祖父法皇《(後白河)》ノ御世《みよ》ナリシカバ、都ハカハラズ。（中略）ヨリテ太上法皇《だいじょうほうおう》ノ詔《みことのり》ニテ此《この》天皇《(後鳥羽)》タヽ《(立)》セ給《たまい》ヌ。（中略）法皇此君《このきみ》ヲエラビ《(選)》定申給《さだめもうしたまい》ケルトゾ。先帝三種ノ神器《じんぎ》ヲアヒ《(相)》グ《(具)》セサセ給《たまい》シユヘ《(故)》ニ、践祚《せんそ》ノ初《はじめ》ノ違例ニ侍《はべり》シカド、法皇国《くに》ノ本主ニテ正統《しょうとう》ノ位ヲ伝《つたえ》マシマス。皇太神宮《(伊勢神宮)》・熱田ノ神アキラカニマボ《(守)》リ給コトナレバ、天位《(皇位)》ツヽガ《(恙)》マシマサズ。

ここに述べられているような後白河《ごしらかわ》の役割は、いわゆる「院政」である。そして、この記述全体がかかる「院政」を正当視していることも明らかであろう。特に、後白河は「国ノ本主」であるから「正統ノ位ヲ伝」えることができるのだ、という言い方が印象的である。これが「正統」の「ユヅリ」にほかならず、「国ノ本主」たる「院」によって「ユヅリ」が行われるのであった。

そこで、後醍醐の場合であるが、『神皇正統記』が彼だけを何か特別に扱っているというわけではない。彼を生まれながらの「正統」としているわけでもない。それどころか、そもそも彼は皇位に即《つ》く資格さえも危うかったという。大覚寺統においては、後醍醐の兄、後二条が嫡流の地位にあったからである。それでは何故彼が即位したのかといえば、それは彼の父、後宇多《ごうだ》の意思によるものであったという。

後宇多は、後二条の遺子、邦良《くによし》を皇統の継承者に決めてはいたが、邦良が幼少で、しかも病弱であることに不安を抱き、邦良の死去によって後二条の血統が絶えるという事態に陥ることを懸念して、一旦、先に後醍醐を即位させて邦良をその皇太子とし、もし邦良が死亡した場合は後醍醐の子孫に皇位を継がせる、という方針を立てた。つまり、本命は邦良であるが、本命に万一のことがあったとき大覚寺統を継ぐ者がいないというのでは困るから、予めその継承者を準備しておく必要があったわけである。後醍醐の即位は、彼をこの予備候補者とするための資格作りであった。後宇多はこのような皇位継承計画を立て、文書にも書き残している。――以上が『神皇正統記』の説明である。[7]

従って、「正統」論としては、後醍醐の即位が、即、「正統」の確定とはならない。邦良が健在の間は、後醍醐にその条件はなかった。しかるに、その邦良は一三二六（嘉暦元）年に死去してしまう。『神皇正統記』が後醍醐を「正統」と認定するのはこの時点である。[8]

　其後《そののち》ホドナク東宮（邦良）カクレ給《たもう》。神慮ニモカナハズ、祖皇（後宇多）ノ御イマシメ（戒）ニモタガ（違）ハセ給ケリトゾオボエシ。今コソ此《この》天皇（後醍醐）ウタガヒナキ継体《けいてい》ノ正統《しょうとう》ニサダ（定）マラセ給ヒヌレ。

結局、後醍醐の立場を左右するものは、父後宇多の意思である。後醍醐を「正統」とみなすかどうかの判定は、後宇多の遺志を基準にするしかない、ということなのである。〔補注4〕これは、前述の後鳥羽即位の事例と同じ考え方であって、後宇多を後白河のごとくに、「国ノ本主」に見立てることになるであろう。すなわち、これも「院政」による「ユヅリ」（譲）にほかならない。

同様の事例に、後深草《ごふかくさ》と亀山《かめやま》のいずれが「正統」か、という問題がある。これについても、『神皇正統記』は彼らの父、後嵯峨の遺志によって亀山が「正統」に確定したと説いている。やはりこの場合も、「正統」の根拠は「院政」による「ユヅリ」という考え方に求められた。

以上、「正統」論を媒介にして、『神皇正統記』の「院政」観を抽出してみた。そこには、「院政」を不当視したり、変則とみなしたりする考え方はほとんど表われない。むしろ、「院政」によって「正統」が支えられてきたというのであれば、それは天皇制の自然な、正当なあり方と受け取られるべきものであろう。この「院政」に対する肯定的な姿勢は注目に値する。古代を見る眼とはこのようなものではなかろうか。

『神皇正統記』には、白河、鳥羽の「院政」によって「フルキスガタハ一変」したとか、「政道ノフルキスガタヤウ〳〵オトロヘ」たというような記述がある。この評価にマイナスのニュアンスがあり、「公家ノフルキ御政ニカヘル」ことを是とする考え方のあることも確かであろうが、それは決して「院政」を否定しようとする意味ではなかった。(9)「世ノ末ニナレルスガタナルベキニヤ」と評してもいるごとく、「院政」をそれなりに「世ノ末」（現代）にふさわしいあり方と観ずる態度が基本であるように思われる。〔補注5〕

『神皇正統記』は幾度も、保元・平治から「世ノ乱《みだれ》」が始まったと述べている。つまり、白河「院政」の成立がただちに「世ノ乱」をもたらしたわけではない。「世ノ乱」は後世になって、別の原因から生まれたのであり、よって、その「世ノ乱」を終らせることは「院政」のもとにおいて可能となる。後嵯峨「院政」に関して、

白河・鳥羽ヨリコナタニハ、オダヤカニメデタキ御代ナルベシ。

と述べているように、(10)平和を回復し、秩序を維持することに「院政」本然の姿がある、というのが親房の考え方であろう。

d　以上、著名な二書を素材に、古代の政治史や天皇制について、本書がいかなる関心と視角から接近しようと志しているのか、その一端を述べてみた。あまりに古い文献を取り上げたことに、疑念をもつ向きもあろうかと思う。また、一節を立てて、最近の研究成果を整理し、紹介するべきであるという意見もあろう。それは当然のことであり、私の怠慢ぶりをさらすほかはない。ただ、この二書をめぐって書き記したことは、最近の研究動向も念頭に置いた上での感想であり、私としては、このような形でこの二書を論ずることが、現在もなお、有効かつ必要ではないかと感じている。

三　皇位継承の概観

a　次に、本論に入る前に、皇位継承の歴史を大雑把にも概観しておこう。それは本論のための基礎知識でもあり、問題の所在を知る手懸りでもある。

本書の巻末に収めた天皇系図〔補注6〕を参照されたい。この系図には歴代天皇のほかに、不即位の皇太子も記載している。不即位とはいえ、皇太子に立てられたということは、皇位継承者として認められたことを意味するから、皇位継承の実態を知るためには、むしろ、これを欠かすことはできない。また、七世紀以前については、『日本書紀』に依拠した。『日本書紀』の記述に種々の疑問点があることは第一章に触れるが、この系図は、神話的部分も含め、一応、『日本書紀』の記述の通りに作成している。

この系図は、皇位継承者を父系の血統を辿って繋いだものである。このように系図化できるということは、皇位がかなり古くから父系世襲制であったことを示している。これを一般的通則とみなすことができるであろう。〔補注7〕

b　それでは、この父系世襲制のもとで、皇位は実際にどのように継承されたであろうか。それは様々であって、父子継承とともに、兄弟継承も見られる。全体としては、兄弟継承が案外に目立つであろう。また、先ほど、中世語の「正統《しょうとう》」は現代語の「直系」に当てはまると述べたが（一四頁）、そのような父子一系の形も所々に散見される。〔補注8〕神武から応神まで、天武《てんむ》から聖武《しょうむ》の男子まで、仁明から陽成まで、光孝から醍醐《だいご》の孫（慶頼）まで、そして、白河から崇徳《すとく》まで、というような部分に、この直系形態を見ることができる。

それ以外の部分には、兄弟継承もあり、また、複数の血統が並存する状態もある。先述の同じ箇所で、卑見は、皇統は一つであり、分化してはならない、という理念があるのではないかという予想を立てた。一般論として言えば、皇位の兄弟継承は皇統の分化を招く原因ともなりかねない。兄弟継承と皇統の分化との関係を、より具体的に検討してみることが必要であろう。

第一は、兄弟で皇位継承者になっても、その兄弟の中の一人だけが子孫に皇位を伝え、他の兄弟は子孫に皇位を伝えていない、という事例である。この場合には皇統の分化は起こらない。雄略《ゆうりゃく》・仁賢《にんけん》・欽《きん》明《めい》・桓武《かんむ》・後朱雀《ごすざく》・後三条《ごさんじょう》・白河・後白河、などがこの例であり、彼らの兄弟の子孫には皇位継承者がいない。

第二は、複数の兄弟の子孫に皇位継承者が現れる事例である。これはさらに次の二種類に分けなければならない。

(1) 複数の系統の現われ方が、時間的に重なっていない場合。

(2) その現われ方が、時間的に重なり合っている場合。

(1)の例に履中《りちゅう》と允恭《いんぎょう》がある。彼らはともに、子孫に皇位継承者が現れるが、しかし、允恭系の皇統が続いている限りは、履中系に皇位継承者は現われなかった。清寧《せいねい》に至って、允恭系の血統の男子が絶えたため、履中系の仁賢・顕宗《けんそう》が擁立されたと伝えられている。従って、本来は允恭の子孫のみが皇位を継承し続けるはずであったと判断できるのであり、これは第一の事例の変種といえることになる。皇統としてみれば、允恭系と履中系に分化したのではなく、允恭系から履中系へと転換し、継承された。

仁徳とその兄弟（継体の高祖父）もまた、まさしくこれと同様の例である。〔補注9〕同じく(1)の例には、他にも敏達《びだつ》と用明《ようめい》、天智《てんじ》と天武、草壁《くさかべ》とその兄弟、文徳と光孝、保明《やすあきら》と村上《むらかみ》、二条《にじょう》と高倉《たかくら》、後鳥羽と後高倉《ごたかくら》院（守貞《もりさだ》）、土御門《つちみかど》と順徳《じゅんとく》、などがある。但し、原因は血統の断絶とは限らない。

以上のように、兄弟継承が目立つとは言っても、その大半は皇統の分化という事態をもたらすことはなかった。明瞭な直系形態（父子一系）のみならず、兄弟継承の第一、及び第二の(1)までを含めて、これらには共通した性格がある。これらの場合、皇位継承の実際は明らかにある一つの血統に限定されている。さらに個々についての検討を要するとはいえ、一つに限定された血統という意味において、「直系」と呼びうる存在をこれらの事例の中に普く検出することが可能であろう。「直系」の概念を機能的観点から捉え直し、今後は、皇位を子孫に直接伝えることのできる資格を以て、「直系」と呼ぶことにしたい。

c　最後に残された若干の例外がある。⑵に属する事例であって、三例が該当するであろう。すなわち、平城《へいぜい》と嵯峨《さが》と淳和《じゅんな》、冷泉《れいぜい》と円融《えんゆう》、そして、後深草と亀山、である。これらは紛れもなく皇統の分化を現出した。それぞれ二つの皇統がかなり長期にわたって同時並存し、両統迭立の状態を続けた。

しかしながら、これらを例外と述べたように、皇統の分化は決して永続することはない。いつかは必ず解消されるのであり、故に、不安定な、かつ不自然な現象であることに間違いはない。その上で何故かかる現象が起きたのか、さらにどのような結末に至ったか、その原因や解決法について考察することは、政治史としても興味ある素材である。

つまり、この⑵は直系がつくられない情況、或いは、直系の存在が曖昧になっている情況であろう。この問題についても同じく、直系に価値をおく視点にこだわることによって、その意味を明らかにすることができるのではないかと思われる。

d　以上、皇位継承の様相を簡単に概観した。その結論として、次の点を最も基本的な特徴としておさえておきたい。それは、皇位継承が原則として拡散化の方向をとらない、ということである。皇位継承には常に一つの血統、一人の人間に限定化しようとする志向性が働いている。天皇の血統はそれによって維持されてきた。これを理念化すれば、直系主義と名付けることができる。直系主義とはいかなる具体的内容のものであろうか。それは本論における一つの主要な課題となるであろう。

e　本書の主題は、古代における天皇制と政治史の関係を考察することにある。その構成はごく平凡ながら、古い世紀から新しい世紀へと、時代を下りながら叙述する形を採った。年代順に全体を七章に分ける。

第一章は、六世紀と七世紀における皇位継承のあり方を辿り、その規則性と特徴を探るとともに、聖《しょう》徳《とく》や天智の性格、及び女帝の出現の意味を分析した。

第二章は、聖武に焦点を絞り、天皇制史上の一つの画期がこの時期にあることを論じた。

第三章は、道鏡《どうきょう》事件など、孝謙《こうけん》時代の特異な様相について、天皇制の論理とは何かという視点から、解明を試みた。

第四章は、光仁・桓武の性格、および皇統の分化現象について分析し、直系の成立過程を辿った。

第五章は、幼帝清和の即位事情を検討し、摂政制の性格と意義について考察を加えた。

第六章は、光孝が天皇として特殊な性格を有したことを明らかにし、その擁立に至る経過の復原を試みた。

第七章は、宇多《うだ》の諸施策にみられる個性と理念を捉えることによって、その全体的構図が「院政」の特徴を具えていることを論じた。

以上の七章のうち、第一、第二、第三の三章は筆者の二つの旧稿[11]に拠りつつ、特に第一・第二章はほぼ全面的に書き改めたものである。序論及び第四章以下は新稿である。

本書が十世紀初頭で叙述を止どめていることは、本書の課題とするところに照らしても、明らかに中途半端である。当初は、できうれば十二世紀に至るまで書き進めたいとの抱負もあったが、果たすことはできなかった。かく不十分な結果に終わったのは偏に筆者の非力によるものである。

注

(1) 引用文は『新井白石〈日本思想大系35〉』（益田宗校注、岩波書店）に拠る。

(2) 和辻哲郎「日本古来の伝統と明治維新後の歪曲について」（『講座現代倫理』第十一巻所収。一九五九年、筑摩書房）。

(3) 大久保利謙氏「維新政府」（同氏編『体系日本史叢書　政治史Ⅲ』所収。一九六七年、山川出版社）。井上勝生氏「維新変革と後進国型権力の形成」（『日本史研究』二七一号、一九八五年三月）。

(4) 天皇は、敗戦に際して、軍部を切り捨て、みずからも軍服を脱ぐことによってその地位の存続をはかった。この敗戦による変化は、勿論、「伝統」への復帰などではなく、近代天皇制の枠内での修正である。和辻の近代天皇制批判は、その論旨からして、戦後の天皇のあり方に対しても、基本的に有効性をもつはずではなかったかと思われる。

(5) 引用文は『神皇正統記・増鏡〈日本古典文学大系87〉』（岩佐正校注、岩波書店）に拠る。

(6)『神皇正統記』は後嵯峨の即位を「正理」と説くが、その理由付けには無理が目立つ。実際には「御譲」の事実はない。詳論は省くが、事実経過から見ると、後嵯峨は「カタハラ」からの擁立に間違いない。『神皇正統記』がそのように認めないのは、鎌倉時代の天皇制の「正統」に疑念を生み、権威性に欠けるような印象を与えることを避けようとしたためであろう。

(7) ここまでの説明に関する限り、『神皇正統記』は後醍醐の即位事情について、かなり正確なところを捉えているように思われる。田中義成『南北朝時代史』（一九二二年、明治書院。講談社学術文庫に収む）、村田正志氏『南北朝論』（一九五九年、至文堂）参照。なお、以上は『神皇正統記』原文の直訳ではなく、かなり補足説明を加えている。

(8) 但し、事実関係からみれば、後醍醐はこの時点においてもなお、大覚寺統の中で傍流に留まっていたとみなされるべきである。邦良の遺子に康仁があったから、大覚寺統の嫡流は依然として続いており、康仁が大覚寺統の皇統を担う方向で、ほぼ大勢は決していた（康仁は元弘の変のあと、光厳のもとで立太子する）。後醍醐がみずからの子孫に皇位を伝える望みはほぼ断たれており、ここに後醍醐が倒幕運動を本格化する動機があるが、『神皇正統記』はこの康仁の存在を全く無視している。森茂暁氏『南北朝期公武関係史の研究』（一九八四年、文献出版）が紹介、分析された宮内庁書陵部所蔵「御事書并目安案」（題簽に嘉暦三年の年次あり）なる興味深い史料にも、後醍醐を指して「一代主」とする印象的な発言が見られる（辻善之助『日本文化史Ⅳ』〈一九五五年、春秋社〉一四七頁参照）。

(9) 引用文にある「フルキスガタ」とは天皇「親政」（「御ミヅカラ政ヲシラ」す）をいう。『神皇正統記』は、延喜・天暦（醍醐・村上）とともに、後三条も摂関家の権勢を抑制したという意味で「親政」であるとし、この「フルキスガタ」は後醍醐に継承されたと説いた。但し、後醍醐の場合は、後宇多が

「院政」を停止し引退したことによる「親政」である。後醍醐は生涯「親政」を貫いたから、『神皇正統記』も「親政」を理想視することになるのであろうが、「親政」が理念として強い力をもちえたわけではない〔補注10〕。そもそも、後醍醐は傍流の位置にあるから、「院政」を行なう資格をもたなかったのである。なによりも、譲位をすれば自己の子孫に皇位を伝える望みは完全に断たれるから、周囲の圧力に抗しても、譲位を拒否し、皇位にしがみつかざるをえなかった。その後の動乱の中では、譲位するにもそのゆとりもない。後醍醐の「親政」はいかに理念的粉飾を凝らそうとも、実情は、彼が傍流で天皇としての権威に乏しかったことによるのである。『神皇正統記』が「院政」の権威を否定できないのも当然である。

(10) この引用文と全く同じ言い回しをしたものに、後三条の治世についての「延喜・天暦ヨリコナタニハ、マコトニカシコキ御コトナリケンカシ」という文章がある。これを解釈の参考にすれば、白河・鳥羽と後嵯峨の時代が「オダヤカニメデタキ御代」であったことになろう。その間の後白河・後鳥羽の時代に「世ノ乱」があったことになる。

(11) 拙稿「王位継承法試論」（佐伯有清氏編『日本古代史論考』所収。一九八〇年、吉川弘文館）、同「奈良朝政治史における天皇制の論理」（佐伯有清氏編『日本古代政治史論考』所収。一九八三年、吉川弘文館）。

〔補注〕

（1） 以上の四行分の文章は増訂版で書き直した。

（2） 「正統《しょうとう》」論の詳細については、拙著『中世の天皇観』（二〇〇三年、山川出版社）を参照されたい。

（3）以上の二行分の文章は増訂版で書き直した。

（4）後醍醐天皇論の詳細については、拙著『日本中世の朝廷・幕府体制』（二〇〇七年、吉川弘文館）Ⅵ章・Ⅶ章、および拙稿「後醍醐天皇をどのように見るか」（『東海史学』四八号、二〇一四年）を参照されたい。

（5）『神皇正統記』の記事の解釈について補足すると、『神皇正統記』は後三条天皇の項で次のように述べる。

此御時《このおんとき》ヨリ執柄《しっぺい》（摂関）の権オサヘ（抑）ラレテ、君ノ御《おん》ミヅカラ（親）政《まつりごと》ヲシラセ給《たもう》コトニカヘリ侍《はべり》ニシ。

「此御時ヨリ」とは、「後三条以降、白河、鳥羽、後白河等と続いて」の意味である。「君ノ御ミヅカラ政ヲシラセ給」を漢字化すれば「親政」になる。後三条以降は天皇の「親政」が行われる時代になったということであり、ここで言われている「親政」とは、在位の天皇による執政（いわゆる「天皇親政」）と太上天皇の執政（いわゆる「院政」）の両方を包含する言葉である。『神皇正統記』は前者の在位の天皇の「親政」を「フルキスガタ」、後者の太上天皇の「親政」を「世ノ末ニナレルスガタ」と捉えて、この後者の太上天皇の「親政」を現代（「世ノ末」）における正当な政治形態として評価した。これについては拙著『日本中世の朝廷・幕府体制』（前掲）Ⅵ章（二九三頁）も参照されたい。但し、現在の日本史学では、在位の天皇の執政を「親政」、太上天皇の執政を「院政」として区別する用語法が定着しているので、本書の叙述においては、この普及している用語法に従って「親政」「院政」の語を使用する。

（6）本書（増訂版）巻末の「天皇系図」は原版のものに修正を施している。この「天皇系図」は、古代・中世の時代、及び江戸時代の朝廷において認められていた天皇とその代数を記載した。現在、天皇系図の多くは、明治時代に宮内省が編集した『皇統譜』（宮内庁保管）に拠って作成されているが、この宮内庁『皇統譜』は江戸時代に水戸藩で編纂された『大日本史』に依拠しているため、弘文天皇のごとき歴史上に存在しない創られた天皇を登載するなどの、歴史学としては容認しえない数々の問題点を有しているので、本書はこれを採用しない。古代・中世の時代を研究対象とする本書にとって、大切なのは古代・中世の時代の人々の認識を正確に知ることであるから、本書の「天皇系図」は、『日本書紀』や『神皇正統記』をはじめとする古代・中世の基本的文献に基づいて作成した。天皇の代数の数え方などに、一般の天皇系図と違いがあるのはこのためである。なお、筆者は「正統《しょうとう》の理念に基づく天皇系図」というものを考案し、拙著『中世の天皇観』（前掲）や筆者と新田一郎氏との共著『〈天皇の歴史04〉天皇と中世の武家』（二〇一一年、講談社）に掲載しているので、これも合わせて参照されたい。

（7）　本書の原版では、継体天皇は父系世襲制の唯一の例外である、と記述したが、これは誤りである。よってその文章を削除した。

（8）　以上の二行分の文章は増訂版で書き直した。

（9）　「仁徳と」以下の一行は増訂版で書き加えた。

（10）　この注（9）の内容には問題点が二つある。一つは「後醍醐は生涯「親政」を貫いた」と述べた点で、事実としては、後醍醐は一度、太上天皇になったことがある（一三三六年）。もう一つは「親政」の語の捉え方であり、それについては補注（5）を参照されたい。

第一　六世紀型の皇統形成原理

一　皇位継承の理念

a　本章の課題は、七世紀以前の天皇制と政治史について、何らかの見通しを得ることにある。それは言うまでもなく、『日本書紀』の世界である。『日本書紀』における天皇には、後世の天皇とは異なる独自の特徴が見出される。周知のことではあるが、次の三点を挙げよう。

㈠　天皇や皇太子[1]は、成人であることがその資格とされたらしい。応神の立太子を除けば、未成年者の即位や立太子の例はない。後世、未成人立太子の初例は聖武の男子（七二七年）であり、未成人即位の初例は清和（八五八年）である。

㈡　天皇はその死亡に至るまで在位する。すなわち、譲位という行為がない。譲位の初例は皇極《こうぎょく》（六四五年）とされているが、これは真偽に問題があり、確実なところは、持統《じとう》（六九七年）を初例とすべきであろう。男帝譲位の初例は聖武（七四八年）である。

㈢　天皇は皇女、或いは皇族の女性を妻にもつ例がきわめて多い。彼女等は『日本書紀』において

「皇后」とされている。後世、この慣習を破ったのは聖武による藤原光明子《ふじわらのこうみょうし》の立后（七二九年）である。彼はその宣命[2]において仁徳の葛城《かずらき》氏立后の例を引き、自らを正当化したが、仁徳は聖武から三百年も昔の人物とされており、かくも長期にわたって氏（ウヂ）出自の女性を「皇后」に立てる例はなかった、と観念されていたことになる。

このように列挙してみると、逆に目立つのは聖武の存在であろう。彼は三つの点すべてにわたって、伝統的観念を覆す役割を演じている。天皇制の歴史において、聖武はいかなる位置にあるのか、大いに注目に値すると感じられるが、それは次章において論じてみたい。今はこの三点の意味が問題である。とはいっても、何故このような特徴があるのか、特に㈠と㈡については、何故かくあらねばならないのか、私はその理由を確定することができない。疑問のままに残さざるをえないのであるが、兎も角もこのような伝統があり、皇位継承を律していたことは確かである。これらの特徴を前提にしつつ、㈢の点を中心により詳しく検討を加えよう。

なお、先に進む前に、㈢の内容にも関連して付言すべきことがある。天皇の婚姻に関する史料として、『日本書紀』の記事をどのように扱うか、という問題がある。それについて、私は次のような原則を立てることにしたい。

(i)　天皇の妻の名と出自に関する記事は、ほぼ信頼しうるものと認めて、これを史料として用いる。

(ii)　立后に関する記事は、すべて史料に採用しない。

つまり、天皇の妻であるという点のみを認め、「皇后」であるかどうかは問題にしないということである。その理由を簡単に述べよう。結論を言えば、『日本書紀』における「皇后」の記事には、全体的に著しい作為性が認められる。「皇后」とされた人物の条件を整理してみると、そこには明確な基準が存在することに気付く。天皇の妻であることの他に、次の二つの条件のうちのどちらか一つに当てはまれば、その人物は「皇后」とされた。

(イ)　所生子の子孫が皇位に即いていること。

(ロ)　皇女であること。

まず、(イ)について説明すると、このことの意味は、たとえその所生子が即位したとしても、それが一代限りで終っている場合は「皇后」とはされない、ということである（例——清寧・安閑《あんかん》・宣化《せんか》・用明・崇峻《すしゅん》の母）。また、所生子が即位していない場合でも、その子孫が皇統をつくれば「皇后」とされる（例——景行《けいこう》の播磨稲日大郎姫《はりまのいなびのおおいらつめ》、敏達の広姫《ひろひめ》）。この例外に履中の「皇妃」黒媛《くろひめ》がある。仁賢等の即位によって、黒媛は「皇后」とされてもよいはずであるが、何故か「皇妃」にとどめられている。或いは、武烈を以てこの皇統が断絶したためであろうか。

次に、(ロ)について補足すると、妻に皇女が存在しない場合に、「皇后」の対象が皇族に拡げられることもある（例——垂仁《すいにん》・景行・顕宗・天智）。

また、(イ)も(ロ)も両方それぞれに存在するときは、(イ)の妻を最初の「皇后」に立て、その死去の後に、(ロ)の皇女を二番目の「皇后」に立てるというやり方が、かかる事例の記事に共通している（例——仁徳・敏達。履中もこれに準ずる）。

さらに、(イ)(ロ)両方の条件ともに適わない場合は、「皇后」は存在しない。立后記事を闕く天皇は、成《せい》務《む》・反正《はんしょう》・清寧・武烈・崇峻である。

以上のごとく、『日本書紀』における「皇后」は、統一的基準によって選定されていることが明らかである。しかも、(イ)の如きは、後世の実績によって判定せざるをえない性質の基準であるから、それらの立后記事が当時の事実そのままであるはずもない。『日本書紀』の立后記事は、その全体がかなりのちの時代に（おそらく最終的には『日本書紀』編纂時に）整備されたものであろう。(3) かかる性格の記事を史料として用いるべきではないと考える。いま確実に言えることは、この(イ)と(ロ)に『日本書紀』編修期における皇后の資格の観念を見て取ることができる、ということだけである。

b　前述の(三)の特徴に話を戻そう。この特徴が最も鮮明に現われるのは六世紀である。

六世紀における天皇の婚姻と系譜関係は、『日本書紀』の記述によって示すと、第1図の如くである。この入り組んだ系図の煩わしさは、何よりも近親結婚のためであるが、この時代の天皇の婚姻形態は、近親婚と一夫多妻の合体である。その配偶者をすべて表示することはせず、論述に必要な範囲に限定している。

まず、この第1図から導き出される特徴を確認しておこう。女性である推古《すいこ》を除き、仁賢・継体・安閑・宣化・欽明・敏達・用明等の諸天皇に共通してみられる特徴は次の点にある。すなわち、その妻の一人に皇女が存在する。仁賢における春日大娘皇女《かすがのおおいらつめのひめみこ》、継体における手白香皇女《たしらがのひめみこ》等々、安閑・宣化・

第１図

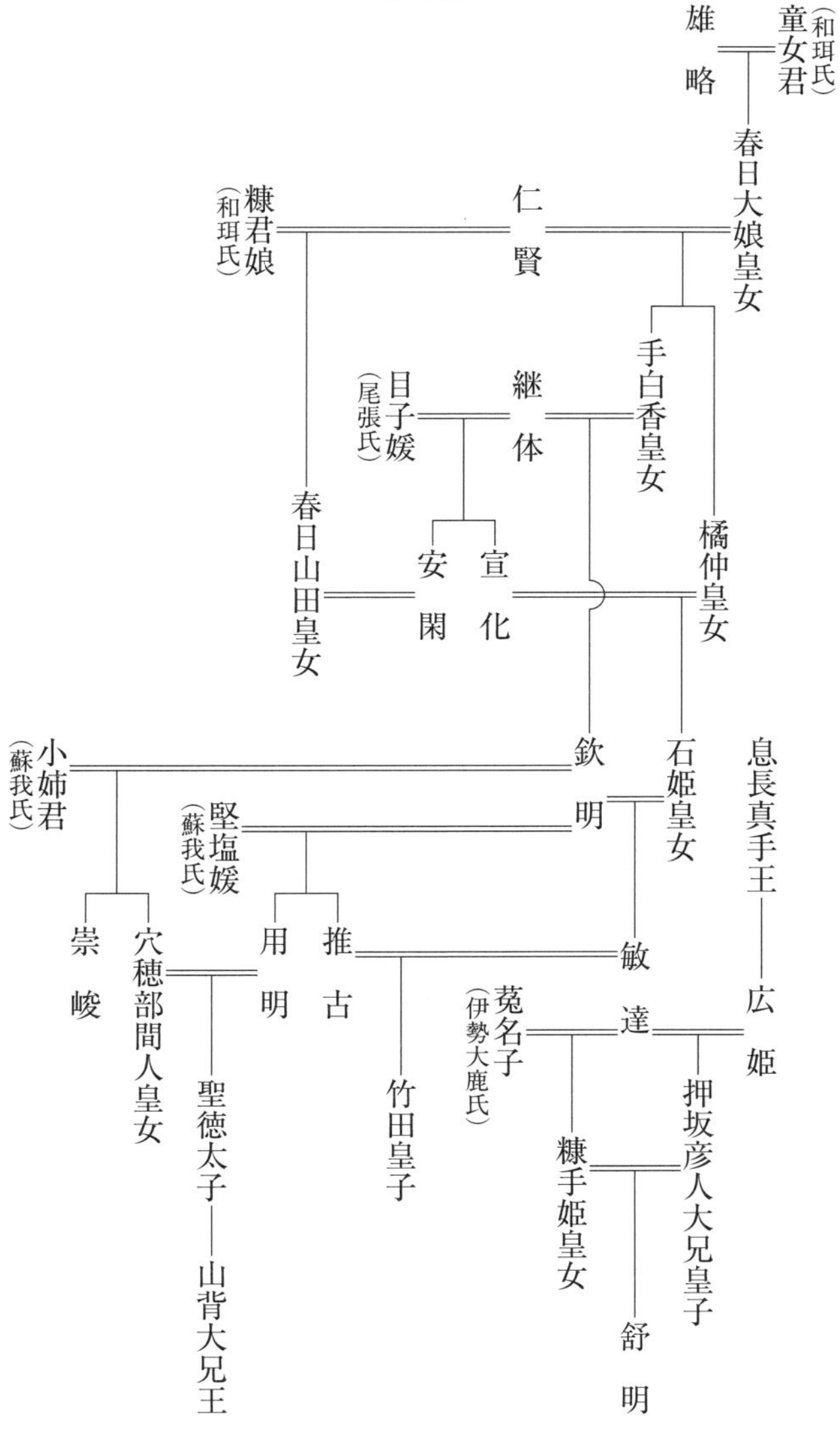
雄略
童女君（和珥氏）
春日大娘皇女
仁賢
糠君娘（和珥氏）
手白香皇女
継体
目子媛（尾張氏）
橘仲皇女
宣化
安閑
春日山田皇女
石姫皇女
欽明
小姉君（蘇我氏）
堅塩媛（蘇我氏）
息長真手王
敏達
推古
用明
穴穂部間人皇女
崇峻
広姫
菟名子（伊勢大鹿氏）
竹田皇子
聖徳太子
山背大兄王
押坂彦人大兄皇子
糠手姫皇女
舒明

欽明・敏達・用明がすべて、必ず皇女を妻にもつことが知られる。唯一、崇峻については皇女を妻にしたとは伝えられないが、いまは崇峻の事例を除外し[4]、当面はこれを一般的事実として認めておきたい。

それでは次に、視点を少し変えてみよう。天皇の母はどうであろうか。これについて次のような特徴を見出すことができる。すなわち、欽明・敏達の二人の天皇のみ、その母は皇女であるが、残りの安閑・宣化・用明・崇峻・推古の母はすべて氏（ウヂ）出自の女性であった。このことは、どのような意味をもつであろうか。

ここで注目されるのは、皇位継承の実際である。これらすべての天皇の子孫が皇位に即いたかといえば、そうではない。子孫に皇位を伝えたのは、欽明と敏達の二人のみである。他に、用明の男子、聖徳も立太子したのではあるが、遂に即位には至らなかった。結果として、皇統は欽明から敏達へ、そして敏達の子孫へと、一筋につくられている。それに対して、安閑・宣化・用明・崇峻等は、その身一代限りで終った。

この皇位継承の事実と、欽明・敏達のみ生母が皇女であり、他の安閑以下の諸天皇の生母は皇女ではない、という血統上の事実とは、まことにうまく対応している。この対応から、二つの事実の密接な連関性を推測することは、あながち無理ともいえないであろう。すなわち、天皇は二つの種類に区別される。一つは、子孫に皇位を継承させることのできる天皇であり、他の一つは、その資格をもたない天皇である。この前者を直系と呼び、後者を傍系と呼んで、両者を区別することにしたい。直系と傍系の区別は、婚姻形態に関わるものであった。すなわち、その生母による血統性の差異に根拠があった。母、そして妻という女性の存在が、この時代の皇位継承を規定する重要な要素となっていることは明らかであろう。

c　以上に基づけば、分析の対象は、まず第一に、この直系がどのように継承されているのかという問題にあると、焦点を絞ることができるであろう。そこで、直系系統の系譜関係に特に注目しよう。第1図からその部分を簡略化して抜書きすれば、第2図の如くになる。

竹田は直系の地位にあるとみなすべきことについては、既に先学の指摘がある(5)。このように系図化すれば、それは一目瞭然であり、この親子関係を注視すべきであろう。敏達と推古は、異母兄妹婚によって竹田を儲けている。直系の血統をつくるためには、この婚姻形態こそ最もふさわしいと、誰にでも感じられるのではなかろうか。これを普遍化すれば、直系系統がその独自性を最もよく表現しうる方法は、このような異母兄妹婚を継続的に繰り返すという形態ではないか、と考えられないであろうか。おそらくこの時代には、皇位継承の理想的モデルが意識されていたに違いない。そこで、直系の皇統の最もあるべき理想型はどのようなものとして意識されていたか、それを抽象化してみたいと思う。第2図を下敷きにしてこれを想定すれば、次頁の第3図のように図示することが可能であ

第2図

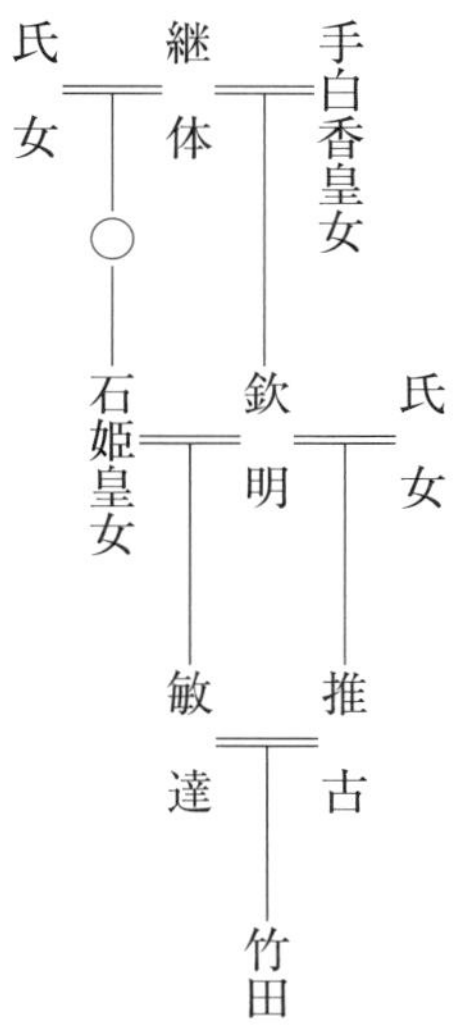

第3図

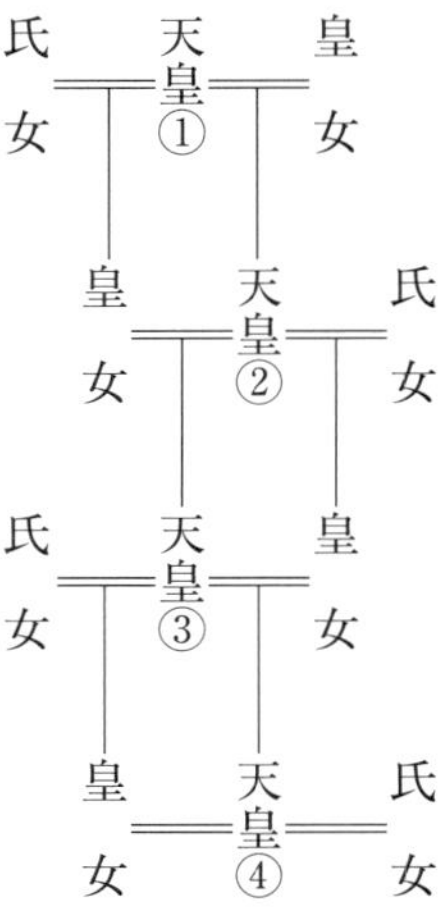

ろう。

勿論、実際の婚姻は様々の条件に制約されるから、この理念通りに事が進むとは限らない。しかし、与えられた条件の中で、少しでも理想的なあり方に近づくことを促すものであれば、それは理念として有効であるといえよう。

また、第1図の中だけでも、異母兄妹婚は用明や押坂彦人《おしさかのひこひと》にもみられる。『日本書紀』全体を見れば、かなりの例が散見されるのであり、この婚姻形態が価値あるものとされていたことが知られるであろう。

ところで、継体以後の皇統の実際には、この理想型と一致していない部分が二つある。一つは、竹田は現実には皇位に即かなかったという点である。これはおそらく竹田が年若くして死亡したためであろう。父の敏達が死去したとき、竹田はおそらく未成人であったと思われるが、まもなく『日本書紀』に彼の記述が見られなくなることからみて、竹田の死亡を想定しうるであろう。既述のごとく、この時代の天皇は成人してから即位することを原則としていた。従って、竹田が敏達死去の時点において、まだ即位しうる年齢に達しておらず、その後幾許もなく死亡したとすれば、彼の不即位の事情は理解できるのである。(6)

不一致点の第二は、欽明と石姫《いしひめ》の関係が三親等であり、二親等ではないという点である。しかし、石姫については、その価値が理想に及ばないかのように評価すべきではない。欽明と石姫の婚姻については、独自の意味が見出される。ここでは継体系皇統の登場する特殊な事情を考慮に入れなければならない。

継体は『日本書紀』に応神の「五世孫」と記され、既に皇位継承の資格は失われていたとみられるが、武烈の死去によって仁徳系の男子が絶えてしまったため、応神の子孫として天皇に擁立されたと伝えられる。〔補注1〕「五世孫」とはいかにも怪しげであり、新しい王朝の創始であるとみなされて少しもおかしくはないはずであろう。しかるに、古代人にはそのような受け止め方はほとんど見られない。王朝としては依然として一つのものが連続している、という観念が支配的である。何故に過去との断絶をさほど意識せずに済ませることができたのであろうか。

その理由は女系の血統にあると考えられる。第1図から必要部分のみを摘出してみよう。

第4図

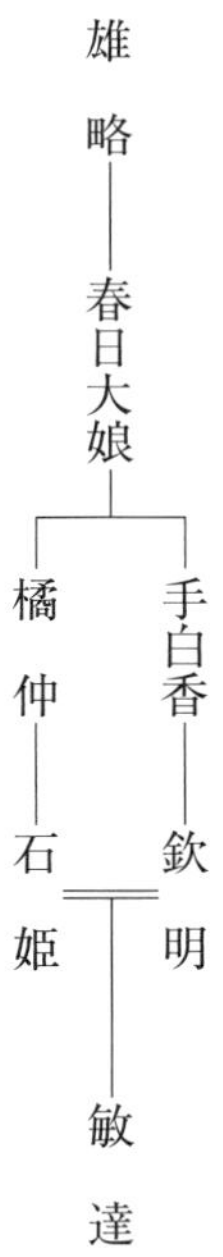

この第4図にみるごとく、女系に視点を据えるならば、雄略の血統は確かに後世に連続しており、少しの切れ目もない。雄略の皇統の断絶によって、にわかに女系の血統が大きな意味をもって働くことになったのであろう。そして注意すべきは、この一旦女系化した血統が、敏達に至って再び男系への転化を遂げたことである。欽明・敏達は女系を媒介にして雄略の血統に連なった。〔補注2〕この二人の直系としての地位は、この側面からも補強されている。一方、仁賢・継体・宣化らについては、この間の女系の継続を補助する役割を果した、とい

う見方も成り立つであろう。

如上を踏まえて、継体系皇統の婚姻関係を見直してみると、その仕組みは二つの異なる要素に分解されよう。その二つとは第2図と第4図に示されており、おのおの父系（第2図）と母系（第4図）によって、それぞれ別個の理念が表現されている。第2図には、父系の血統を近親婚によって濃密に伝えようとする志向性がうかがわれる。これに対して、第4図に見るものは、前代の皇統の血統がこの新しい皇統に流入される様相である。すなわち、継体系皇統が成立するためには、このような二つの要素が両方ともに必要であったと理解できるであろう。

このうち、第2図型の父系近親婚の理念は、皇統を形成するために常に普遍的に用いられるべき性質のものであろう。しかし、第4図型のごとき前代の皇統との関わりは、臨時的な特殊なものであるといえる。それは継体と欽明の世代にのみ必要な方策であった。その目的は敏達の誕生によって達成されたのであり、その時点でこの方策は消滅する。よって、敏達からは父系近親婚の特徴のみが純化されて現われることになる。もし竹田以後にも直系が続いていたならば、おそらくは第3図の理想的モデルにそって、異母兄妹婚を中心に皇女との婚姻が積み重ねられたであろうと推測される。

以上のごとく、欽明にあっては、石姫こそ直系に最もふさわしい妻であるといえよう。第3図との多少の相違は、欽明の世代の特殊な事情によるものであり、それによって第3図の価値が下がるとは思われない。第2図の皇位継承の根柢を貫く規則性を第3図の如く抽象化することは、さほどの障碍を伴うものではない。

かくして、この第3図の理想的モデルこそが六世紀における直系継承の基本的理念であった、と判断する。そして、この基本理念を核にして、直系の資格は皇女を母とすることにある、という考え方が朝廷に存在したと認められるであろう。この考え方を《六世紀型の皇統形成原理》と名付けることにしたい。

d　次に、傍系の天皇の存在理由について検討しよう。安閑・宣化・用明・崇峻などの天皇は何故に即位したのであろうか。また、直系と傍系とはいかなる関係にあったのであろうか。これらの兄弟継承は直系継承に相反する現象であるとする見解もある。はたしてどうであろうか。

これらの天皇の即位事情を確実な史料によって知ることはできない。『日本書紀』の記述は一つの見解として参考にすることはできても、その史料的価値については、全く何らの保証もないといってよい。今までの立論と同じく、この問題についても、ただ推測をめぐらしてみるほかはないであろう。

まず、直系継承と兄弟継承の関係について考えてみよう。一つの例に、次のような議論があるとすれば、それは正しいであろうか。すなわち、〝直系継承が行われている限りは、兄弟継承は現われることはない〟、或いは、〝兄弟継承が現われるときは、直系継承は抑圧されている〟等々。このような考え方が成り立つためには、一つの条件が必要である。それは、直系継承というものはいついかなるときも常に実現が可能である、という条件である。もしそれが直系継承の属性であるならば、兄弟継承と直系継承とは本質的に対立関係にあるといえるであろう。しかし、そのような条件が認められないとすれば、両者の関係を一義的に決めることはできないことになる。

それでは、直系継承がその姿を現わしえないことがありうるとすれば、それはどのような情況を想定できるであろうか。これについては、既に竹田の不即位の理由として述べたことが当てはまる。九世紀に至るまで、天皇は常に成人であった。たとえ直系が存在したとしても、その人物が未成人である限りは、即位は不可能とされた。直系継承にはこのような制約がある。従って、実際にこの制約を受ける事態が生まれた場合は、直系に替えて、成人の者を天皇に立てなければならない。これが傍系の天皇である。傍系が存在し、兄弟継承が現われる理由の一つがここにある。

直系の後継者が成人であれば、勿論、傍系は登場しない。欽明から敏達への継承がこの事例である。それに対して、欽明と竹田は、それぞれ継体と敏達の死去した時点において未成人であったのではなかろうか。安閑と宣化は欽明が未成人であったために、そして、用明と崇峻は竹田が未成人であったために、即位したのであろうと推測する。

安閑・宣化・用明は、在位期間も短く死去したように伝えられている。一般に傍系は長期にわたり在位することを期待されてはいなかったのであろう。高齢や病弱の者など、在位が短いと予想される人物が選ばれているように思われる。その点、崇峻は在位が長期化する傾向にあったようである。彼が何故殺害されたのかという問題を、このような視点から捉えてみることもできるのではないか。

兄弟継承とはいっても、皇統をつくるのは一人のみであり、他は一代限りでしかなかった。この点からみても、兄弟継承はいま述べたように位置づけられるべきである。傍系は、直系の者がすぐに皇位に即くことのできない事情にあるとき、その間の空白を埋める存在であった。直系継承の中継ぎ役として、あくまでも直系継承を補完する役割である。直系主義こそが天皇制の根幹である、という主張を以て以上の結論としたい。

e　いま私は、安閑・宣化は欽明が未成人であったため、中継ぎとして即位したのではないか、ということを述べた。しかし、これは暴論の謗を受けるかもしれない。安閑・宣化と欽明とは対立関係にあり、継体死後にはこの二つの王権が並立する情勢が生まれた、とする有力な見解があるからである。(7)この見解を認めれば、安閑・宣化は中継ぎとして即位したとは到底言えないことになるが、私はこの見解が出される論拠について、別の見方もありうるように思う。すなわち、二つの王権の並立というところに議論を進めることがはたして必然かどうか、そこに異なる解釈も成り立ちうるのではないか、ということである。

この見解の根拠は、継体・欽明期の年代記に錯乱が多いこと、特に、欽明の治世の年代区分が統一されていないことにある。すなわち、『日本書紀』によれば、継体の死後、皇位は安閑、宣化、欽明と継承され、欽明元年は五四〇年に当たることになるのであるが、『上宮聖徳法王帝説』には欽明の治世が五三一年に始まるとする説が伝えられている。この後者の説によれば、欽明の治世は『日本書紀』の所伝より九年も長く、継体の死とともに欽明がすぐに皇位を継承したかのごとくに解される。つまり、この二つの史料をともに生かすならば、安閑・宣化の治世と欽明の治世とが重なり合うことになる。ここから二つの王権が並立したとする見解が導かれたのであった。

そこで私は、この見解の基礎には欽明と安閑・宣化とを対等の関係におく見方がある、ということに注意したい。直系と傍系の区別という視点を闕漏しているところに、考え直されるべき余地があると思われる。直系と傍系を区別する立場からみると、天皇制は一種の二重構造をなしている。実際に皇位に即く者は直系と傍系が入りまじっているが、天皇制の本質をなすものとして意識されるのは直系継承である。この独特の二重構造的性格からすれば、二つの異なる年代区分法が生み出されたとしても、不思議はないのではなかろうか。すなわち、その一つは直系皇統の継承者による区分であり、それは継体・欽明・敏達として区分される。他の一つは実際に即位した天皇の在位期間によるものであり、それは継体・安閑・宣化・欽明・敏達として区分される。もし、このような想定が成り立つとすれば、たとえこの二つの年代区分法が併存したとしても、何ら王権の分裂、対立を意味することにはならない、といえるであろう。

f　再び、皇位継承理念の検討に戻ろう。先述の皇統形成原理は継体系皇統において初めて生まれたものなのかどうか、という問題がある。仁徳系皇統に遡って、この原理が当てはまるかどうかを調べてみよう。

『日本書紀』によれば、仁徳の妻に異母妹（八田皇女《やたのひめみこ》）がある。ここに異母兄妹婚が登場する。皇女を妻とした例は、他にも履中・安康《あんこう》・雄略があり、この中、履中は異母兄妹婚とされている。しかし、これらの皇女にはすべて所生子が伝えられていない。婚姻形態からみれば、六世紀型の原理の特徴を具えてはいるものの、これらの婚姻によって皇位継承者を得ることはできなかったとみられよう。

仁徳から皇位を継承したのは、葛城氏《かずらきし》（磐之媛《いわのひめ》）の所生子、履中・反正・允恭の三兄弟であった。さらにその皇位は、允恭の男子、木梨軽皇子《きなしのかるのみこ》・安康・雄略の三兄弟に継承されるが、彼らの生母は応神の孫に当たる女性（忍坂大中姫《おしさかのおおなかつひめ》）であったと伝えられる。このように兄弟継承が続いたことには、何らかの意味があろう。しかも、末弟によって皇統がつくられていることに注意を払う必要がある。その事情を推量すれば、この五世紀の兄弟継承は、六世紀のそれと異なる性格をもつように感じられる。それは、直系が確定しているかどうかという点である。履中等の兄弟にも、また、木梨軽等の兄弟にも、その中の誰かが予め直系に目される立場にあったようには思われない。おそらくは、直系未定の情況から出発しているのではなかろうか。これらの兄弟継承は、誰が直系の形成にふさわしい資格を獲得することができるか、その直系を確定する過程という意味をもつのではないかと考えられる。

つまり、履中・反正・允恭兄弟の場合、何故長子の履中が直系となりえないのか、何故允恭が皇統を担ったのかといえば、それは、履中・反正の男子はすべて氏（ウヂ）出自の妻の所生であったこと、それに対して、允恭の場合、忍坂大中姫は皇女ではないが、皇族に属する女性であったことに理由があると思われる。そのことは、彼らが氏出自の母に生まれたことに連繋するであろう。彼ら自身は血統上、直系の資格をもたない。誰が直系に上昇できるかということは、どのような血統の男子を得るか、ということにかかっていた。

こうして、皇女を理想とする理念からみれば万全とはいえないが、忍坂大中姫の所生子をもつ允恭は相対的に履中・反正に優位し、皇統を担った。しかし、その男子の世代においては、三兄弟の誰も妻たる皇女に所生子を得ることができない(8)。直系を血統によって決めることができないという不安定な情況の中で、『日本書紀』は凄じい殺し合いが続いたことを伝えている。雄略はその殺戮戦に生き残ることによって、直系の地位を固めたのであろう。その彼の皇統も、清寧（母は氏出自）を最後に断絶する。

以上のごとく、仁徳系皇統における皇位継承のあり方は、六世紀型の皇統形成原理に基づいて、一通りの説明をつけることが可能である。この原理は仁徳系皇統において既に機能していた、とみなしてもよいかもしれない。但し、それは『日本書紀』の当該記事を信頼してのことである。『日本書紀』については、常に強い疑惑の念もつきまとうのではあるが、そうとはいえ、五世紀の「倭五王」の時代に、天皇制の成立とともにかかる皇統形成原理が創造されていたのではないかということも、単なる想像にとどまらず、大いにありうることのように思われる。

雄略という存在にも、改めて注目する必要があろう。近年、埼玉県稲荷山古墳出土鉄剣銘文が解読され、この天皇の実在が確認された。そして、この雄略のもとで、政治的統合が全国的規模にわたり成立していることも判明した(9)。のみならず、雄略自身、この画期的な発見に値するだけの重要な位置にある天皇であった。『万葉集』巻一の冒頭歌が雄略の作に擬せられていることにもうかがえるように、八世紀に至ってもなお、雄略は特別な存在として、天皇の支配の象徴的存在として、人々に意識されていたと考えられる(10)。それは、継体系皇統がみずからを直系雄略の後継者と認識していたであろうことの反映ではなかろうか。仁徳系皇統の直系の最後が雄略であるということは、仁賢や継体の妻となった女性のもつ重要性を理解しやすくさせる。雄略の血統を女系によって伝える女性達と関わることなしには、継体系皇統は成立しえなかったとさえ言えるであろう。

二　直系の創造と女帝

a　継体から欽明、敏達と続いた直系継承は、その後どのような展開をみせるであろうか。以下においてこの問題を考えたい。まず最初に、敏達の妻に関する検討から始めよう。それは敏達の子孫における直系と傍系の区別を確定することに関係する。

敏達の妻に関して、『日本書紀』の記述には注目すべき矛盾がある。敏達紀においては、敏達四年に広姫（息長真手王《おきながのまてのおおきみ》女子）を「皇后」に立てたところ、その年内に広姫は死去し、翌五年になって推古を「皇后」に立てたとある。しかるに推古即位前紀においては、推古は十八歳のとき敏達の「皇后」に立てられた、と記述されている。推古は推古三十六（六二八）年に七十五歳で死去したとあるから、十八歳は欽明三十二年に当たり、これは欽明死歿の年であった。よって推古紀によれば、推古は敏達の即位と同時に「皇后」に立てられたことになる。これに従えば、広姫が「皇后」に立つ余地はありそうにない。この敏達紀と推古紀の記述の齟齬をいかに考えるべきであろうか。

まず考慮すべきことは、『日本書紀』としては、敏達紀の立后記事の方が一貫性に適っているという点である。用明紀二年四月丙子条に押坂彦人（広姫所生子）は「太子」と記されているが、竹田（推古所生子）についてはそのような類の記事はない。このことは、広姫が最初の「皇后」であり、推古が次の「皇后」であることに対応している。『古事記』においても彦人は「太子」とされ、その妻と男女子が列記されるなど、天皇に准じた扱いを受けている。『記』『紀』の構想は、広姫の立后と彦人の「太子」を連関させ、舒明、天智へと続くこの系統が敏達の直系にほかならないことを主張しようとするものである。この『記』『紀』の構想を是認するかどうかは、敏達以後の皇位継承問題を分析するに際して最も基本的な論点であろう。それ故に、推古即位前紀の記事は、かかる構想の一貫性を破るものとして注目に値するのである。

そもそも、本章の冒頭に述べたごとく、『日本書紀』の立后記事は、事実関係をみるための史料として使用することのできない性格のものである。特に、敏達の「皇后」について、もう一度、本書三一頁の記述を繰り返せば、広姫は(イ)に該当し、推古は(ロ)に該当する故に、二人をともに「皇后」とする記事がつくられたとみられる。この(イ)(ロ)の統一的基準は後世の産物であるから、広姫立后を事実視する必要はいささかもないと考えるが、このような卑見に納得されない向きもあろう。なおも広姫を「皇后」として認めようとする論者には、かくのごとく、立后関係記事自体に矛盾があることに注意を喚起したい。広姫立后説は『日本書紀』自身の記事によって揺らがざるをえない。

広姫と推古を比較すれば、その血統のもつ権威には大きな隔たりがある。広姫の父は皇族とされているが、系譜関係は明白でない。欽明を父とする推古の立場は、広姫を圧倒している。しかも、推古が敏達即位の当初からその妻であったという点については、推古即位前紀の記事は否定し難いであろう。広姫が推古より優位した立場にあるということは、どうみても不自然であり、広姫が推古を差し措いて「皇后」に立てられたとする『日本書紀』の記事は、明らかに後世の創作に違いない。そして、押坂彦人を「太子」としたことも、同じく天皇系譜の改竄とみなすべきではなかろうか。それは、押坂彦人系が敏達の直系に格上げされねばならないという要請に基づくものであろう。押坂彦人は本来、傍系的存在でしかなかったとみなければならない。

先にも異母兄妹婚として注目したごとく、推古は敏達の妻の中で最も重んぜられるべき存在である。敏達の皇位を継承すべき直系は竹田を措いてほかにない、と断じておきたいと思う。これを前提としてみれば、竹田の死去は、直系の継承者が失われたという事態にほかならない。おそらく、それは崇峻在位中の出来事であったと思われる。用明に続いて、崇峻も竹田に繋ぐための中継ぎ役であったはずである。その竹田の死によって、この後、皇位継承はどのような展開を見せることになるであろうか。それが次の検討課題である。

b　直系の喪失という事態のなかで、皇位継承をめぐる争いは熾烈となったであろうが、いずれにしても、多数の傍系のなかから一人が選ばれて皇位を継ぎ、新しい直系の創造を担う以外にはなかった。直系主義の自己運動は、直系の再生産を開始するのである。ここにおける問題の焦点は、その選ばれた傍系が如何にして新しい直系に自己を上昇させることができるか、というところにある。

後継者に選ばれたのは、用明の男子、聖徳である。聖徳に決まるまでの経過や、その決定理由は詳らかではないが、また後に多少ともふれることにしたい。

他方、この頃、崇峻が殺害されるという事件が起きた。これは、おそらく、後継者に聖徳が決定したことに連動する事件ではなかろうか。崇峻はこの後継者選定の争いに敗れたのであり、そのとき彼の傍系としての役割は不必要となった。彼の在位は一刻も早く終らせられねばならないが、この時代には譲位が行われないから、それは彼の死を待つ以外にない。聖徳の擁立に伴い、崇峻の処置についても合意ができたのであろう。崇峻は計画的にその生命を断たれたように思われる。

こうして実現した体制は、推古が即位し、聖徳は皇太子の地位につく、[11]というものであった。聖徳が後継者に選ばれたことは確実であるが、彼は何故か、すぐに皇位には即かなかったのである。ここに初めての女性の天皇が登場する。推古女帝の出現は、はたしていかなる理由によるものであろうか。また、聖徳は何故皇太子に留まったのであろうか。

聖徳がすぐに即位することを妨げた要因として、年齢を挙げることはできないように思われる。聖徳は推古の即位とともに皇太子に立った、と伝えられているからである。[12]皇太子とはいつでも皇位に即《つ》きうるという資格を認められた地位であり、皇太子であるということ自体が、既に、皇位に即くことが差し障るような年齢ではないことを示している。[補注3]聖徳の即位を妨げた要因は、別の視点に求められねばならない。

ここで、聖徳が後継者に選ばれた理由について触れておきたい。聖徳は、血統上、異母兄妹婚によって生まれた皇子であり、父用明が直前まで皇位にあった、という好条件に恵まれていた。しかし、それだけでは他の傍系に較べて特別すぐれているとも言えないであろう。そこで示唆を受けるのは、推古との組み合わせという点である。推古は用明の同母妹であり、聖徳の叔母に当たる。天皇と皇太子の組み合わせには、この親縁性が必要であろう。他の傍系、たとえば、押坂彦人は推古の血縁ではない。推古を天皇に立てる以上は、聖徳が最も相応しい。しかし、このような言い方には反論があろう。聖徳が選ばれたから推古が即位したのであって、もし、押坂彦人が選ばれたならば、別人が即位するのではないか、と。そこで問題は、はたして天皇は推古以外の別人でもよかったのかどうか、ということになるが、その解答は次項の検討に含まれるであろう。(13)

c　女帝は、六世紀から八世紀まで、推古・斉明・持統・元明《げんみょう》・元正《げんしょう》・孝謙の六人を数える。女帝の性格や存在理由については多くの論説をみるが、未だ十分に解明されたわけではない。しかし、その中でも、持統・元明・元正の三人については、大方の見解がほぼ一致している。この三人の場合は、文武《もんむ》と聖武が直系として存在していることは明瞭であり、彼等が幼年にあって即位することのできなかった期間、これらの女帝が中継ぎ役として登場したとみられる。私もこの通説に従うものであるが、しかし、推古・斉明・孝謙については、このような見方が通用するとは考えられない。孝謙は次章に取り上げることにして、本章においては、推古と斉明に関して、卑見を述べようと思う。

まず、今も述べたように、推古が即位した時点において、聖徳は既に成人していたと考えられる。ここに、推古と持統以下とを区別すべき所以《ゆえん》がある。しかも、次の点が見逃せない。持統以下は、文武と聖武が安全かつ確実に即位することを援助する役割を果した。しかるに、推古はどうであろうか。結果をみれば、聖徳は皇太子のままに死歿し、皇位に即くことはできなかった。推古は生涯皇位にあり、しかも長生きしたからである。つまり、推古の存在は、聖徳の即位を妨げる役割を果したといえる。結果論とはいえ、このような見方も否定し難いとすれば、そこに問題を解くための手懸りがあるともいえるであろう。

推古・聖徳体制の登場は、皇位継承問題の特殊な情況に深い関わりがあるとみなされる。すなわち、直系が跡《と》絶え、傍系から後継者を選ぶしかない事態に至ったことが、女帝の出現を促したのであろう。聖徳が皇太子に留まることになった理由は、彼が傍系の出自であるという、そのこと自身にあると思われる。傍系の天皇である用明は、本来、子孫に皇位を伝えることができないはずであった。その意識は簡単には解消しないであろう。まして、さらに、聖徳の皇位継承を正当なものと認識させることは、決して安易なことではない。聖徳の即位に対して、このような抵抗感が存在したと思われる。これは傍系から新たな直系に上昇しようとする者にまつわる宿命ともいえよう。もしそうであるとすれば、聖徳にとっても、この弱点を克服し、自己の皇位継承権を正当化する方策が必要になる。ここに聖徳が皇太子に留まった理由があるのではないか。

すなわち、聖徳は真に後継者の資格があるかどうかを試されねばならなかった。この自己に対して向けられる抵抗感を払いのけるためには、時を待たねばならない。皇太子としての立場を長く維持することによって、彼に対する抵抗感は薄れゆくであろう。そして、彼を直系として認める合意の形成が可能となるであろう。推古女帝という存在には、両面の性格がある。一つは、直系の権威の象徴として聖徳に皇嗣の地位を保証し、彼の立場を擁護する性格である。他の一つは、聖徳が直ちに皇位につくことを妨げ、彼に試練の時間を課すという性格である。もし聖徳がこの試練の時間を乗り越え、推古の死を迎えたとき、何人も疑わない直系としての権威が、彼に認められることになるはずであったのではなかろうか。

しかし、現実には、聖徳は推古に先立って死歿したのであった。聖徳による直系創造の試みは、挫折に終ったのである。

以上の卑見に、唐突の感を覚える向きもあるかもしれない。そこで『日本書紀』の伝承から一つの事例を取り出して、卑見を補強しよう。それは仁賢である。仁賢は清寧の皇太子に立てられたが、清寧の死後も、飯豊青皇女《いいとよあおのひめみこ》と顕宗の治世のもとで皇太子の地位に留まり続け、顕宗の死に至ってようやく即位した、と伝えられる。この事例もまた、直系雄略の皇統が絶えるという情況の中に生まれたものであり、仁賢の立場は聖徳にそっくりである。また、飯豊青皇女のあり方も推古を彷彿とさせる。仁賢が皇太子を長く続けたとされる理由についても、卑見の考え方を当てはめることができるのではなかろうか。

それでは何故女帝なのか。まず第一の条件として、後継者聖徳はすぐに即位してはならない、という要請があった。当面、天皇には身代わり役を立てなければならない。それならば、傍系の即位が順当になるが、そのような従来の慣習をこの際は避けることにしたい、というのが第二の条件である。傍系の即位は危険がある、と感じられたのであろう。直系が厳然として確立していれば、傍系の即位は問題を生じさせない。しかし、直系が跡絶え、新たな直系の創造という課題が未達成の場面においては、それは混迷の原因に化すであろう。傍系の天皇（例えば崇峻）でも、十分に聖徳に対抗できることになる。聖徳は、確実に傍系から脱皮できるような方向を保証されなければならなかった。ここに天皇は女性でなければならない理由がある。推古は、傍系の男帝に代わって、直系の再生産に寄与するという特殊な役割を担ったのである。

女帝推古の性格をかくの如く捉えることはできないであろうか。以上の見方は推古の独自性を明らかにしようとしたものであるが、同時に、そこから女帝の一般的性格を汲み取ることもできるように思われる。推古の例をみても、女帝というものは臨時的な存在であり、皇位継承に何らかの支障が現われたときにとられる便宜的な方法である、と言えるであろう。

d　聖徳の死によって、皇位継承の正常化、すなわち、直系の創造は成功をみなかった。解決は持ち込される。当然ながら、聖徳の跡を継いで、新しい皇太子が立てられるべきであろう。しかるに、それらしい伝承はどこにもない。のみならず『日本書紀』が伝えるところでは、推古の死去（六二八年）に至っても皇太子は選定されなかったという。舒明《じょめい》の即位（六二九年）について、『日本書紀』に彼の立太子の記事はない。舒明は立太子の手続きを経ることなく、直ちに即位したことになっている。

舒明はいかなる立場で即位したのか、見定めにくい問題であるが、以上の即位事情をみても、また、この前後の情況からみても、聖徳の後継者の立場にあったとは言いがたいように感じられる。もし、舒明に新たな直系の創造を期待しようとする合意が成って、彼の即位が実現したのであれば、舒明の死後に混乱した情況が生まれることにはならなかったであろう。後継候補者には舒明と山背《やましろ》の二人が挙げられたと伝えられるが、そのどちらとも確定をみないままに、つまり、直系不在のままに、舒明在位の十三年間が経過したのではないかと思われる。

聖徳の後継者であれば、聖徳の男子が最も有力となるはずであるが、山背が選ばれなかったのは、おそらく血統上の理由であろう。山背の生母は蘇我《そが》氏であり、それからすれば山背は傍系の存在でしかない。[14]聖徳は直系を担うにふさわしい血統の男子を残すことができなかったのであろう。他方、舒明は父も母も敏達の男女子であり、おそらく、この点において、山背より優位にあるとみなされたのではなかろうか。しかし、直系の候補者を聖徳系から、一転、他の血統（押坂彦人系）に切り換えることも、合意がむずかしかったであろう。聖徳が三十年間も皇太子の地位にあったことは、無視できない実績であった。結局、舒明も決定的な優位を克ち取れないままに、両者の不安定な共存関係が継続することになったと考えられる。

血統によって直系が決まらないときは、例のごとく殺戮が始まる。舒明の死後二年にして、まず山背が抹殺され（六四三年）、聖徳系に対して一つの決着がつけられた。これで皇位継承権は一応、舒明系がほぼ独占することになろう。そうなれば、次は舒明系の内部抗争となる。六四五年、蘇我父子が、[15]続いて古人《ふるひと》（生母は蘇我氏）が抹殺され、勝ち残ったのは天智であった。もし、天智の血統に直系に値す

第5図

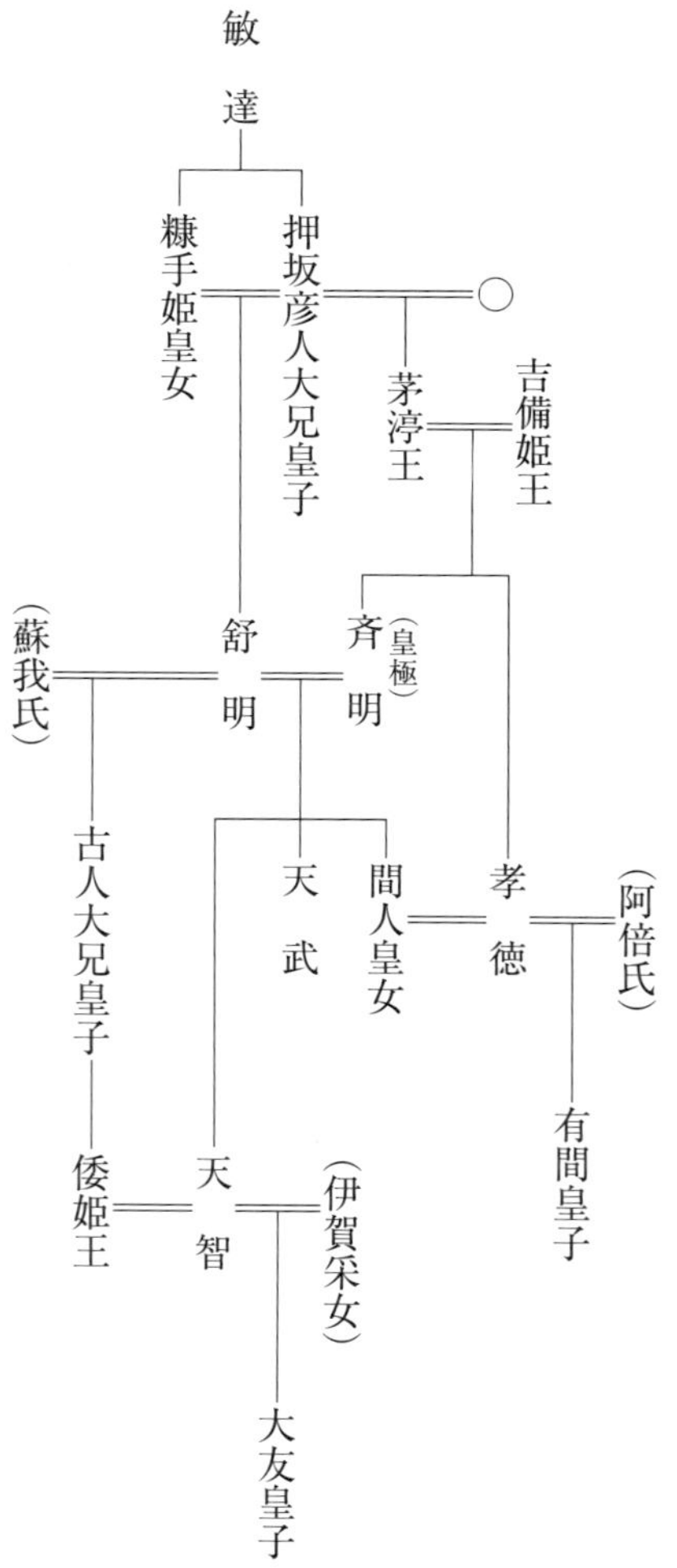

る価値があったならば、彼にとってこのような殺戮は必要なかったはずである。

e　『日本書紀』においては、天智は最初から直系の地位に置かれている。主に次の三点にそれが示されている。

① 舒明在位のもとで、天智は「東宮」「太子」の地位にあったとされていること。(16)

② 天智の生母、皇極が舒明の「皇后」に立てられたとされていること。

③ 舒明の死後、皇極が即位した（六四二年）とされていること。

『日本書紀』の立太子及び立后に関する記事の性格からして、それ相応の理由があれば、①と②は無視されて構わない。『日本書紀』の編修方針から推して、天智を早期に皇太子とし、彼の生母を「皇后」とする記事が作られるのは、当然のこととみなすことができる。つまり、①と②の記事には、天智がこの後、一生をかけて直系の地位を確立していったという、後年の事実が反映されているのであって、このような記事に姿を変えるところが『日本書紀』独特の反映の仕方である。

天智がもし舒明の皇太子の地位にあったのであれば、舒明の死後、彼が当然即位したであろう。そのようにならなかったばかりか、前述のごとき数々の殺戮が伝えられているところに、天智の立場がどのようなものであったかが窺われるであろう。この点を見究めるためには、生母皇極に検討を加える必要がある。

『日本書紀』は皇極《こうぎょく》・孝徳《こうとく》の姉弟にそれぞれ「宝皇女」「軽皇子」の呼称を与えているが、それは彼女等が天皇になったためであり、もとより皇女・皇子であるはずもない[17]。この姉弟は敏達の曾孫に当たり、傍系となって既に三代、血統の価値もほとんど消え失せようとする世代であろう。しかも、『日本書紀』によれば、皇極には既婚歴があった。最初の夫との間に一子を儲けたのち、舒明と再婚し、その妻になったという[18]。およそ「皇后」には相応しからぬ経歴である。これらのことを勘案すれば、皇極は舒明の姪に当たるとはいえ、彼の妻の中で、本来それ程重きをおかれる存在であったようには思われない。舒明の妻には敏達の女子（推古所生）があったとも伝えられるが、そのような重きのおかれる妻には所生子が得られなかったのであろう。

皇極の性格を以上のごとくみるとき、一つの大きな疑問が生まれる。それは前述の③であり、これについては全く奇異の念を抱かざるをえない。私は本書において、天皇の即位事情を個別に検討してみたが、ほとんどすべての天皇については、それなりにある程度、その事情を納得することができた。しかし、実のところ、唯一、全く納得のゆかない例があった。それがこの皇極である。皇極の即位は皇位継承のあり方からあまりにかけ離れている(19)。

この問題についての従来の説明は、皇極は舒明の「皇后」であったから、その皇位を継いだのであろうという程度のものである(20)。『日本書紀』の記事を鵜呑みにした解釈であり、「皇后」関係記事の信憑性が疑われてしまえば、この説明は成り立たない。また、たとえ「皇后」であったとして、何故それによって即位が可能になるのか、という疑問に解答はない。「皇后」が皇位継承の資格であるはずはなく、資格は皇女であることが当然であろう。『日本書紀』は皇極を「皇女」・「皇后」とし、所生子天智を「東宮」とするから、これだけ取り揃えれば即位の条件には十分に適うが、このうち「皇女」と「東宮」が否定されて「皇后」が残るだけでは、皇極即位の理由は消滅してしまう。

皇極・孝徳は、敏達から（また舒明からも）三親等の距離にある。歴史上、二親等の者が即位したり、立太子する例は多いが、三親等はこの姉弟以外にない〔補注4〕。しかも、女帝という点からみれば、他の女帝達はすべて皇女であり、天皇の一親等である。皇女でない者が、しかも三親等も離れた者が何故即位しえたのか、まことに不可解というほかはない。

彼女が後年、六五五年に即位したこと（この場合を便宜的に区別して、斉明と呼ぶ）については、ある程度、了解できるように思われる。孝徳・斉明が、血筋の上では、歴史上の天皇の中で極端に皇位継承資格に乏しいことは確かであるとしても、この姉弟の即位は、みずからが具える資格によって実現されたものではないからである。彼らは天智の身代わり役として即位したのであり、天智の力によって即位できたのであった。従って、この場合は、本人の資格の有無よりも天智との血縁関係の方が重視され、それによって資格の劣弱さが補われるという見方も成り立つであろうから、その点で了解できないこともない。

しかし、皇極にはこのような説明を当てはめることができない。『日本書紀』には皇極の即位に関して、天智の働きは何も記述されていない。そもそもこの時点までは、天智の事績に関する記述は無いに等しい。天智の立場は、この後の殺戮事件の結果、漸くにして強化されたとみざるをえないであろう。それが果されて皇極が即位するというのであれば、話はわかるが、そのときに皇極の譲位（六四五年）となるのでは、話の筋が甚だずれているのではなかろうか。

以上のごとく、私には皇極が皇位継承の資格を具えていたとは思われず、また、皇極の即位が可能となる条件が存在したとも思われない。徒らに暴論を好みとするわけではないが、皇極の即位がはたして事実としてあったのかどうか、疑惑は深まらざるをえない。或いは、私の想像力が貧困なために即位の事情を理解できずにいるのかもしれないし、或いは、注意力が不足して何かを見落としているのかもしれないが、思い当たるものもないとなれば、この疑惑を捨てることはできない。一つの推測として、皇極の即位は『日本書紀』編修の際の創作であり、事実としては、舒明の死後、誰も天皇に立つことができず、空位の状態が四年間続いた、ということではあるまいかとも想像される。しかし、証拠を何も提示できない限りは、所詮、空想の域を出るものではないと言われれば、それまでであろう。

ただ、もう一言加えれば、皇極の譲位なるものも奇異の感を拭うことができない。何故ここで譲位が行われねばならないのか、理由がないからである。持統の場合は、直系文武が成人したのであるから、その譲位には理由があった。皇極の場合は、天智への譲位であればわかるが、孝徳に譲位すべき理由はない。そのまま彼女の死去まで在位するのが当時の慣行であり、それでよいのである。現に、孝徳も斉明もそうなった。このことは皇極の即位がもともと創作であるとみなせば、その筋立てに譲位を持ち込まざるをえないこともわかるのではあるが、はたしてどうであろうか。

f　新たな直系を創造することに成功し、再び直系継承の時代をもたらした天皇は、天智であった。天智の確立した皇統は天武に受け継がれ、草壁、文武、聖武と続き、そこで断絶する。

以上に述べたごとく、天智は元来傍系の立場にあった。その彼がいかにして直系の創造に成功したのか。その点で最も注目されるのは、天智が六四五年から実に二十年以上にもわたって、皇太子の地位にあり続けたという事実であろう。蘇我父子の殺害に成功したあと、皇位に即いたのは孝徳であり、天智はそのもとで皇太子に立った。孝徳は在位十年で死去したが、天智はまだ即位しない。次の天皇に生母の斉明を立て、自身はなおも皇太子を続けている。天智が正式に即位したのは、斉明の死去からさらに七年を経て、六六八年である。彼は六七一年に死去したから、天皇としての在位は四年にも満たなかった。

この事実から容易に連想されるのは、聖徳の例であろう。やはり、皇太子の地位に長く留まることは、傍系から直系へ上昇しようと意図する者にとって、共通の必要な方策であったに違いない。聖徳は中途にして挫折したが、天智はこの試練を乗り越えた。二十年以上の歳月は、天智を紛れもない直系とする認識の一致を生み出したであろう。天智以外に「正統《しょうとう》」の天皇はありえないと、誰もが疑問の余地なく信じうるようになった時点において、天智は即位し、皇統の確立を果したのである。

但し、聖徳と天智を比較すると、かなりの相違も目につくところである。それは推古と、孝徳・斉明とを較べれば、明瞭であろう。この両者は血統の優劣がはっきりしている。従って、天皇として存在する意味にも、大きな隔たりがあるように感じられる。前述のごとく、推古の性格には、直系の権威（竹田の生母としての権威）を以て聖徳の上に立つ、という側面があった。聖徳は自力で推古の存在を払い除けることができない。そこには合意の壁がある。聖徳の地位を保障した合意が、同時に、聖徳を制約することになる。

それに対して、孝徳・斉明は天智に従属する立場にある。天智は既に六四五年に皇位継承者としての地位を固めていた。考えてみれば、天智にとっては、孝徳・斉明を皇位に即けるより、彼自身がすぐに即位することの方がはるかに容易であったのではなかろうか。天皇たるべき資格に乏しいこの姉弟の即位には、かなりの抵抗感もあったはずである。天智は敢えてその無理を押し通したとみることができる。つまり、それが天智のみずからに課した試練であろう。何故かかる試練を必要としたのか、その理由は次のように考えられる。

㈠　直系創造の方策として、できるだけ長く皇太子の地位に留まる。

㈡　無理ともみられる姉弟の擁立を実現することによって、天智の立場の強さを誇示する。

㈢　姉弟の即位によって、母方の血統の弱点を克服し、直系に相応しい価値を創り出す。

聖徳と天智とは、その外見は同じように見えても㈠、内実にはかくのごとく違いがある㈡・㈢。聖徳は他力的で、天智は自力的ともいえようか。このような相違は、どのような原因から生まれたのか。それはおそらく天智の場合、その皇位継承者としての地位が殺戮闘争に生き残ることによって得られたものであった、という事情に求められるであろう。従って、天智の立場は一見いかに強力に見えようとも、その実、不安定な危うさを孕んでいた。彼の地位に関して、未だ合意がつくられてはいなかったからである。六四五年以後の天智の課題は、合意の形成にあった。

この課題に照らせば、㈢の点こそが天智にとって最も重要な意味をもっていたと推定されよう。天智は先に自分以外に直系の候補者はいないという既成事実をつくってしまったので、次に後からその身に具わるべき条件、すなわち、直系たるに相応しい血統の権威を、やはり自力で創り出す必要に迫られた。天智の事例は、血統のもつ重みと、血統の価値を創り出すことのむずかしさをよく教えている。殺戮闘争はわずか二年間で決着が付けられた。しかし、それからが天智にとっては真の闘いであったろう。天智を直系の血統として認める合意が確立されるまでには、二十年もの長い歳月が必要であった。

天智には直系を継ぐに相応しい男子がなかった。そこで、直系は同母弟の天武に継承される。大友《おおとも》皇子はいかに天智の男子とはいえ、生母が伊賀国出身の釆女《うねめ》では、直系を継ぐ資格はない。唯一の可能性は殺戮戦に勝ち残ることにあったが、天武の機敏な攻撃にあって敗死する。壬申の乱（六七二年）が天武の勝利に帰したことは、その血統からみれば、当然とも言われるべきであろう。

注

（1）「天皇」号の成立や「皇太子」号の採用がいつ頃からか、という問題に関わりなく、本書はこれらの語を使用する〔補注5〕。

（2）『続日本紀』天平元（七二九）年八月壬午条。

（3）『古事記』の「大后」「皇后」記事は著しく不完全である。整備されつつある中途の段階を示すであろう。

（4）崇峻は在位五年にして殺害されたと伝えられる。おそらくは、そのような天皇としての性格に関係があろう。

（5）南部昇氏「女帝と直系皇位継承」（『日本歴史』二八二号、一九七一年十一月）。この論文は、六世紀から八世紀の時期において、皇位継承の基本が直系継承にあること、女帝はこの直系継承を維持する役割を果したこと、等の重要な見解を明確に主張している。

（6）『日本書紀』によれば、竹田の同母弟に尾張皇子がある。しかし、この人物については事績が全く伝えられていないため、不明とせざるをえない。或いは夭逝したか。なお、『上宮聖徳法王帝説』に聖徳の妻として尾治王の女子が伝えられているが、年齢からみておそらく別人であろう。

（7）喜田貞吉「継体天皇以下三天皇皇位継承に関する疑問」（『歴史地理』五二巻一号、一九二八年七月)。林屋辰三郎氏「継体・欽明朝内乱の史的分析」(同氏『古代国家の解体』所収。一九五五年、東京大学出版会)。

(8) 木梨軽については、同母妹との婚姻を行い、非難を浴びたという伝承が注目される。

(9) 周知のごとく、雄略の名、すなわち、「獲加多支鹵大王」(ワカタキロ＝ワカタケル)の文字が稲荷山古墳出土鉄剣銘とともに、熊本県江田船山古墳出土太刀銘にも見出されること、及び、稲荷山古墳出土鉄剣銘文の内容がこの「大王」の支配を伝えていることによって、その政治的統合の存在が確かめられた。

(10) 『万葉集』巻一は、天皇の歴代を列ねる構成であり、その順序は、雄略、舒明、皇極、斉明、天智、天武、持統と続き、文武、元明の時代に至っている。舒明以下は奈良時代に直接繋がる皇統であるから、その掲出の意味は明瞭であるが、その前に、唯一人、雄略が冒頭に置かれていることが、不思議さもあって印象的である。巻一のかかる構成は、天皇の支配を称えようとする精神を表現する。「籠もよみ籠持ち」で始まるこの長歌は、まさに天皇の支配を謳歌したものであり、それが雄略に仮託されて巻頭を飾ったのである。舒明以下が、八世紀の人々にとって現実に君臨する皇統であるのに対し、雄略はその天皇の支配の根源ともいうべき、理念的な象徴として、ここに存在しているのではなかろうか。

また、雄略は『日本霊異記』巻上の第一話にも登場する。この説話の内容は仏教に無関係であり、これも雄略が巻頭に登場すること自体に意味があったと考えられよう。さらに、この説話は『万葉集』巻三の冒頭歌(柿本人麻呂作)の背景をなしている(雄略紀七年七月丙子条参照)。これらの例を拾ってみると、雄略の存在がいかに強く意識されていたかが窺われるであろう。

(11) 家永三郎氏「飛鳥朝に於ける摂政政治の本質」(『社会経済史学』八巻六号、一九三八年九月)が指摘されたように、法隆寺所蔵金銅薬師仏造像記に「太子」「東宮聖王」とあることによって、聖徳が皇太子の地位にあったことの証拠が得られる。荒木敏夫氏『日本古代の皇太子』（一九八五年、吉川弘文館）は、皇太子制の浄御原令成立説を主張され、この史料を疑問視されているが、皇位継承者を予め決定するということ自体は、聖徳の時代に行われたとしても何ら不自然とは思われず、何故それを否定せねばならないのか、納得できない。卑見は依然として、この史料に独自の価値を認めたい。

(12) 推古の即位と同時に聖徳の立太子がなされたとする『日本書紀』や『上宮聖徳法王帝説』の伝承を疑う説もあるが（直木孝次郎氏「厩戸皇子の立太子について」〈同氏『飛鳥奈良時代の研究』所収。一九七五年、塙書房〉）、それは、その理由の説明が不可能ではないか、ということより発した疑問であって、積極的な根拠はないようである。故に、本書のごとくにせよ、何らかの説明をつけることができるならば、強いてこれを疑う必要もなくなるであろう。

(13)『日本書紀』によれば、推古所生の敏達の女子三人が、それぞれ聖徳と押坂彦人と舒明の妻に配されたと伝えられる。もし、このような事実があったとすれば、この婚姻は皇位継承資格の獲得に関係したであろう。

(14) 一般に、この時期の皇位継承問題について、蘇我氏の利害を中心にした見方がとられる傾向もあるが、蘇我氏を過大評価することに対して、前掲注(5)南部氏論文にその批判がある。

(15) 天智が蘇我父子を殺害した主要な動機は皇位継承問題にあり、蘇我氏との血縁をもつ対立者（古人等）に対して、決定的な打撃を与えようとしたものである。

(16)「東宮」は舒明紀十三年十月丙午条に、「太子」は天智即位前紀にある。

(17) この点はしばしば事実誤認があるようで、たとえば井上光貞氏「古代の女帝」〈同氏『日本古代国家の研究』所収。一九六五年、岩波書店）も、女帝は「天皇または天皇になり得べき人のむすめであった」とし、皇極をこれに含めている。しかし、皇極の父は明らかに「天皇になり得べき人」ではなかった。

(18) 斉明即位前紀。

(19) 三世孫の皇極の即位よりも五世孫の継体の即位の方が異常性に勝るとする見方もあろうが、継体の場合は仁徳系皇統の断絶というそれなりの理由がある。対して、皇極・孝徳の場合は、三世孫を即位させねばならない情況にはない〔補注6〕。

(20) 岸俊男氏「光明立后の史的意義」（同氏『日本古代政治史研究』所収。一九六六年、塙書房）。岸氏は「皇后」の地位が皇位継承の資格になりうる、と考えられたらしい。藤原光明子の「即位」がありえるかのような発言をされていることも、そのような考え方に根差すのであろうが、到底容認できない（本書七五頁）。

〔補注〕

(1) 本書の原版では、継体天皇の登場は父系世襲制に基づいていない、と記述したが、これは誤りである。よってその文を削除し、継体についての説明に書き直した。

ここで天皇制の父系世襲制（男系継承主義）について、さらに説明を付け加えたい。父系世襲制、即ち、男系継承主義は天皇制の基本的特徴の一つである。つまり、天皇制には「女系皇位継承」が全く見られない。この「女系皇位継承」とは、本書で論じている「女系による直系の血統の継承」（補注(2)参照）とは別の問題であり、その区別も含めて、本書でより明確に指摘すべき論点であったと思われる。

「女系皇位継承」とは、皇位が女性天皇から、女性天皇と天皇ではない夫との間に生まれた子に継承されることを言う。世界の王制では女系王位継承は珍しくもないが、日本にはその実例はない。たとえば、仁徳系の男子が絶えた事例の場合、手白髪皇女が天皇に即位して、天皇ではない夫を持ち、生まれた子に皇位を継承させてもよさそうなものであるが、そのようなことにはならないのである。あくまでも男系継承が求められ、応神の男系の子孫とされる継体が天皇に即位し、手白髪皇女はその妻という役割になった。手白髪皇女が果たす役割は「女系による直系の血統の継承」であって、「女系皇位継承」ではない。男系継承主義が「女系による直系の血統の継承」によって補強されるところに、天皇制の特徴の現れをみることができよう。女性天皇（女帝）もまたかかる天皇制の枠組みの中の存在であり、女性天皇に「女系皇位継承」が試みられたような例は一つもない。女性天皇の性格を理解するためにも、この論点は重要である。なお、第三章補注(2)（一四三頁）も参照されたい。

（2）　これは「女系による直系の血統の継承」と定式化することができる。皇統形成原理の一つの型である。

（3）　聖徳が皇太子（次期王位継承者の地位）に立ったのは推古の即位と同時であったのかどうか、その『日本書紀』の記事（四カ月後とする）の信憑性を確認することはできない。よって、この時聖徳が「皇位に即くことが差し障るような年齢で」あった可能性もありえないことではないので、本文のように断ずるのは不正確であろう。従って、年齢が問題となる可能性にも留意した上で、聖徳がすぐに即位しなかった理由については年齢の如何に拘らず、それとは別に次のような事情が考えられるとして、以下を（傍系に課せられる試練の問題を）叙述するという論旨に改めるのが妥当である。

（4）　これは誤りである。三親等で即位した例に後花園（一四二八年）と光格（一七七九年）がある。ともにそれまでの直系（後光厳系皇統と中御門系皇統）の断絶により擁立された。

（5）「大王」と「天皇」を区別し、「次期王位継承者」と「次期皇位継承者（皇太子）」を区別しても、議論が煩瑣になるだけで、実質的に意味があるとは思われない場合、本書においては、「天皇」の語に「大王」を含め、「皇太子」の語に「次期王位継承者」を含めて、「天皇」「皇太子」の語を用いることにした。例えば、「雄略は信頼しうる確かな史料によって実在が確証されている最古の天皇である」というような用語法である。

（6）本書の原版では、継体は父系世襲制から外れている、と記述したが、これは誤りである。よってその文を削除し、書き直した。

第二　八世紀型の皇統形成原理

一　文武から聖武へ

a　天智によって確立された皇統は天武に受け継がれ、ここに再び直系の時代を迎える。この皇統もそのあり方は伝統に則るものであった。草壁・文武はともにその生母は皇女、すなわち天智の女子である。六世紀以来の直系形成の原理は、いささかも揺らぐことなく貫徹しているように見える。また、この二代の生母によって天智の血統が色濃く伝えられ、この皇統は天智の権威を全く独占することができた。

六世紀と異なる点を挙げれば、直系継承を補完する役割が女帝によって果されたことであろう。草壁が若くして死去したとき、持統が幼少の文武に代わって即位し、彼の成人を待った。文武は十五歳に至って立太子を行い、持統の譲位という運びになる。持統の役割は六世紀の安閑・宣化・用明等のそれに等しい。ここで女帝が登場したのは、おそらく、孝徳の例が

第6図

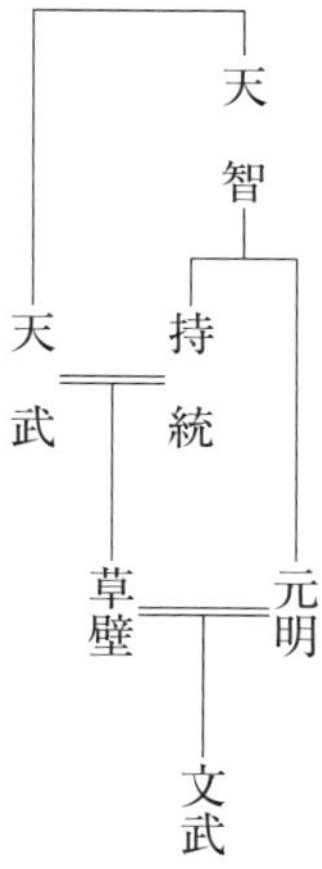

第7図

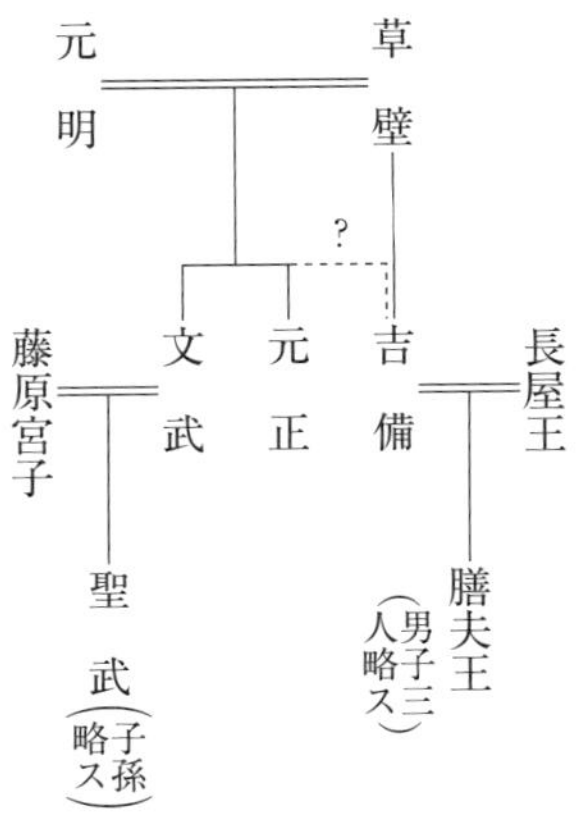

教訓として記憶に残されたためであろう。いかに傍系とはいえ、男帝を立てれば、有間皇子の事件のような事態が起こりかねない〔補注1〕。そうした不祥事を未然に防ぎ、直系の安泰を図るためには、女帝案はなかなかに巧妙である。こうして女帝の登場する場面は、推古・斉明の事例とも異なるところに広げられた。

次の女帝元明も、持統と同じ性格をもっている。文武も若くして死去し、遺子聖武が幼少であったため、元明は聖武が成人するまでの中継ぎ役として即位した。

b　しかしながら、この直系が安泰でいられたのは、文武の誕生までであった。その後まず、草壁の急逝によって、皇統は先細りの傾向になる。

草壁の血統をひく子孫は、第7図に載せた者がすべてである。草壁の子女は三人、そのうち男子は文武一人だけである。さらに、文武の子女は一人のみ、聖武以外には子供は一人もいなかった[1]。草壁のみならず、文武も短命に終ったため、皇統は遂に聖武を残すのみとなる。つまり、文武から直系を継ぐものは聖武以外にはない、という情況が生まれた。

そこで問題となるのはこの聖武である。確かに、皇位は文武から聖武へと継承されたのであるが、問題はそれがはたして直系の継承であるといえるかどうか、その内実にある。既述のごとく、直系たるものに不可欠の条件は生母にあった。この伝統的価値観に照らすとき、文武の生母が皇女であることは当然として、次の聖武の生母が皇女ではなかったということは、見逃しえない重要な問題となろう。聖武の母は藤原不比等《ふひと》の女子、宮子《みやこ》であり、貴族＝氏（ウヂ）の出自である。聖武は直系としての条件に当てはまらない。彼は、本来ならば、傍系にとどまるべき存在なのである。

私は聖武の天皇としての性格について、この点を重視したいと考える。このことがいかに政治史にも天皇制にも大きな影響を与え続けることになるか、以下の叙述に具体化しようと思う。そのためにもう一つ、次の点にも注意を向けなければならない。

c　それは、聖武のごとき、直系の資格に欠ける天皇が登場するという事態は、いつ頃から予想されたのか、ということである。聖武が文武の唯一の遺子と確定するのは、文武の死去した時点、七〇七（慶雲四）年であるから、このときになってにわかにそのような事態が固まることになったとする見方もあろうが、実はそうとは考えられない。もっと遡って、遅くとも文武が成人して即位（六九七年）した頃には、その予想ははっきり立てられていたのではないかと思われる。それは文武の婚姻に直系の条件が現われないからである。

文武の妻には、藤原宮子以外にも、貴族出身の女性はあった。しかし、文武の妻として、皇女の存在が確認できないのである。皇后を立てることの記事も伝えられていない。どうやら文武は皇女を妻にすることはなかったとみなしてもよいように思われる。それはおそらく、妻とすべき皇女がそもそもいなかったからではなかろうか。

草壁の女子のうち、元正は文武と同母であるから、妻となることはできない。吉備《きび》が同母であるかどうかはわからないが、彼女は長屋王《ながやのおう》の妻となっているから、文武の妻とはなれない何らかの事情があったのであろう。そのほかの皇女といえば、天智と天武にまで遡って、その女子を求めねばならないが、年齢的にもいかがであろうか。確かめることはできないが、やはり適格者がなかったのではないかと推測されよう。但し、文武の妻としては、諸親王の女子の存在も検出できない。皇女が無理であれば、親王の女子を以て代えることもできそうに思われるが、この場合も適格者を欠いたのであろうか。或いは、故意に親王の女子を排除したのであろうか。見方は様々にありうるであろう。

なお、付言すれば、以上にみるように、直系の維持にとって、皇女の少ないことは悪条件となることが知られる。これは一つに女帝（持統）が立った影響もあろう。六世紀のように傍系の男帝が立てられていれば、その皇女を直系天皇の妻とすることが可能になる。女帝は直系主義の理念を強めることには役立ったが、その反面、配偶者の供給源を狭め、直系形成の原理が自壊する結果を招いたともいえるのではなかろうか。

兎にも角にも、事実として、文武は皇女を妻にもつことがなかった。そして、皇后を立てることもなかった。直系の資格を満たすことができない状態にあったのは文武自身である。従って、文武の男子がたとえ幾人生まれようとも、すべて聖武のごとく、貴族出身の女性の所生にならざるをえないことは、早くから予見されたであろう。聖武の問題性は、実際には、聖武の誕生（七〇一年）以前から人々に自覚されていたに違いないと思われる。

聖武にとって、血統は自身の存立基盤に関わる重大な問題である。彼はみずからの弱点を克服し、直系としての権威を確かなものにしなければならないであろう。これが彼の生涯をかけた課題となるであろう。聖武は直系主義の価値観の中に生きざるをえない。それが天皇制の論理であり、政治史の基調を形づくることにもなるのである。

二　聖武期政治史の諸問題

a　八世紀前半の政治史は、聖武の生涯とどのように関わり合っているであろうか。その幾つかの問題点を次に摘出してみよう。

(A)　聖武は七二四（神亀元）年に即位するが、このとき彼は二十四歳であった。既に七一四（和銅七）年、十四歳のときに皇太子に立ちながら、元明・元正の二代の女帝のもとで、十年間も皇太子にとどまっていた。父の文武の即位が十五歳であったことと比べても、その即位は異様に遅い。このことには何らかの意味があるのであろうか。

(B)　即位の三年後、聖武の夫人《ぶにん》、藤原光明子は男子を産むが[2]、この男子は生後二カ月にして皇太子に立てられた。これはきわめて異例のことである。それまで立太子は成人であることが原則的条件であっ

第8図

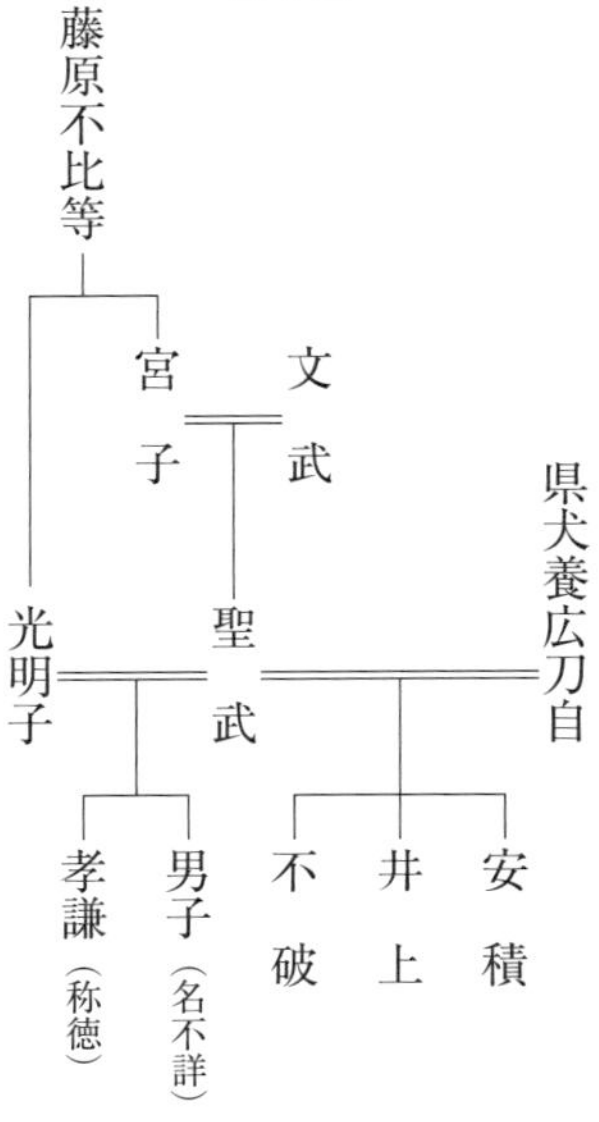

た。八世紀までの天皇は必ず成人してから即位する。皇太子の地位はいつでも天皇に即位しうるという資格であるから、皇太子もまた成人であることが原則となる。従って、この一歳の乳児が立太子するという異例がこのとき突如生まれたことは、大いに注目に値しよう。

(C)　この皇太子は翌七二八年、わずか二歳で死去するが、一方、この年に聖武の第二子、安積《あさか》親王が夫人県犬養広刀自《あがたいぬかいのひろとじ》に産まれている。しかし、この安積は皇太子に立てられることはなかった。安積は聖武の唯一の男子として、七四四（天平十六）年、十七歳まで生存したにもかかわらず(3)、遂に皇太子とはならなかった。

(D)　七二九（天平元）年、藤原光明子が皇后に立てられた。『日本書紀』においては、仁徳以来三百年間、氏（ウヂ）出自の女性を「皇后」とする記事はない。当時の人々にとって「皇后」とはいかなる存在であったのか、その通念との関係において、光明子立后の意味が問われなければならない。

しかも、その立后は光明子所生の皇太子が死去した翌年に行われた。このことにいささか不可解の念を覚えざるをえない。その皇太子の生存中に光明子が皇后に立てられたというのであれば不思議はないが、その皇嗣の失われた後に敢えて立后を行ったというところに、問われるべき意味があるように感じられる。

(E)　七三八（天平十）年、孝謙（光明子所生）が皇太子に立つ。女性の皇太子は、後にも前にも孝謙以外には存在しない。この異例の意味もまた問われねばならない。しかも、この時点では安積という皇子が生存していたことを忘れてはならない。

(F)　聖武は七四九（天平勝宝元）年、孝謙に譲位し、太上天皇となった。[4]天皇の譲位ということは、これ以前はすべて女帝のみにあったことである。女帝は直系の皇嗣が成人するまでの中継ぎに立った場合、その役割を終えた時点で譲位を行った。しかるに、直系の地位にある男性天皇が譲位を行ったというのは、この聖武が初めての例である。

(G)　しかも、聖武はこの頃出家をしている。天皇の出家ということも、聖武が初めての例である。

(H)　聖武は七五六（天平勝宝八）年に死去する。それとともに皇太子の選定がなされた。それは道祖《ふなど》（新田部《にいたべ》親王男子）の廃太子や橘《たちばなの》奈良麻呂《ならまろ》の変などの諸事件を呼び起こしながら、淳仁《じゅんにん》（舎人《とねり》親王男子）の擁立に落ち着くことになる。注目されるのは次の二点である。一つは、聖武の死が、何か当然であるかの如く、孝謙の譲位と新天皇の擁立に連動していること。他の一つは、その新天皇の擁立過程において、きわめて混乱した情況が生まれたことである。

以上、(A)から(H)まで、聖武を中心に置いてその問題点を列挙したが、これらは今更いうまでもないような周知の事柄である。もう既に微細にわたって研究され尽した感もあるが、それではこれらの諸点すべてを包括して、納得のゆく理解が得られているのかどうかを省みれば、そこにはなお満たされぬ想いも残るといわざるをえない。それは次のような発想法が支配的であるとみられるところに、従来の研究動向に対する不満を覚えるのである。

b　奈良・平安時代の政治史を繙くと、概して一つの傾向がある。それは、叙述が藤原氏を中心にな

される場合が実に多いということである。例を岸俊男氏「光明立后の史的意義」(5)という論文に採ろう。

次の引用文は、藤原光明子の入内《じゅだい》、皇太子の死、長屋王の変、そして光明子立后と続く政治過程につい

ての、すなわち、前記(A)以下の問題点についての一つの見解でもある。その叙述の主語が常に「藤原

氏」となっていることに注意されたい。云わく、

なかでも長屋王の変は、武智麻呂をはじめとする藤原氏一族が政界における独占的優位を獲得しよ

うとして計画した策謀で、当面の目的が光明子の立后にあったことはすでに人びとの説くところで

ある。

藤原氏も（中略）最初から光明子を皇后に就けることは考慮していなかったものと思う。（中略）そ

の皇子が皇太子に立てられ、藤原氏の目的はその計画通り達成されたかにみえたのである。

されぱいま光明子の生んだ皇太子が死に、広刀自に皇子が誕生したとなれば、当然要路の人びと

にはやがて安積親王立太子が重大な政治問題となることが十分に予想されたものと思う。こうなっ

ては藤原氏の計画は画餅に帰する。そこであわてた藤原氏はそのような不利な事態が生ずることに

先手を打つため、従来の皇子立太子策を急に光明立后という直接策に切り換えたのであると私は考

える。

藤原氏は皇太子の急死、安積親王の誕生に対処するため、この皇后の地位と権能に着目したのであり、さらに深く考えれば、場合によっては聖武のつぎに光明女帝の即位さえも胸に画いたかも知れぬのである。

引用を続ければ限りはないが、ここで政治の舞台の主役を担わされているのは藤原氏である。このような発想法は、勿論岸氏に限られるものではない。藤原氏の策謀、勢力拡張策という視角から奈良・平安時代政治史を論ずることは、古今を通じて歴史叙述の定型であった。岸氏もそれを踏襲されているわけである。

その成果はいかがであろうか。ここに引用した見解をみても、私には話の筋道にさほど必然性があるとは感じられない。光明女帝案に至っては、脱線というほかなかろう(6)。

そして、更にこの発想法の延長上に、次のような考え方も生まれる。井上薫氏は、孝謙の立太子について、それは安積の存在に対抗する意味があったとともに、その前年（七三七年）に藤原四兄弟が次々に歿し、「光明は（中略）藤原氏の勢力をたてなおす策をとらねばならなくな」ったからであると説かれている(7)。ここでの主語は光明子であるが、彼女は藤原氏の利害の代表者、推進役として位置付けられており、これもまた、藤原氏中心の見方にほかならない。

また、この見方は、安積親王の処遇も藤原氏の意図になるものとみなすことになる。孝謙の立太子は安積の皇位継承権を否認するためのものであるとされるにとどまらず、安積の死は彼を敵視した藤原氏による暗殺ではないか、とする説さえも生まれている(8)。

以上、限られた論文しか紹介できなかったが、いずれも藤原氏の利害というものに視点を据え、政治史の基調を藤原氏中心の権力闘争として捉えようとするものである。奈良・平安時代の政治史を論ずる人々にはこの発想法がまことに根強い。確かに政治の一側面として、藤原氏による権力闘争にも注目すべきことは当然である。冒頭に述べた(A)〜(H)の諸問題にも、その側面は何らか関与しているであろう。しかし、見究められねばならないのは、何が根幹で、何が枝葉か、という点である。かかる権力闘争史観には、その取り違えがあるのではなかろうか。

第一に、この八世紀前半の時期において、藤原氏自身の族的勢力ははたしてどれ程のものがあったのであろうか。藤原氏は、周知の如く、不比等が唯一人その氏姓を受け継いだことに始まる。逆にいえば、不比等一人だけが旧中臣《なかとみ》一族から離脱したのであるから、族的勢力の強弱如何という側面からみれば、藤原氏はむしろ族的勢力を全く喪失したといってもよいのではないか。族的集団としては生まれたばかりの、その体もなさないような微少な存在である。このような藤原氏が、何故他の多くの伝統ある貴族に対抗し、それらとの権力闘争に勝ち抜くことができたのであろうか。

また、七三七年の四兄弟の死によって、その勢力が一時完全に壊滅したにもかかわらず、その後再び不死鳥のごとく甦ってくるのは何故であろうか。さらに、藤原氏だけはそのすべての族員に公卿《くぎょう》への昇進の機会が与えられている点、他の伝統的貴族とは異なる特別の待遇を受けているが、これもまた何故であろうか。

従来の〝藤原氏の権力闘争〟史観においては、かかる諸点の説明が必ずしも十分ではないと思われる。第二に、一歳の乳児の立太子、氏（ウヂ）出自の光明子の立后、女性である孝謙の立太子など、これら一連の異例なる措置は、天皇制の伝統的なあり方に逆らうものである。これらの措置を当時の貴族は如何なる意味をもつものと認識したのであろうか。というのは、もしこれらの措置が藤原氏の利害より出た策謀にしかすぎないと認識されたのであれば、これらの措置に関する合意の形成は実現しがたいことのように思われるからである。天皇制の原則を破るということは、貴族全体が重大な関心を寄せざるをえない問題であろう。もしも貴族の合意が得られなければ、光明皇后・孝謙天皇という体制は存続しえなかったはずである。藤原氏の策謀という見方のみでは、この合意の形成を説明できそうにはない。〝藤原氏の権力闘争〟史観においては、政治における合意の形成という契機の重要性が軽視されているのではないか。そこにこの史観の欠点の一つがある。この合意の形成を促した要因ははたして何なのか、という視角が必要ではないかと思われる。

第三に、特に安積の存在に注意を向けたい。合意の形成という視点を導入するとき、最も破綻をみせる論点がこの安積の存在であろう。藤原氏は自分にとって不利益である故に安積の皇位継承権を否定し続けたのだという、この論法だけで押し通そうとするのは、何としても無理があるのではなかろうか。安積は聖武の唯一の男子である。その価値は孝謙によって代替できるものではない。安積の皇位継承権を否定してしまったならば、聖武の皇統そのものが終わることになりかねないわけであるから、この論法は詰まる所、藤原氏は聖武の皇統を断絶させようとした、とも云えることになりはしないか。それは天皇制を危機に追い込む性格のものであり、貴族の合意になりうるとは到底考えられない。〝藤原氏の権力闘争〟史観の欠陥は、安積から皇位継承権を剝奪するという方向に議論が進まざるをえない点に、端的に露呈されている。まして、安積暗殺説に至っては不要の論である。『続日本紀』の伝える通りに、彼は単なる病死とみて何ら差し支えなかろう。このような議論には、藤原氏も含めた貴族にとっての、天皇制のもつ重みというものが閑却されている。しかも、かかる臆説が結構支持を集めているところに、〝藤原氏の権力闘争〟史観の根強さが示されているのであろう。

この史観において、藤原氏の名はまことに調法がられる。いかなる事件であろうとも、〝藤原氏の策謀〟と唱えれば、立ち所に片がつくことになる。しかし、その結果は往々にして安直な解釈に流され、肝心な何かが忘れられることになるのではなかろうか。

c　最近、長山泰孝氏は、「古代貴族の終焉」(9)という論文において、注目すべき見解を明らかにされた。それは、藤原氏という存在の性格、及びその政治史上の位置の捉え方について、従来の通念の曖昧さを断ち切ったものである。氏は藤原氏の発展の要因が天皇制との関係にあることを重視されて、次のような論旨を述べられている。

㈠　八世紀から九世紀の過程は、伝統貴族が衰退する一方、藤原氏と源氏という天皇の「身内的な存在」がそれに替わって権勢を握るところに特徴がある。

㈡　この伝統貴族の衰退過程を藤原氏による排斥、政治的陰謀という視点からだけみても、説明しきることはできない。

㈢　藤原氏の発展の基礎は、不比等が「いわば二代の天皇の擁立者であった」こと、即ち、天皇の「身内的存在として意識される」という「他の貴族と異なる」「藤原氏の特殊性」にある。

㈣　「藤原氏の権勢は、律令制の成立によって確立した王権の所産であり、王権を離れては存在しえぬものであった。」[10]

とりわけ、氏の主張の眼目は、次の一節にあるように思われる。

藤原氏は本来的には必ずしも貴族としての独自性をもつものではなく、王権の補完的要素として王権の内部にとりこまれることによってその権勢を確立し、その地位を保持し続けたのであり、そのような王権と藤原氏との関係をどうとらえるかが問題であると思われる。

氏によれば、まず天皇制が先にあって、しかるのちに藤原氏がある。この何よりも天皇制を第一義的なものとする見解は、正鵠を射たものであると私は思う。少なくとも、奈良時代の政治過程を分析するためには、氏の視点が基礎に置かれねばならないであろう。なぜならば、私は以上に、藤原氏中心の見方だけに固執した場合には解明しえない問題の残る所以を述べた。何か別の視座が必要とされていると考えた。それは何かと問えば、その解答は長山氏の見解から導き出すことができるであろう。すなわち、天皇制との関係をより重視しなければならない、ということである。

本稿の主題に即して、それはどのように具体化されるであろうか。〝藤原氏の権力闘争〟史観に替わるべき視点は何か。そう考えるとき、この史観が強まれば強まるほど影の薄くなる人物が存在することに気付く。彼こそが、本来は政治史叙述の主役とされて然るべきではなかったか。それは天皇聖武である。

三　直系原理の変質

a　以下、先述の(A)から(H)までの問題点について考察しよう。その視点として、私は天皇制の論理とはいかなるものかを考えながら、政治過程を捉える試みを述べたいと思う。その天皇制は八世紀という時代の存在として、特殊具体的に捉えられなければならない。聖武にとって天皇制とはいかなるものであったか。そこに出発点がある。

文武から聖武に皇位が伝えられることについては、必ずしもその合意は確立していなかったのではないか、という指摘が既になされている。その根拠を「不改常典」の語が元明即位宣命にあらわれることに求める見解があり(11)、私もそれは妥当な解釈であると考える。さらに根拠を加えれば、(A)に挙げた点、すなわち、聖武が成人後も長く皇太子の地位に留まったという特徴も、この合意の問題に関わっているように思われる。

女帝のもとで成人の皇太子が長期にわたり留まるというあり方は、過去にも聖徳と天智の例があった。私はその理由を、彼らが本来傍系の出身でありながら、新たに直系の皇統を創ろうと企図したためであると考えた。それは直系としての権威を確立するための手段であった。この前例に照らせば、聖武の場合も同様の動機があるとみなすことは十分可能であろう。但し、聖武は確かに直系としての条件に欠けるものがあったとしても、聖徳や天智と異なり、初めから直系の地位におかれていた。従って、即位が遅れたとはいっても、それ程長期にはならなかった。

b　なお、次のような事実もある。聖武は即位して二日後、生母藤原宮子に「大夫人」の地位を与えた。しかるにその翌月、左大臣以下の貴族が上奏し、令文に「皇太夫人」の称の規定があることを建言する。聖武はこれを容れ、あらためて宮子に「皇太夫人」の地位を与えた(12)。

これは、聖武の天皇としての権威に弱点があること、しかも、その弱点の何たるかは聖武自身の自覚するところであったことを語る好例である。何故ならば、宮子に「皇太夫人」の地位を与えることが、聖武の初めからの本意であったに違いないからである。しかるに、「皇」字の無い「大夫人」の号を先ず示したのは、いわば謙譲の徳を顕わすということなのであろうが、それは同時に、宮子が皇女でも皇族でもなく、氏（ウヂ）の出自でしかないということ、従って、彼女に「皇」字は相応しいのかどうか、その懸念もありえたことの反映にほかならない。宮子に「皇太夫人」の地位を与えることは、聖武の意思という形のみでは憚られるものがあった、ということなのであろう。貴族の要請に基づくという理由付けを用いることが必要であり、そのためにこの手順を煩わすことになったが、それも人心への配慮なのである。

しかもこのとき、地位は「皇太夫人」としながら、特に、会話においては、「大御祖」（オホミヲヤ）

と発音すべきことが指定された。これは、斉明や元明が「皇祖母」（スメミヲヤ）と呼ばれたことと対比して、大いに注目すべきことである。(13)この決定は、裏返せば「皇祖母」の称を用いないとする意味があり、「皇」について最後までこだわりをみせている。その忌憚の念を捨てきれなかったのであろう。宮子の待遇には、元明等との間に、このような格差が生まれざるをえない。

聖武にとって、生母が皇女ではないということは、かくのごとくゆるがせにできない問題であった。それは貴族の合意にとっても同じことであろう。

c　次に、(B)と(D)の問題について考えよう。聖武は光明子とその所生子に破格の待遇を与えた。このことに聖武の皇位継承構想が明らかにされている。(B)と(D)こそ、聖武を主役におく立場から、積極的に評価されるべきであろう。

聖武は直系としての権威を揺るぎなく高めなければならなかった。この課題はいかなる方法によって達成されるのであろうか。それまでの伝統に従えば、彼の皇后に皇女を立て、直系の血統原理を再建するという方法がある。しかし、それは既に文武の段階で困難を来していた。しかも、文武には一人の女子も生まれていないから、聖武においても無理であることに変わりはないであろう。〔補注2〕

このような事情のもとで、しかもなお直系観念に固く拘束されるとなれば、聖武にとって現実に可能な方策は、直系の血統原理の修正を試みることにならざるをえないであろう。彼には直系を受け継ぐべき存在として認定されたという既成事実がある。この既成事実によりかかりながら、直系原理の修正を公然と推進し、負を正に逆転しようとすることになるのではないか。その修正点は、当然に生母の問題である。聖武に直系としての権威が具わるためには、生母に権威の具わることが必要であり、そのためには、その出自した藤原氏に権威が具わらなければならない。その権威を与えることのできるものは、聖武以外にはいない。となれば、聖武が藤原氏に特別待遇を与え、これを〝選ばれた貴族〟に育てあげようとするのは必然の成り行きであろう。それによって、藤原氏を母とするものが直系の皇統を継承する、というべき新しい原理を、彼は創り出そうとしたのではなかろうか。

かくみなせば、聖武にとって藤原光明子こそ特別の意味をもつ存在であったことが理解できると思う。光明子所生の男子を誕生直後に皇太子に立てたこと(B)の理由はここにある。聖武のこの異常なやり方には、藤原氏所生の男子に皇位を継がせたいという彼の熱意がよく表現されている。この立太子によって、彼は自身の劣等意識が昇華してゆく想いをかみしめたことであろう。

d　しかし、この皇太子は二歳であえなく死亡してしまった。その衝撃はきわめて大きかったと考えられる。奈良時代政治史の特色をなすかのような貴族の激しい権力闘争の始まりも、想えばこの皇太子の死が切っ掛けであった。

長屋王が抹殺された事件（七二九年二月）は、皇太子の死（七二八年九月）と光明子の立后（七二九年八月）の中間に起きた。この三つの事件が密接に連関するであろうことは、古来指摘されているところであるが、聖武の立場からなお考えるべきものがある。

長屋王の妻に吉備内親王があった。当時、皇女（草壁は天皇に準ずる）を妻にもつ皇族は、長屋王一人のみであった。いわば、長屋王は聖武の劣等意識を映し出す鏡である。聖武が彼に憎悪の念を抱いたとしても不思議はない。皇太子の死によって束の間の充足感が崩壊したとき、長屋王がにわかに危険な存在にみえてきたのであろうか。この事件は聖武の過剰反応であったかもしれないが、しかし、聖武の子孫のみに皇位継承権があるとする合意を固めるためには、長屋王と吉備およびその男子等を抹殺するのは止むをえないことであったかもしれない。

長屋王とともに自殺したと伝えられるのは、吉備とその所生の男子四人のみであり、他の妻（藤原不比等女子等）やその男子等は自殺もなく、また罪にされた者もなかった。不比等女子の場合、普通は藤原氏の権勢によって罪を免れたと説明されているが、もともと彼女等を罪にする必要はなかったとみるべきであろう。聖武にとって、長屋王も、彼個人のみであれば敵視する理由もありそうにない。吉備と長屋王の組み合わせに、そして、その男子があることに脅威を感じたのであろう。他の妻の所生子は、聖武にとって無害である。

e　かくして光明子の立后となる。この問題については、それまでの「皇后」のあり方と異なるという点において古来非常に注目されてきたが、一般にいささか過大な評価に流れる傾向が感じられる。まずは事実誤認等正すべきを正し、その妥当な位置付けを探してみよう。

岸俊男氏は、「大宝令では天皇の皇后・妃は内親王でなければならないことが規定されており」、光明子の立后にとって、この「皇后は内親王たるべしとする令の規定が大きな障害であった」と述べておられるが、この見解は誤りとされねばならない。養老令に皇后の資格と条件について規定する項目は一切存在しないが、それは大宝令においても同じであったと考えられる(14)。光明子の立后に大きな障害があったとしても、それは令の規定には関係がない。問題になるのは、伝統的に「皇后」は皇女または皇族の女性であったとする観念との間に摩擦が生じるのではないか、ということである。

さらに、ここで注意されるのは、『日本書紀』における「皇后」の資格であろう。前章に述べたごとく（本書三一頁）、その資格は皇女に限定されない。もう一つの基準（イ）によって、所生子の子孫が皇位に即けば、その女性は「皇后」の資格を得た。『日本書紀』の編修方針は、この点において、光明子の立后に路を開いていたとも言えるのではなかろうか。前述のごとく、聖武の問題が実は既に文武から始まっていたとすれば、大宝令や『日本書紀』の編修に際して、天皇制の将来を塞ぐことのないよう、配慮が加えられるのは当然のことであった。

かくのごとく、光明子の立后について、あまりに一方的にその異常さや困難さを強調するべきではない。しかし、天皇の妻の中で皇女または皇族の女性を最も重んじるという慣習が長く続いてきたことも確かであり、摩擦の起きないはずはないが、摩擦が起きようともなさねばならないことがあったのである。光明子の立后がどのような経過の中でなされたのか、検討しよう。

おそらく、事の重大さにおいて、七二七年の立太子がもつ意義は、光明子立后の比ではない。政治史上の最も決定的な場面はこの立太子にある。皇位継承者を決めることこそ根本であるという意味に加えて、聖武の皇位継承構想が初めて天下に公然化したところに、重大な意味があった。直系継承の新しい原理が明らかにされた。聖武が光明子を最も重んずべき妻として待遇したことは、この時点で既に明白であり、それからすれば、二年後の立后はその追認にすぎないであろう。

光明子は、皇太子の生存中は皇后に立てられなかった。宮子の例に同じく、地位は夫人である。将来、光明子の地位をどのように予定していたかはわからないが、当面はそのまま夫人の地位を続けることもありえたであろう。立太子さえ実現すれば、肝心な目的は果されたのであるから、立后を特に急ぐ必要もないことになろうか。皇后の地位はその程度のものであろう。

従って、光明子立后の位置付けは次のようになろう。すなわち、皇太子の死によって、光明子の立后が緊要の課題となったということである。何となれば、皇太子の夭逝は、現実の問題として皇嗣が失われるという重事であったが、皇位継承の理念の問題としても、新しい直系原理に対する疑惑の念を強めたのではないかと推測される。乳児の立太子をあまりに強引なやり方として快く思わない者も多かったであろう。その立太子が幾許もなくかかる結果に終わったとなれば、そこに不吉な何かを感じ、皇位継承のあり方如何をめぐって、聖武に対する不信、不満が高まったであろうことは十分に想像できる。皇太子の死によって新しい直系原理はどうなるのか、今後もこの路線を続けるのか、或いは、それを修正する方向に進むのか。聖武はその皇位継承構想をあらためて明確にする必要に迫られた。

その手段が光明子の立后であった。それは新しい直系原理が今後も堅持されることを朝廷全体に明らかにした。その立后宣命《せんみょう》に次のように言う(15)。

皇朕《すめみわれ》、高御座《たかみくら》に坐《いま》し初《そめ》しゆり、今年に至るまで六年になりぬ。この間に天《あま》つ位に嗣《つ》ぎ坐《いま》すべき次《つぎて》として、皇太子《ひつぎのみこ》侍りつ。これによりそのはは(母)と在《あ》らす藤原(光明子)夫人《おおとじ》を皇后《おおきさき》と定め賜ふ。

立后の根拠に今は亡き皇太子が登場する。聖武はこの立太子は正しかったのだと、ここで確認しているのであろう。故に、次の皇嗣もまた光明子所生の男子であるべきであり、その誕生を期待しようとしたのである。

この宣命は、続いて縷々綿々と光明子立后の経緯を語っている。この官人達に語りかけようとするその熱意は、確かに尋常のこととは思われない。

今日、今時《い》、眼《ま》の当たり衆《もろもろ》を喚《め》し賜ひて、細《つぶさ》に事の状《さま》語らひ賜ふ（下略）。

今勅《のりたま》へる御事法《みことのり》は、常の事にはあらず。むつ(睦)事と思《おもお》し坐《ま》す（下略）。

聖武は官人すべてを説得したいと願っているようにみえる。立后の意義は今後の皇位継承方式を確定することにあったが、それだけではない。その儀式を通して、言葉による働きかけがなされた。つまり、直系継承の新しい原理を宣伝し、その合意の形成を推進するという作用が重視されるべきではないかと考える。

そこで、この光明子立后の儀式に考察を加えてみたい。以上のような事情が、儀式に反映されてはいないであろうか。その手懸りになりそうな事実がある。『続日本紀』によれば、光明子立后の儀式は二回行われている。すなわち、まず、天平元年八月戊辰（十日）条に次の記事がある。

詔《みことのり》して、正三位《しょうさんみ》藤原夫人《ぶにん》を立てて皇后としたまふ。

そして、その十四日後の同月壬午（二十四日）条に、次の記事がある。

五位と諸司長官とを内裏《だいり》に喚《め》し入る。而して知太政官事一品舎人親王《ちだいじょうかんじいっぽんとねり》、勅《みことのり》を宣《の》りて曰《いわ》く、（以下の宣命を略す）

著名な光明子立后の宣命は、この二度目の儀式におけるものであった。立后の儀式は、故実書の説明や六国史等の実例をみても一度だけで済まされており、二度も行うのは普通ではない。何故光明子のみ二度行われたのか、また、その二つの儀式はどのような違いがあったのか、というような疑問が生じるであろう。その解答の試案として、次のような解釈を提示してみたい。

まず、後の方の、二十四日の儀式についてみると、この記事から想起されるのは、『儀式』[16]（八六〇～七〇年代の成立）巻五の「立皇后儀」の規定である。それによると、五位以上の官人が承明門の内に並び、六位以下はその門外に並んで、彼らを前に宣命が読み上げられるのであるが、これは二十四日の記事の「五位及び諸司長官を内裏に喚し入る」に一致する。その宣命も、『儀式』に載る文例と光明子立后宣命とは、基本的な文言がよく似ている。もし、光明子立后宣命から光明子の場合でなければ意味をなさない文言を削除して、誰にでも適用できる文例を作るとすれば、それは『儀式』所載のごときものになるであろう。

この『儀式』に規定するやり方の実例を拾ってみると、聖武のこの二十四日の記事が初見であり、次に嵯峨の例[17]（皇后橘嘉智子、八一五年）に続いている。このときの嵯峨の宣命は『儀式』所載の文例と全く同一である。皇后制は九世紀の間、一時中絶し、十世紀にまた復活するが、その復活後の立后宣命にも『儀式』の文例が踏襲された。[18]

　次に、光明子立后の一度目の儀式、即ち、十日条の記事についてみよう。これはあまりに簡単で、具体的なことは何もわからないが、実はこのような記事の書き方こそ『日本書紀』と『続日本紀』における通例にほかならない。『続日本紀』の中から拾えば、光仁と桓武の例[19]がこれに該当する。しかも、光仁の場合はその宣命も掲載されているが、それは単に、立后に関しては、

　又、井上内親王《いのえ（いがみ）のひめみこ》を以《もち》て皇后《おおきさき》と定めたまふと宣《の》りたまふ天皇《すめら》が御命《おおみこと》を衆《もろもろ》聞き食《たま》へと宣《の》る。

とあるのみで、聖武の二十四日の宣命や『儀式』の文例とは全く対照的に、簡潔なものである。

　以上のようにみると、十日と二十四日の儀式はそれぞれ別個の独自なものであるように思われる。その規模にはかなりの違いがあるらしい。しかも、それは新旧の時代差をつけることができそうであり、丁度、この聖武の事例において、この二つが重なっているとみられよう。

　つまり、次のように考えられる。立后の儀式を十日型と二十四日型に分ければ、まず、十日型は奈良時代以前からの伝統を引くものであるらしい。それは桓武にまで受け継がれた。その宣命は、光仁の例のごとくごく簡単に、「某を皇后に定む」という、それだけの文言で十分とされたであろう。儀式の規模もおそらく小さいものであったに違いない。

　それに対して、二十四日型はそれまでの立后の伝統にはない儀式であって、この聖武のときに初めて催された。大勢の官人を内裏の内外に召集し、長々しい宣命を読み上げ、最後に賜物を行った。この儀式は次に嵯峨に継承される。嵯峨は伝統的な十日型を捨てて、二十四日型を以て正式の立后儀に採用し

た。さらに、それは『儀式』に規定されることによって、後世は専らこの方式で挙行されることになった。

このように見通しを立てれば、全体にさほどの無理もなく、立后儀の変遷を捉えることができるように思われる。そして、もしこの試案が成り立つとすれば、聖武における二十四日の儀式はきわめて特異にして、かつ、独創的である、と評価すべきことになろう。二十四日の儀式は、このとき一回限りで終わるはずであったとみた方がよい。たまたま嵯峨がこれを復活させて、後世には正式の儀式となったが、それは聖武にとって思惑外のことであろう。聖武は通常の儀式を十日に挙げ、それとは別に特別企画として、二十四日の儀式を挙行した。光明子立后の眼目はこの特別企画にあった。

聖武の意図は、通常の儀式では果されえなかったのであろう。彼は官人すべてを召集し、彼らに皇位継承の真意を事細かに語り聞かせ、そうすることによって、新しい直系原理に不動の合意を得ようとしたのであろう。それは聖武の天皇としての権威そのものに関わる問題であった。その宣伝の場として、最もその効果を発揮すべき特別の儀式が企画されたのである。光明子の立后には、かかる政治的演出が仕組まれていたと考える。

f　次に、皇子安積の存在をいかに評価し、位置付けるかという問題がある（Ⓒ）。議論の焦点は次にあろう。安積が存在しながら、何故孝謙が立太子したのか。孝謙の立太子によって、安積の立場はどのようになったのか（Ⓔ）。

安積が皇位継承者の地位に立つことを妨げようとする働きがあることは確かである。問題は、そのような働きが生まれてくる根源はどこにあるのか、であろう。その源もやはり聖武ではなかろうか。聖武の押し進めようとしている路線の上に置いて考えれば、安積が受けた処遇の意味するものは納得しやすいと思われる。

安積の皇位継承権が否定されたのではない。安積は生存する唯一の男子なのであるから、皇位継承権が具わることは当然である。聖武がこれを否定するはずはない。ただ、聖武にとって、安積に皇位を継承させることは、いわば次善の策であったと考えられる。彼が最善の策としたものは、藤原氏所生の男子に皇位を継承させることである。聖武はこの最善の策にあくまでも期待をかけていた。孝謙を立太子させたとき、聖武と光明子はまだ三十八歳、藤原氏からは他に二人の女性（武智麻呂と房前の女子）が後宮にあった。最善の策を断念するのは、まだまだ先のことでよい。そして、もし将来、遂にこれを断念せざるをえなくなったときには、次善の策が採られることになろう。そのとき安積が皇位を継承することは当然であって、安積はこのような立場で、次善の策として用意されていたのである。

従って、聖武としては、安積を皇位継承者として正式に確定することは、できる限り遅らせる必要があった。そのために孝謙が皇太子に立てられたのである。これは最善の策はなかなか実現せず、さりとて次善の策にもまだ踏み切れない、そうしたジレンマを凌ぐための便宜的な方策である。最善の策にも、次善の策にも、将来どちらにも橋渡しができるところに、女性でなければならない意味がある。孝謙はその中継ぎの役割であった。このような性格は女帝一般に相通じるが、ただ、それまでの女帝の場合は、直系を受け継ぐべき人物は確定していた。しかし、この場合はそうした存在が未確定であり、それ故に女性の立太子という特異なケースが生まれたわけである。[20]

g　以上の如く、安積は現実には聖武にとって唯一の皇嗣であった。しかるに、この安積は七四四（天平十六）年に十七歳で死去してしまう。これは重大な事態である。聖武はただ一人の皇位継承者をも失ったのであった。

のちの七五七（天平宝字元）年の橘奈良麻呂の変を伝えて、『続日本紀』に次の如くある。[21]

去《い》ぬる天平十七年（七四五）、先帝陛下（聖武）難波に行幸し、寝膳宜しきに乖《そむ》けり。時に奈良麻呂（橘）、全成（佐伯）に謂《かた》らひて曰《いわ》く、「陛下枕席《ちんせき》安からず。殆《ほとほ》と大漸《たいぜん》に至らむとす。然《しか》るに猶皇嗣を立つること無し。恐るらくは変有らむか。（下略）」と。

事の真偽は別として、七四五年の時点において、「皇嗣を立つること無し」という発言があったとしても、少しの不思議さもないとする受け止め方があった、ということは認められるであろう。孝謙が皇太子にあるにも拘らず、皇嗣が存在しないと認識されていた。この「皇嗣」なる言葉が安積を意識したものであることは明瞭であろう。七四五年が安積の死去した翌年であるからこそ、奈良麻呂の発言も生きてくるのである。

安積の死によって、聖武の男子は皆無となった。彼の皇統にはその継承者が失われた。皇位継承問題はここにその内容を変えることになる。聖武がそれまで課題としてきたことは、直系の権威を確立すること、そのための最善の方策を実現することであった。しかし、今やそれどころではない。その皇統そのものが断絶するという危機を迎えたのである。問題は質を変え、一挙に深刻化した。爾後の政治史は直系皇統の断絶という事態の中で推移することになる。安積の死（七四四年）は、奈良時代政治史上の最も決定的な転換点であったと私はみなしたい。

h　安積の死から五年後、聖武は譲位し（F）、出家する（G）。これは安積の死によって受けたショックも影響しているであろう。自己の皇統の断絶という様相がいよいよ固まるなかで、聖武はますます仏教信仰にのめりこんでいく。

聖武の男系が絶えてしまったからには、皇族の中から次の天皇を選定することが必然となる。しかし、聖武はこの皇嗣の擁立については消極的であったようにみえる。彼は自身が死ぬまで、孝謙をそのまま在位させている。おそらくはその死に至るまで、男子の誕生を願い続けたのであろう。皇統の断絶は、聖武の死（七五六年）とともに確定した。

聖武の死に伴い、新しい天皇（淳仁）が擁立され、孝謙はこれに譲位した（H）。孝謙は中継ぎの役割でしかなかったからである。ただし、そこに至るまで、道祖の廃太子事件や橘奈良麻呂の変などの政界の激動が続いたことは、後継者についての合意の獲得が容易ではなかったことを示している。それは何よりも聖武が後継者の選定に熱意をもたなかったことに起因するであろう。

i　以上、聖武期政治史を概観したが、その数々の問題点について、一応の見通しをつけることができたのではないかと考える。天皇聖武を主軸に据えようとした観点は、かなりの有効性があると判断したい。天皇制の論理が奈良時代政治史の枠組みを成すのではないか、とした予測が幾分かは確かめられたように思われる。

直系主義は不動である。むしろ、それは一層強烈に意識されるようになる。問題はその中味にあった。聖武はそのありのままの姿で疑いなき直系と認められ、十全の権威を仰がれることを必要とした。聖武期政治史の基調をなすものは、新しい直系原理を確立しようとする運動である。この運動は、この時期に限れば、必ずしも成功をみなかったが、それで跡切れることはなかった。この後もこの運動が営々として続いてゆく様を後章に見ることになるであろう。

新しい直系原理とは、藤原氏所生の者に直系の資格が認定される、というあり方である。私はこれを《八世紀型の皇統形成原理》と名付けることにしたい。以て、六世紀型との区別をつけようと思う。

j　最後に、この八世紀型皇統形成原理の生成した由来を尋ねてみよう。それははたして聖武の独創であろうか。光明子立后の宣命において、聖武は次のように述べている(22)。

我が王祖母天皇《すめみおやのみめらみこと》（元明）の、始めこの皇后《おおきさき》（光明子）を朕《われ》（聖武）に賜へる日に勅《のりたま》ひつらく、「女《おみな》と云はば等しみや我かく云ふ。その父と侍る大臣（藤原不比等）の、皇《すめら》我が朝《みかど》を助《あなな》ひ奉《まつ》り輔《たす》け奉《まつ》りて、頂《いただ》き恐《かしこ》み供《つか》へ奉《まつ》りつつ、夜半《よなか》・暁時《あかとき》と休息《やすも》ふこと無く、浄《きよ》き明《あか》き心を持ちて、ははとひ供《つか》へ奉《まつ》るを見《め》し賜へば、その人のうむがしき事款《いそし》き事を送〔遂〕に得《え》忘れじ。我が児《こ》我が王《おおきみ》、過《あやまち》無く罪《つみ》無く有らば、捨てますな、忘れますな、」と負《おお》せ賜ひ宣《の》り賜ひし大命《おおみこと》に依りて、かにかくに年の六年を試み賜ひ使ひ賜ひて、この皇后《おおきさき》の位を授け賜ふ。(23)

これによれば、聖武は元明の意思によって、光明子を妻としたのであった。そのとき元明は聖武に対して藤原不比等の功績を説き、光明子を重んじるべきことを教えたという。おそらくこれは事実とみなしてよい。新しい直系原理は、既に元明によって構想されていたのであろう。とすれば、それは当然に文武の構想でもあったはずである。聖武にとって、元明の意思とは父文武の遺志に等しいものであったに違いない。

文武はその死の二カ月前に、藤原不比等を特別に褒賞する宣命を発し、食封《じきふ》五千戸を与えようとした。(24)このような処遇は、聖武が皇嗣に確定されたことを語るものであろう。八世紀型皇統形成原理の淵源は文武にまで遡ることができそうに思われる。この原理の創出とその実現は、父子二代にわたる課題であったといえるのではなかろうか。(25)

注

（1）　文武には嬪石川朝臣刀子娘所生の皇子が存在したとする説がある（角田文衛氏「首皇子の立太子」〈同氏『律令国家の展開』所収。一九六五年、塙書房〉）。この説の根拠は、次の『新撰姓氏録』右京皇別下の記事（佐伯有清氏「校訂新撰姓氏録」〈同氏『新撰姓氏録の研究・本文篇』所収。一九六二年、吉川弘文館〉）である。

高円朝臣《たかまどのあそん》　正六位上高円朝臣広世より出づるなり。（元は母の氏に就き、石川朝臣たり。）続日本紀合《かな》ふ。

すなわち、高円朝臣が皇別の部に編入されていること、及び、高円広世の母が石川氏であることによって、広世の母を文武嬪石川刀子娘に同定し、以て広世を文武皇子とみなそうとするわけである。しかしながら、この史料のどこにも、そのような推論の根拠となる徴証はない。広世の母を文武嬪とするのは全く無理であると思われる。広世の母は石川氏ではあったが、刀子娘とは別人であるとみなすべきであろう。広世は何らかの事情で父の籍に入ることができず、母の氏姓を継いだのである。高円朝臣が皇別とされているのは石川朝臣が皇別であるためであって、石川朝臣から高円朝臣に改姓した後にも、便宜的にそのまま皇別の部に留められたのであろう。高円朝臣について氏祖に関する記載がないのは、広世の父が不明であるからであろう。以上の理由によって、この説は承認できない。

(2)　この男子の名は不明とすべきである。その名を「基王」とする文献もあるが（『一代要記』）、「基」は「某」字を誤ったものとする『大日本史』の説に従いたい。

(3)　『続日本紀』天平十六年閏正月乙亥条に病歿と記す。

(4)　『続日本紀』天平勝宝元（七四九）年閏五月癸丑条。孝謙の即位の儀式は七月に行われたが、聖武の譲位は閏五月のこの記事以前になされたのではなかろうか。聖武は譲位の後、太上天皇として出家したとみなしたい。〔補注3〕

(5)　岸俊男氏『日本古代政治史研究』（一九六六年、塙書房）所収。

(6)　岸氏は同じ論文の中で、藤原仲麻呂の施策を検討し、「藤原氏を天皇と同等の地位に置いて考えている」と述べられたが、この「同等」という表現もあまりに安易な過大評価ではなかろうか。

(7) 井上薫氏「長屋王の変と光明立后」(同氏『日本古代の政治と宗教』所収。一九六一年、吉川弘文館)。

(8) 横田健一氏「安積親王の死とその前後」(『南都仏教』六号、一九五九年六月。『論集日本歴史2・律令国家』〈一九七三年、有精堂出版〉所収)。

(9) 『続日本紀研究』二一四号(一九八一年四月)。

(10) 「王権」に付けられた「律令制の成立によって確立した」という説明については、賛否を保留しておきたい。

(11) 笹山晴生氏「奈良朝政治の推移」(一九六二年版『岩波講座日本歴史3　古代3』所収)。

(12) 『続日本紀』神亀元(七二四)年二月丙申条、同年三月辛巳条。この史料解釈についての卑見は、拙稿「勅旨田について」(土田直鎮先生還暦記念会編『奈良平安時代史論集』下巻所収。一九八四年、吉川弘文館)を参照されたい。

(13) 孝徳即位前紀、『続日本紀』神亀元年二月甲午条。本居宣長『続紀歴朝詔詞解』(二巻第五詔)は「皇祖母」の訓みを「オホミオヤ」とするが、「スメミヲヤ」と訓むべきであろう(『日本書紀〈日本古典文学大系68〉』下巻、巻二十五補注)。
また、橋本義彦氏「中宮の意義と沿革」(同氏『平安貴族社会の研究』所収。一九七四年、吉川弘文館)は、「皇祖母」と「大御祖」の使い分けは「出自の差に因」るとされつつ、その尊称としての価値は優劣のない対等のものとみなされているかのようである。しかし、その「出自の差」自体が価値の格差を伴っていることを見逃すべきではない。

(14) 岸俊男氏「光明立后の史的意義」(注(5)著書所収)。後宮職員令の規定としては、「妃」(皇女を有資格者とする）と「夫人」・「嬪」（貴族の女子を有資格者とする）の項目があるだけであり、「皇后」の資格、条件について規定する項目は存在しない。岸説は、令の「妃」の規定を「妃以上」に関する規定であると拡大解釈することによって、それに「皇后」を当てはめようとするのであるが、かかる拡大解釈は不当であり、容認することはできない。

(15)『続日本紀』天平元（七二九）年八月壬午条。

(16)『神道大系　儀式・内裏式』（渡辺直彦氏校注、一九八〇年、神道大系編纂会）。

(17)『日本後紀』弘仁六（八一五）年七月壬午条。

(18)天徳二年十月二十七日宣命（村上の例。『朝野群載』十二）、『小右記』長和元（一〇一二）年四月二十七日条（三条の例）等。

(19)『続日本紀』宝亀元（七七〇）年十一月甲子条。同延暦二（七八三）年四月甲子条。

(20)既に一八九一年、田口卯吉は『史海』第六巻掲載の「聖武天皇」において、次のように述べている（『鼎軒田口卯吉全集』第一巻所収、一九二八年）。

夫人県犬養広刀自の御腹なる皇子安積親王は御年十七にて薨し玉へり、此親王の御はせしに、天平十年に孝謙の皇太子となり玉ひしは異むべしと雖も、一には御腹の卑き為め、一には元正の聖武の前に即位し玉ひし如く、孝謙より此皇子に伝へ玉はんとの宸慮もありしならん、然るに此皇子も天平十六年に薨じ玉ひしかば、孝謙に次きて日嗣たるべき皇子なし。

(21)『続日本紀』天平宝字元年七月庚戌条。

(22)注(15)に同じ。

(23)「王祖母天皇」を本居宣長『続紀歴朝詔詞解』（二巻第七詔）は元正とするが、元明が正しいであろう。

(24)『続日本紀』慶雲四(七〇七)年四月壬午条。

(25) 誤解のないよう付言すれば、文武が既に八世紀型皇統形成原理の構想を完成し、その実現を目指す方針を決定していた、ということではない。将来の皇位継承計画としては幾つかの方策が思案されたはずであり、その一つに、八世紀型の新しい原理も模索されたであろう、ということである。おそらくはその最終的な選択は、文武から元明に遺された課題であったのではなかろうか。

このような見方に立つとき、元正の即位(七一五年)について、次のような捉え方が可能になるのではないかと思われる。元明は何故元正に譲位したのか。聖武は前年(七一四年)に元服を加え成人していたから、このとき元明は直接聖武に譲位してもよかったのである。卑見は先に、聖武は皇太子の地位に長く留まることを必要としたと述べた。この見方は依然として成り立つと考えるが、その場合、元明がそのまま在位を続ければよいわけであろう。ここで元正に譲位した事情として、聖武の婚姻問題が考えられないであろうか。これについても、卑見は先に、聖武が皇女を妻にもつことは無理であったと、あっさりと述べたが、反省すれば、そうとも言い切れないようである。元正を聖武の妻に配することは、絶対に無理とはいえないであろう。後世にも醍醐妃為子や堀河中宮篤子の例がある(ともに叔母。篤子は十九歳年長)。もし六世紀型の原理に則ることにでもなれば、元正はその最も有力な候補者ではなかろうか。とすれば、元正を即位させたということは、この案を実現不可能にした意味をもつことになろう。それが聖武の成人した時点であることとも脈絡がつく。つまり、聖武の成人を迎えて、彼の婚姻問題(すなわち皇位継承問題)に最終的決断が下され、それが元正の即位になって現われるとともに、翌七一六年の聖武と光明子の結婚に至るのではないか。かくして八世紀型原理の路が実現したと捉えるのは、いささか穿ち過ぎの感もあるが、一つの試案として記しておきたい。

〔補注〕

(1)　傍系の男性天皇を擁立することに反対する主張が『懐風藻』にみられる。同書によれば、文武が立太子した折（六九七年）、天皇に草壁（文武の父）の兄弟を立てようとする意見があったらしい。文武がまだ十五歳の若さであるので、当面は中継ぎ役の傍系の天皇を立てるという伝統的な考え方であろう。これに対し、葛野王は「若し兄弟相及ぼさば則ち乱比より興らむ」と、傍系を立てることの危険性を述べ、文武の即位を主張したという。傍系の排除が意識的になされたことを示す史料である。

(2)　聖武の妻となりうる皇女は存在しないと断じたが、これが誤りであることは注(25)に述べた通りである。文武の同母姉の元正が存在する（第7図参照）。聖武と元正との婚姻によって六世紀型皇統形成原理の維持を図る、という選択も可能であった。元正が聖武より二十一歳も年長であることは婚姻として不自然だが、不可能とはいえない。注(25)で指摘したように、篤子が堀河より十九歳年長であった例もある。従って、元明を中心とする朝廷首脳部が聖武と元正の婚姻の可否について議論するのはむしろ当然のことであり、実際にその検討がなされた結果、この婚姻は否決されたとみるのが妥当であろう。その理由は年齢差にあろうか。この決定によって、元正は天皇に即位することになったのであろう。彼女を即位させて生涯結婚しない身にすることは、彼女を聖武の結婚対象者から円満に除くための最も無理のない方法である。元正の即位は、藤原光明子を聖武の結婚相手として認める合意を速やかに作るために必要であったと考えられる。原版は以上の卑見を注(25)に「一つの試案」として述べるに止めたが、十分に成り立ちうる見方であり、重要な論点でもあるので、本文においてこの卑見を展開すべきであったと反省する。

（3）『続日本紀』天平勝宝元年閏五月癸丑（二十日）条および天平感宝元年（天平勝宝元年に改元）閏五月二十日聖武上皇勅書（平田寺文書）に「太上天皇沙弥勝満」とあることによって、聖武は同年閏五月二十日以前に退位しており、出家も遂げていたことが確認される。しかるに『続日本紀』天平勝宝元年七月甲午条には、同年七月二日に聖武の譲位と孝謙の即位が行われたとあり、一見、先の事実に合わない。そこで解釈の可能性を探れば、後に「譲位・践祚」儀と「即位」儀が区別されるのと同じような形の儀式が、この聖武譲位・孝謙即位に際して行われたのではないか、という見方がありうるかと思われる。即ち、『続日本紀』は七月二日に「譲位」と「即位」が行われたとするけれども、実際にこの日に行われたのは「即位」の儀式であり、「譲位」とそれに伴う「践祚」的な儀式は閏五月二十日以前に行われたのではないかとみなせば、これらの事実関係を整合的に説明することができよう。「譲位・践祚」儀と「即位」儀の分離は文武に端緒があり、桓武から慣例化したとみられるので、その間の孝謙の時にこの二つの儀式を分けるやり方が出現したというのも、ありえないことではなかろう。

第三　奈良時代後期政治史の基調

一　淳仁の即位と廃位

a　前章に引き続き、奈良時代後期の政治史について考察を加えたい。

聖武の死後四年にして、光明子も死去する（七六〇年）が、こののち七七〇年までの十年間、政界の頂点にあったのは孝謙である。そしてこの七六〇年代こそ、一見すれば「混乱」としか言い様のないような事態が続いた。その最たるものは、道鏡《どうきょう》の天皇即位があわや実現しかかって挫折した事件（七六九年）であろうが、そこに至る間にも、恵美押勝《えみのおしかつ》（藤原仲麻呂）の反乱や淳仁の廃位事件（七六四年）があり、また、他に数々の謀反事件が相次いだ。かかる「混乱」ははたして何故なのか。そこに孝謙の果した役割はまことに大きいようにみえる。もっとも孝謙の役割をどの程度に評価することができるか、そのことがまず問題とされるべきであり、それは淳仁と道鏡という二人の人物との関りに即して、検討されねばならない。まず、淳仁と孝謙との関係から取り上げよう。

b　淳仁を廃位に処することが孝謙の意思であったことはきわめて明白であって、議論の余地はなかろう。二人の対立が鮮明になるのは、史料上は七六二（天平宝字六）年五月頃からである。[1] このとき孝謙は淳仁の廃位を目差して、はっきり動き始めていたと言ってよい。とすれば、その理由は何か、それが問題となろう。

その二年後（七六四年）に恵美押勝の反乱事件が起き、続いて淳仁の廃位、淡路配流となる。押勝の乱と淳仁の関係は必ずしも明瞭ではないが、注目されるのは、押勝の乱に氷上塩焼《ひがみのしおやき》が加わっていたことである。『続日本紀』の記事（孝謙側の主張）によれば、押勝は塩焼を皇位に擁立したとも言い（この場合は淳仁の皇位を否定することになる）、或いは、塩焼をあたかも淳仁（「今皇」）であるかの如くみせかけたと言っているようにも読み取れるが、[2] いずれにしても、塩焼はこの乱に敗死した。塩焼は新田部親王（天武子）の子であり、その妻は聖武の女子である不破《ふわ》内親王である。皇女を妻とする点で、むしろ淳仁よりも皇位継承の資格に勝るとみられてもよい人物である。

孝謙の攻撃の鉾先は、淳仁のみに向けられたのではない。淳仁亡きあとには最も有力な皇位継承候補者とみられるはずの塩焼も、また同時に葬り去られた。そのほか、船《ふね》親王と池田《いけだ》親王（ともに舎人親王子）もこのとき処罰を受けている。[3] 聖武死後の後継者の選定において、特に重んじられたのは舎人親王と新田部親王の子孫であった。そのとき、道祖《ふなど》と淳仁の他に候補者として名を挙げられたのは、塩焼、池田、船の三人であったと『続日本紀』は伝えている。[4] 今や、この最も有力な皇位継承権をもった人物達がすべて放逐された。孝謙は何を意図しているのであろうか。

確認しておく必要があるのは、このような事態に行き着くことになるには、やはりそれなりに伏流があって、それが表面化したといえるような側面もあるということである。それは淳仁の天皇としての性格に関ることである。

c

淳仁の皇位は聖武から継受したものと意識されていた。(5) しかし、そこには同時に大きな問題がある。淳仁について検討するときにも、その基準となるのは直系主義の理念であろう。直系主義に照らすとき、淳仁はそれにふさわしいあり方をしているであろうか。天皇淳仁の特徴を明らかにするためには、このような視点が有効であると思う。

淳仁についていえることは、まず第一に、天皇としての権威が著しく低いということであろう。それは例えば、次のような諸点に現われている。

㈠　光明皇太后、孝謙上皇の存在が常に淳仁の上にあるものとして扱われ、孝謙と淳仁の共治形態をとる傾向にある。それは廃帝紀（『続日本紀』）を通覧すれば明らかである。

㈡　代始《だいはじめ》改元がなされていない。(6) 天平宝字の年号は孝謙の在位中に定められたものであり、それがそのまま淳仁即位後も継続している。淳仁が独自の年号をもたず、孝謙の年号に従ったことは、淳仁の立場を象徴するものである。

㈢　淳仁の生母（当麻山背《たいまのやましろ》）には、「皇太夫人」ではなく、「大夫人」の称号が与えられた。(7) 藤原宮子の称号例が適用されなかったことは、聖武との間に格差がつけられたことを意味する。

㈣　淳仁に皇后を立てた記事がない。のみならず、淳仁の夫人《ぶにん》・嬪《ひん》、及び彼の子孫に関する記事が

『続日本紀』に一切みえない。(8)

これらの諸点をふまえれば、次のように言えるであろう。淳仁と孝謙との地位関係は、七六二年に突如逆転したのではない。淳仁の権威は、その即位の当初から一貫して劣弱である。孝謙が淳仁を廃位に追い込む動きを明確にするのは七六二年からであるが、孝謙のそうした行動を可能にする下地は、既に最初から準備されていた。それでは、淳仁のかかる性格について如何なる意味付けが与えられるべきであろうか。このような問もまた付け加えられねばならない。

孝謙と淳仁の不和が公然化し、孝謙は七六二（天平宝字六）年六月三日に次の詔を発した。(9)

太上天皇（孝謙）の御命以《おおみこともち》て卿《まえつきみ》等《たち》諸《もろもろ》に語らへと宣《の》りたまはく、朕《わ》が御祖太皇后《みおやおおきさき》（光明子）の御命以《おおみこともち》て朕《われ》に告《の》りたまひしに、「岡宮御宇天皇《おかのみやにあめのしたしらしめししすめらみこと》（草壁皇子）の日継《ひつぎ》はかくて絶えなむとす。女子《おみなご》の継《つぎ》には在《あ》れども嗣《つ》がしめむとす」と宣《の》りたまひて、この政《まつりごと》行ひ給ひき。かくして今の帝《みかど》（淳仁）と立ててすまひくる間に、うやうやしく相従ふ事は无《な》くして、とひとの仇《あた》の在《あ》る言《こと》のごとく、言ふましじき辞《こと》も言ひぬ、為《す》ましじき行《わざ》も為《し》ぬ。凡《おおよ》そかくいはるべき朕《われ》には在《あ》らず。別宮《ことみや》に御坐坐《おおましま》さむ時、しか得《え》言はめや。此《こ》は朕《わ》が劣《おじな》きに依りてし、かく言ふらしと念《おもお》し召せば、愧《はずか》しみいとほしみなも念《おもお》す。また一つには朕《わ》が菩提心を発《おこ》すべき縁《よし》に在《あ》るらしとなも念《おもお》す。是《ここ》を以《もち》て出家して仏《ほとけ》の弟子と成りぬ。但し政事《まつりごと》は、常の祀《まつ》り小事《いささけきこと》は今の帝《みかど》行ひ給へ。国家《みかど》の大事《おおきこと》賞罰二つの柄《もと》は朕《われ》行はむ。かくの状《さま》聞き食《たま》へ悟《さと》れ、と宣《の》りたまふ御命《おおみこと》を衆《もろもろ》聞き食《たま》へと宣《の》る。

この詔は、孝謙が淳仁から実権を奪ったものとして著名である。国政に関する権限関係云々について注目されることが多いが、今ここで重視されるべきは、孝謙が天皇淳仁をあからさまに叱責した、そのことであろう。孝謙は、淳仁が彼女に従順であらねばならぬという、その根拠を宣揚している。それは孝謙が草壁系の直系皇統（「岡宮御宇天皇の日継」）に繋がるということであった。

そのような孝謙の考え方は、次の淳仁を廃位に処した宣命にも鮮明に現われている。[10]

> 挂《か》けまくも畏《かしこ》き朕《わ》が天《あめ》の先《さき》の帝《みかど》（聖武）の御命《おおみこともち》以て朕《われ》に勅《のりたま》ひしく、「天下《あめのした》は朕《わ》が子いまし(汝)に授け給ふ。事をし云はば、王《おおきみ》を奴《やつこ》と成《な》すとも、奴《やつこ》を王《おおきみ》と云ふとも、汝《いまし》の為《せ》むまにまに。仮令《たとい》後《のち》に帝《みかど》と立ちて在《あ》る人い、立《た》ちの後《のち》に汝《いまし》のために礼无《いやな》くして従はず、なめく(無礼)在《あ》らむ人をば、帝《みかど》の位に置くことは得《え》ざれ。（下略）」

孝謙に無礼、不従な天皇は廃位にして構わない、というのであるが、孝謙に言わせれば、それは父聖武の遺志であった。直系の皇統を至上とする価値観は、これらの宣命に十分に表現されている。それは天皇の権威の拠り所は皇位ではなく、皇統にあるということであり、いわば「天日嗣《あまつひつぎ》」の権威に依拠して「高御座《たかみくら》」も保たれる、ということである。このことは天皇制に固有の特性として、重視されるべき観点であると考える。

孝謙は直系皇統に繋がるものとしての権威をもつ一方、淳仁にはそうした権威が認められていない。ここに淳仁が即位当初から、天皇としての権威を抑制されていたことの脈絡がつく。淳仁は聖武の皇位を継ぐ立場にありながら、直系としての権威を継承する存在とはみなされなかった。[11]これは如何なることであろうか。

直系主義にあっては、直系の再生産が行われる。直系の断絶という事態が生まれれば、その後継者は次の新しい直系の祖となるべき役割を担うことになる。淳仁もまたそうした立場にあるべきはずであった。淳仁に始まる新しい直系の創造がはかられるべきものではなかったか。

しかるに、淳仁の置かれた立場は、かつての聖徳や天智とは全く異なっている。何よりも淳仁は皇太子の地位に長くとどまるという手続きを経ていない。彼は立太子の翌年に早くも即位した。その即位の翌年、七五九年の淳仁の宣命は、光明子の言葉を伝えて次の如く云う(12)。

比来《このころ》、太皇太后《おおきおおきさき》（光明子）の御命《おおみこともち》以て朕《われ》に語らひ宣《の》りたまはく、「太政《おおきまつりごと》の始《はじめ》は、人の心未だ定まらず在《あ》りしかば、吾が子（淳仁）して皇太子《ひつぎのみこ》と定めて、先づ君の位（皇位）に昇《あ》げ奉《まつ》り畢《お》へて、諸《もろもろ》の意《こころ》静まり了《は》てなむ後に、傍《かたえ》の上《うえ》をば宣《の》りたまはむとしてなも抑《おさ》へて在《あ》りつる。（下略）」

この宣命にもある様に、淳仁の即位は合意の形成がまだ不確実であるとみられた段階でなされていた。このようなやり方は直系主義の本来のあり方にそぐわない。こういう点からも、淳仁には次の直系の創始ということが必ずしも期待されてはいなかったといえよう。このような事態は何故生まれたのであろうか。

d　淳仁を中心に検討した結果を再確認して、問題点を明らかにしておこう。

問題の第一は、淳仁の即位に関することである。淳仁は天皇としての権威が劣弱であった。それは彼に直系の再生産が必ずしも期待されてはいなかったからである。何故直系主義は淳仁に関して機能しなかったのであろうか。

問題の第二は、淳仁の廃位に関することである。淳仁の廃位は孝謙自身の積極的な意思によるものであった。そしてこの七六四年の事態は、淳仁も含め、皇位継承権を有する者が多数放逐、抹殺されたところにその意義がある。孝謙の狙いはそこにあったとみなしうる。とすれば、はたして何がその動機であろうか。

以上の二つの問題は、おそらく密接な結び付きをもつに違いない。その予感を保留しつつ、更に次の問題に検討を進めよう。

二　道鏡擁立運動の推進

a

次に取り上げねばならない問題は、道鏡事件である。この事件は、奈良時代政治史を究明する上でも、また天皇制の分析のためにも、避けて通ることのできない素材である。古来より諸説紛々として、この事件の謎を解き明かさんと試みられてきた。しかし、それにもかかわらず、この事件は未だ依然として不可解な部分を残しているという印象を拭いきれないのではなかろうか。

この事件は概説書にも詳しく、今更ここで事件の概要を述べる必要もなかろう。以前から既に指摘されてきた諸見解を再構成してひとつの筋道を作り、それによって、この事件の問題性が如何なるところに在るのか、私なりに捉え直してみようと思う。

b　一八九二年頃の『史海』誌上における田口卯吉、久米邦武、重野安繹等の論争は、道鏡事件研究の出発点とみなされている。そしてこのごく早期の論争のなかに、今日まで尾を引いているあるひとつの特徴が、早くも現われているように思われる。

重野は田口、久米の論争に一文を寄せて、諸々の点を論じたが、その第一点に、道鏡にはたして皇位に即こうとする野心があったかどうか、という問題があった。重野は道鏡にその野心ありと断じ、その根拠として『続日本紀』天平宝字八（七六四）年十月丁丑条所載詔を引く。この詔は淳仁廃位の直後、孝謙によって発せられた。

諸《もろもろ》侍《つか》へ奉《まつ》る上中下《かみなかしも》の人等《ひとども》の念《おも》へらまく、国の鎮《しずめ》とは皇太子《ひつぎのみこ》を置き定めてし、心も安くおだひに在《あ》りと、常に人の念《おも》ひ云へる所《こと》に在り。然《しか》るに今の間《ま》、この太子《ひつぎのみこ》を定め賜はず在《あ》る故《ゆえ》は、人の能《よ》けむと念《おも》ひて定むるも、必ずしも能《よ》くしも在《あ》らず。天《あめ》の授けぬを得て在《あ》る人は、受けても全く坐《いま》す物にも在《あ》らず、後《のち》に壊《やぶ》れぬ。故《かれ》、是《ここ》を以《もち》て念《おも》へば、人の授くるに依りても得ず、力を以て競《あらそ》ふべき物にも在《あ》らず。猶天《なおあめ》のゆるして授くべき人は在《あ》らむと念《おも》ひて、定め賜はぬにこそあれ。この天《あま》つ日継《ひつぎ》の位を朕《われひと》一り貪《むさぼ》りて、後《のち》の継《つぎ》を定めじとには在《あ》らず。今しきの間《ま》は念《おも》ひ見定《みさだ》めむに、天《あめ》の授け賜はむ所《ところ》は漸漸《やくやく》に現れなむと念《おも》ひてなも定め賜はぬ、と勅《のりたも》ふ御命《おおみこと》を諸《もろもろ》聞き食《たま》へと勅《みことの》りたまふ。

重野は、このとき（七六四年）道鏡は既に孝謙の寵愛を得ていたのであるから、この詔にも道鏡の意思が反映されていることは疑いないと言う。このあと度々奇瑞が出現したこと、それによって道鏡が法王位を授けられたことは、「取りも直さず前の『天ノユルシテ授ヘキ人』とある詔旨の幾分を、先づ己れの身に実行せしめたるなり」と彼は述べている(13)。

これに対する田口の反論の仕方に、私は興味を感じる。田口はまず、この天平宝字八年詔は「道鏡に帝位を授け玉はんとの聖慮の如く読み得」る、ということを認めるが、そのためには道鏡が皇胤でなければならないのではないか、と彼は考える。孝謙が皇胤に非ざる者に皇位を譲ろうとするはずはない、というのが田口の判断である。しかるに「道鏡皇胤説は何分にも証拠不分明」であり、主張し難いものであるから、「故に余は右の詔詞中に『天ノユルシテ』云々とあるは、道鏡に対する語にはあらずと認めたり」と田口は結論した(14)。

田口は、これ以前に『史海』第九巻に執筆した「孝謙天皇（続）」において、七六九年の八幡神託宣事件に際し、孝謙は道鏡に皇位を伝えるべきかどうか惑った、と述べている。この説は『大日本史』に依拠するものとしているが、田口の論旨としては、孝謙は道鏡の即位に必ずしも積極的な意思をもっていたのではない、という見方を貫いている。

重野と田口の論争は、肝心のところで嚙み合っていない面がある。重野はこの詔を道鏡の意思を体したものとみなし、田口は孝謙の意思を表現したものとみなしている。重野の論は孝謙の意思はどうであったのか、孝謙は如何なる役割を果したのか、という点に言及していないから、田口はこの点を衝いたのであろう。

この二人の遣り取りをみるとき、次のような特徴に注目したい。第一に、天平宝字八年詔を一読する限りは、この詔は道鏡を将来皇太子に立てるという意図を仄めかしているらしく読み取れるのではないか、ということであり、この点は両人ともに認めるところである。第二に、それでは孝謙がもしそのような意図をもっていたとしたならば、それはいかなる理由、根拠によるものであろうか、という問題が生まれることになるが、この点に至って、両人の対応は異なることになった。重野はこれに黙している。他方、田口は如上のように、結局第一にあげた詔の解釈を撤回することになる。田口はその理由、根拠は見出しえないと判断した。彼らの立論はこのような屈折を特徴とする。

しかし、この屈折の結果はどうであろうか。それは天平宝子八年詔の解釈を明快にしえたであろうか。道鏡を除外するとなれば、孝謙にとっては、真実、皇嗣の候補者は存在しなかったのであり、皇嗣を早急に確定することも困難であったということになろう。その趣旨をこの詔は表現しているとしなければならない。しかしながら、私にはこのような解釈が明快さをもつとはおよそ思われない。屈折の結果は、詔の解釈を不透明にしているように感じられる。

この詔は、皇太子候補者が誰も存在しないとは決して述べていない。その主旨は、「今の間」皇太子を決めないのは何故なのか、ということの弁解である。皇太子にふさわしい人物は「天のゆるして授くべき人」として「漸漸に現れなむと」すると言う。皇太子を決めるべきときは必ず遠からず来る、そのときまで待て、というのがこの詔の真意であろう。

つまり、孝謙には意中の人物が既に存在しているからこそ、この詔が出されたとみなすことは十分可能である。そうした場合、その人物としては道鏡以外にはありえない。道鏡こそ孝謙の意中の候補者であるとみなすとき、この詔の文意は諒解可能になる。道鏡の名を持ち出すことは、この段階ではあまりに唐突であり、まだ口に出して言えることではない。孝謙としては、それを薄々勘付かせる程度に仄めかすことが大切である。はっきりと道鏡を指名するに至るには、多少の時間をかける必要があろう。「天のゆるして授くべき人」が道鏡であることを、手順を踏んで徐々に鮮明にしてゆくことになろう。

以上の如く解釈することが、この詔の読み方としては最も自然なのではあるまいか。この点、重野、田口が第一印象として説くところは正鵠を射ていると思う。また、この詔の発布後の経過も、その傍証となる。即ち、道鏡は翌七六五年に太政大臣禅師に昇り、七六六年には法王に登りつめる。法王には天皇にも准ずる待遇が与えられた。このあとは連年各地から奇瑞の現象が報告され、八幡神の託宣に向けて、いよいよ情勢は煮つめられる。その一方では和気《わけ》王や氷上志計志麻呂《ひがみのしけしまろ》など、皇位継承の有資格者が次々に謀反罪に陥れられた。これら一連の経過と天平宝字八年詔とが無関係であるはずはない。この詔は、道鏡擁立運動が本格的に開始された、その出発点に位置付けられるべきであろう。

この詔は後人の手の加わらない原文であるとみなしうるから、史料的価値はきわめて高い。重野、田口等は、『続日本紀』を以て第一に依拠すべき基本史料とみなし、しかも、『続日本紀』編者によって記述された部分と、原史料の引用部分とを区別して、後者に最も高い価値を認めている。よって、かかる価値判断に基づき、天平宝字八年詔が重視されることになった。彼らは史料批判のこのような原則を既に自覚しており、従って、その洞察も鋭い。

しかしながら、彼らはその史料解釈に固執することなく、途中下車をしてしまった。それはこのままその解釈の上に乗り続けた場合、はたしてどこに行き着くのか、見通しが得られなかったからであろう。七六四年段階において、既に孝謙は道鏡を天皇に擁立しようとする意図を秘めていたとしたならば、それは一体如何なる事態であるのか、孝謙は何故そのように意図したのか、天皇制のあり方はどのようになるのか、政治史の中にどのように位置付けることができるのかなど、あまりにその問題性は複雑であるかのようにみえる。これらの見通しが得られない故に、彼らは天平宝字八年詔の解釈にも確信を失い、屈折せざるをえなかったのであろう。

私は、道鏡事件の最も不可解な問題点はここに所在すると考える。この問題は九十余年前の『史海』誌上の論戦以来、現在に至るまで未解決のままであるように思われる。そのためその後の論者の多くも、天平宝字八年詔の評価を曖昧化するという、妥協的方向に流されてしまうことになったのではなかろうか。従って、私はこの詔の如上の解釈にあくまでも固執したいと思う(15)。その上で道鏡事件に如何なる見通しが得られるのか、模索しなければならない。孝謙ははたして何を考えていたのか、想像力を働かせねばならない。

c　以上に述べたことは、直接に次の結論を導くであろう。即ち、七六四年の事態の本質は孝謙による道鏡擁立運動である、と。

淳仁が廃位に追い込まれたのは、孝謙と淳仁との個人的関係における軋轢によるもののみとは思われない。それだけであれば、淳仁に代わる誰かが天皇に立てられたはずである。また、孝謙が敵視した相手は淳仁のみではなかった。塩焼、船、池田などの運命もまた、七六四年の事態の欠くべからざる構成要素である。孝謙は淳仁に替わって皇位に即きうる人物達をも同時に排除した。

このような事態は、孝謙が道鏡擁立の意図を胸中に秘めていたと解することによって説明がつく。とすれば、七六四年の事態をもたらすに至ったそもそもの始まりは、孝謙が道鏡を皇位に擁立しようと思い立ったそのときではないか、と想像することができよう。道鏡が孝謙の前に登場し、寵愛を受けるようになったのは、七六一（天平宝字五）年であると伝えられている。[16]前述のように、その翌年には孝謙と淳仁の対立関係が史料上にも明らかになるのであるから、七六四年の事態の原因は道鏡の登場とともに胚胎されたといってよい。つまり、孝謙は、道鏡を寵愛し始めたその直後に、早くも天皇としての道鏡を心に描き、その擁立運動を企画するようになったと思われる。

その意味で、前出の天平宝字六年六月三日詔（本書一〇五頁）に再び注目したい。まず、詔の構成を四つの部分に分けてみよう。

第一段「太上天皇の御命……」
第二段「かくして今の帝と……」
第三段「凡そかくいはるべき……」
第四段「但し政事は……」

第一段は、直系皇統の権威を孝謙自身に重ね合わせた自己主張であり、それは次の淳仁の無礼を叱責した第二段へと繋がる。そして、第三段においては孝謙の出家の決意が述べられ、第四段においては

「政事」の分掌を云って、孝謙の地位が淳仁より上位にあることを明確にしている。この第一・第二段と第四段とは、脈絡がつき易い。しかし、その間に第三段の出家の件がはさまっていることの意味は、どのように解せられるであろうか。少しく考えるべきものがある。

孝謙の言うところは、淳仁からかく無礼を受けるのは、自分が「劣き」によるのであろうが、このことを「縁」と考えて「出家」し、「仏の弟子」となるということである。現代人の感覚からすれば、「出家」の「縁」といえば、人生の苦悩からの解脱を求める、というような類の内容ではないかと受け取りたくなるのであるが、この詔における仏教観は、そうした感覚とはかなり異なるものではなかろうか。

孝謙が淳仁の態度に強い屈辱感を意識したのは、自分こそが直系皇統の血を承《う》けたものという自負心の故である。彼女がその屈辱感から脱け出ようとする径路は、この自負心を内省するということではなかった。その逆である。孝謙はこの自負心にいよいよ固まり、自己の権威の絶対化を志向するようになる。それが孝謙の言う「菩提心」なのではないか。「出家」という行為が自己の権威の絶対化に繋がるであろうと自覚したことを、「朕が菩提心を発すべき縁」と表現しているように思われる。「出家」は直系皇統としての権威を揺ぎないものにする方策であったと捉えてこそ、この詔の一貫した論旨が理解できるのではなかろうか。

このような仏教観は、おそらく孝謙独自のものではない。それは父聖武から受け継いだものであろう。みずからを「三宝の奴」(17)と称した聖武の仏教信仰には、ただならぬ異常の感がある。彼は直系原理の行き詰まりに直面し、なお、その身に直系の権威を求め続けた人物であった。そしてさらに、仏教信仰の元祖ともいうべき存在として、聖徳が想起されよう。彼は直系の創始を自身の課題に負った人物であった。こうして聖武から聖徳へと思いを及ぼすとき、仏教信仰が特に直系の皇統の危機に際して格別の重みをましている、という現象に気付かされる。仏教とは天皇制に癒着した存在であった、とみるべきであろう。それは「鎮護国家」思想として伝統化するものの源であろう。仏教はこの意味で、まさに仏によるところの「のり」（法）である。

道鏡は孝謙を「出家」に導き、「朝庭《みかど》を護り仕へ奉《まつ》る」[18]人物である。仏の力は道鏡に体現される。そして、孝謙は「仏の弟子」の身ながら重祚し、皇位は仏との一体化を進めた。道鏡擁立の態勢固めはここに整ったといってよい。孝謙の希求するものは直系皇統の権威であり、それをかなえるものとして仏と道鏡が存在すること、このことを再度確認しておきたいと思う。

d　七六九年、宇佐宮の八幡神が託宣し、道鏡を皇位に即《つ》けよ、と神命を下したという事件が起きる。そしてこの事件によって、道鏡擁立運動は挫折する結果となった。この事件に孝謙はどのように関わったのかという点についても、古来、孝謙自身は託宣の謀略には加担していないとか、託宣を聞いた孝謙はその是非を決することができずに心は迷った、というような見方がある。迷った故にその託宣の真偽を見究めるため和気清麻呂《わけのきよまろ》を宇佐に派遣した、という理解の仕方は、現在もかなり根強いように見受けられる[19]。七六九年の大詔の時点においてすら、孝謙は道鏡事件の責任を逃れうるような立場にいたのであろうか。

しかし、このような見方にははっきりとした難点がある。それは次の『続日本紀』神護景雲三（七六九）年九月己丑条所載詔にうかがわれる。この詔は、和気清麻呂が八幡の神命として、道鏡を皇位に立つべからずと復命したことに孝謙が激怒し、清麻呂とその姉法均《ほうきん》らを処罰したときのものである。

天皇《すめら》が御命《おおみこと》らまと詔《のりたま》はく、夫《そ》れ臣下《やつこ》と云ふ物は、君に随ひて浄《きよ》く貞《さだ》かに明《あか》き心を以《もち》て君を助け護《まも》り、対《むか》ひては礼无《いやな》き面《おも》へり无《な》く、後《のち》には謗《そし》る言无《ことな》く、姧《かだ》み偽《いつわ》り諂《へつら》ひ曲《まが》れる心无《な》くして侍《つか》へ奉《まつ》るべき物に在《あ》り。然《しか》る物《もの》を従五位下因幡国員外介《いなばのくにのかずよりほかのすけ》輔治能真人《ふじののまひと》清麿《きよまろ》、其《し》が姉《あね》法均と甚大《いとおお》きに悪しく姧《かだ》める忌《いみ》語《こと》を作りて、朕《われ》に対《むか》ひて法均い物奏《ものもう》せり。此《こ》を見るに、面《おもて》の色形《いろかたち》、口に云ふ言《こと》、猶《なお》明らかに己《おの》が作りて云ふ言《こと》を大神《おおかみ》の御命《おおみこと》と借《か》りて言ふと知らしめしぬ。問ひ求むるに、朕《わ》が念《おもお》して在《あ》るが如く、大《おお》神《かみ》の御命《おおみこと》には在《あ》らずと聞《きこ》し行《め》し定めつ。故《かれ》、是《ここ》を以《もち》て法《のり》のまにま退《しりぞ》け給ふ、と詔《のりたま》ふ御命《おおみこと》を衆諸《もろもろ》聞き食《たま》へと宣《の》る。

瀧川政次郎氏は、この詔を解釈して、「清麻呂の奏言の方が、神教を矯めたものであるとせられた」のであるとし、「『続日本紀』に見える記事は疑ふことができても、同書に引かれてゐる宣命は、当時の古文書であるから、これを疑ふことはできない。故に、いはゆる道鏡事件なるものは、称徳（孝謙）天皇が道鏡に皇位を譲らんとせられたことによつて起つた紛争であつて、道鏡が皇位を奪ひ取らんとしたことによつて起つた紛争ではない、と断定してよい」と述べられている[20]。

また、北山茂夫氏も次のように説かれる。すなわち、この詔に言うところを「裏がえしていえば、天皇じしんが、和気清麻呂に、ある使命を負わせていた」こと、「この清麻呂のもたらした返答とはまったく反対の『神勅』を女帝らは勅使出発前に用意して彼にそれをいいふくめていたことだけは、さきに引用した女帝の言葉から、だいたい想察することができるであろう」とされ、「宇佐神託事件に関しても、その主役を演じたのは女帝じしんであった」と氏は結論されている。[21]

私もこれら諸氏の解釈は全く妥当であると考える。この詔に云うごとく、清麻呂の復命を法均が奏上したとき、孝謙はそれを頭から虚偽であると決めつけた。しかも孝謙は、それを（恐らく宇佐宮に）問い糺し、清麻呂の復命が神命には非ざることを確認した。このような孝謙の態度は、道鏡即位の是非に心を迷わしていたといえるようなものではない。明らかに自分の期待するところが裏切られたという反応であり、孝謙には清麻呂の復命について予断があったとみなさざるをえない。

『続日本紀』同日条の解説記事によれば、清麻呂は法均の代理として宇佐に赴いたのであったが、この法均は孝謙の寵臣であり、姉弟は孝謙の「愛信」を受けたと伝えられている。[22]しかも、清麻呂は道鏡から言い含められることがあったという。この記事をはじめ、『続日本紀』には孝謙が是非の判断に迷ったというようなことは書かれていない。清麻呂は予定通りに事を運ぶために、最も安全な人物として選ばれたのであろう。

孝謙は八幡の神命を楯に、道鏡即位の合意を貴族に迫ろうとした。それは道鏡擁立運動の最後の決め手になるはずであったが、法均・清麻呂姉弟の土壇場の裏切りによって、この計略は致命傷を負った。詔全体が姉弟に対する憎悪に満ち満ちており、それは孝謙自身の受けた衝撃の強さを物語っている。道鏡擁立運動は態勢を立て直すこともできないまま、孝謙はこの後一年足らずで死去した。

以上の如く、『続日本紀』に拠る限り、八幡神託宣事件についても、孝謙こそが主導的立場にあったとみなさざるをえないであろう。この『続日本紀』の史料解釈を無視して、別の解釈を立てるべきものではない(23)。

私は以上に縷々述べてきたことをまとめて、道鏡擁立運動は孝謙みずからが計画し推進した、と断定したいと思う。この運動は七六二年にその兆しを見せ、七六四年には明瞭に姿を現わしている。七六〇年代の十年間の政治史は、孝謙が道鏡擁立運動を一貫して推進したその全過程であった。『続日本紀』に忠実であろうとすれば、このような見通しに帰着するであろう。

そして、真の問題はここから始まる。もし以上のような見通しに立つならば、すぐに次の疑問が湧きあがらざるをえない。何故孝謙は道鏡の擁立に邁進したのであろうか。彼女は天皇制をどのようにしようとしたのであろうか。

従来、孝謙の役割を消極的に評価した人々も、その見解が『続日本紀』の一連の記事と整合し難いことは感じていたはずである。その上でなお『続日本紀』を軽視する傾向になったとすれば、それなりの理由もまたあるわけである。それは孝謙が道鏡擁立運動を計画し推進したと断定することに、何としても納得しうる理由を見出すことができなかったからであろう。確かにそれは単なる男女関係などで説明できることではない。このことは九十余年前の田口等の論争以来、持ち越されてきた問題である。やはり、この問題点こそが道鏡事件の核心なのである。聊か冗長に過ぎたが、以上の考察の結果は問題の原点に再び回帰することになった。

三　光仁擁立の情況

a　淳仁、及び道鏡と辿ってきた問題点を解決する手懸かりはどこにあるのか。それを捜すために、これらの事件の終末に注目することも必要であろう。結果から原因を推測することは、危険度も高いが、有効性もまた大きい。

七七〇（宝亀元）年、孝謙は死去し、光仁が次の天皇に擁立される。これが孝謙時代の終幕であった。このことは如何なる意味をもっていたのであろうか。一般には次のように解説されている。すなわち、孝謙時代は皇位継承問題をはじめ、政局全体が混乱をきわめた。光仁の擁立によって、ひとまずその混乱に終止符が打たれる。皇統は天武系から天智系に変わる。厭うべき過去は天武系皇統とともに捨て去られ、貴族は新しい皇統のもとに政治の再建を期待した、と。

どこまで主観を交えるかは兎も角、光仁の擁立によって天武系皇統は終わり、新たに天智系皇統が形成された、という理解の仕方は一般的である。しかしながら、このような通説には根本的な再検討を要する問題点があると考える。それは何よりも史料批判に不十分さが残されているのではないかと思われるからである。光仁擁立関係の史料の解釈に変化が起きれば、擁立の意味そのものの理解の仕方にも、当然にその余波が及ぶであろう。そこでまず史料の再検討から始めたいと思う。

b　光仁の擁立に至った事情については、概説書にも論文にもおしなべて、そこに貴族の権謀術数があったということが書かれている。光仁擁立運動を推進した中心人物は藤原百川《ももかわ》であり、吉備真備《きびのまきび》と対立しながら、藤原永手《ながて》らと謀り、非常手段も使って光仁擁立を実現したというのである。

ところで、このような貴族間の対立、百川の策謀なるものを『続日本紀』に窺い見ることはできない。『続日本紀』には宝亀元（七七〇）年八月癸巳条に次の記事があるのみである。

天皇（孝謙）、西宮の寝殿に崩ず。春秋五十三。左大臣従一位藤原朝臣永手・右大臣正二位吉備朝臣真吉備・参議兵部卿従三位藤原朝臣宿奈麻呂《すくなまろ》・参議民部卿従三位藤原朝臣縄麻呂《ただまろ》・参議式部卿従三位石上《いそのかみ》朝臣宅嗣《やかつぐ》・近衛大将従三位藤原朝臣蔵下麻呂《くらじまろ》等、禁中に定策《ていさく》し、諱《いみな》（光仁）を立てて皇太子とす。左大臣従一位藤原朝臣永手、遺宣《ゆいせん》を受けて曰《いわ》く、「今詔《のりたま》はく、事卒然《ことにわか》に有るに依りて、諸臣《おみ》等議《たちはか》りて、白壁王《しらかべのおおきみ》（光仁）は諸王《おおきみたち》の中に年歯《よわい》も長《このかみ》なり。又、先の帝《みかど》（聖武）の功《いさお》も在《あ》る故に、太子《ひつぎのみこ》と定めて奏《もう》せるままに宣《の》り給ふ、と勅《みことの》りたまはくと宣《の》る」と。

皇位継承者擁立の決定（「定策」）は、孝謙の死去当日に行われた。この記事によれば、第一に、この儀式に参加した人員の中に百川の名は記されていない。そして第二に、孝謙は「遺宣」を遺し、光仁を後継の天皇に指名したという。しかもその指名は、貴族の合意として孝謙に要請されたものであった。この孝謙の「遺宣」に信を置く限り、光仁を擁立することに孝謙自身もまた承認を与えていたといえるであろう。

『続日本紀』の記事を素直に受け取れば以上のようになるが、このような素直な理解には誰しも、次のような疑問を差し挟まずにはいられない。すなわち、何故この時点で突然この光仁という人物が登場するのであろうか、と。

光仁は天智の孫であるから、血統上、聖武から最も疎遠な皇族である。その人物を皇位に立てることにどうして孝謙は承認を与えたのか、にわかには釈然としない。また、どうして貴族の合意が形成されたのか、これもまた釈然としない。そこに疑惑の念が生まれる。その疑念は何らかの想像へと発展することになろう。つまり、光仁擁立はおそらく簡単に事が運んだというものではあるまい。その突然の如くみえる事態は、背後に余程複雑な動きがあったに違いない。もしかすると、孝謙の「遺宣」なるものも怪しむべきではないか。――このような方向に関心が傾くことも、あながち無理とはいえないであろう。

そのような眼から見ると、『続日本紀』の記事はいかにも物足りない。光仁擁立事件の秘められた部分、『続日本紀』の黙して語らぬ部分が何かあるはずであり、その真相を知りたいという欲求が生まれる。その欲求に応える文献が『日本紀略』や『水鏡』であった。『日本紀略』（前篇十二）は『続日本紀』宝亀元年八月癸巳条を引いたあと、次の『百川伝』なる逸書を採録している。

百川伝に云々、（中略）皇帝（孝謙）遂に八月四日崩ず。天皇、平生未だ皇太子を立てず。此《ここ》に至りて右大臣真備等論じて曰く、「御史大夫従二位文室浄三《ふんやのきよみ》真人《まひと》はこれ長《なが》親王の子なり。立てて皇太子とせむ」と。百川と左大臣（永手）・内大臣（藤原良継）と論じて云はく、「浄三真人は子十三人有り。後世の如きはいかに」と。真備等都《すべ》てこれを聴かず。浄三真人を冊《さく》して皇太子とす。浄三確《かた》く辞す。仍て更にその弟参議従三位文室大市真人を冊して皇太子とす。亦これを辞せらる。百川と永手・良継《よしつぐ》と定策《ていさく》して宣命《せんみょう》を偽作し、宣命使を語らひて庭に立て、宣制せしむ。右大臣真備舌を巻きて如何ともする無し。百川即ち諸仗に命じ、白壁王を冊して皇太子とす。十一月一日（マヽ）壬子、大極殿に即位す。右大臣真備乱れて云はく、「長生の弊、還りてこの恥に遭ふ」と。致仕の表を上りて隠居す。

この『百川伝』によれば、光仁擁立は一部の貴族によって企画され、反対派を強引に屈伏させて実現された。孝謙は遂に皇太子を立てることがなく、孝謙の意思は何ら関係していない。宣命、すなわち「遺宣」そのものが百川らによって偽作されたというのである。

この『百川伝』の説くところは、『続日本紀』に物足りなさを覚える者の欲求を満たすに十分である。『百川伝』は、『日本紀略』のほか『扶桑略記』にも引用され、それが『水鏡』に継承された結果[24]、その所説は広く流布することになった。かくして古く平安時代以来、『百川伝』にはなにがしかの真実が伝えられているのではないか、という評価が与えられるようになる。『大日本史』がこの所説（『水鏡』）を採用したこともあって、光仁擁立事件はこの『百川伝』の内容によって書かれるのが一般的となった。

c　しかしながら、『百川伝』のこの記事について、はたしてどれ程の信頼を寄せることができるであろうか。『百川伝』なるものがきわめていかがわしい内容の文献であることについては、誰しも異論はあるまい。それを前提としたうえで、なおかつ、この記事のみに関しては事実の一端が伝えられているのではないか、とみなそうとするのが大勢であるように思われる。はたしてそのようにみなしうるかどうか。そこで次の史料と対比してみよう。『扶桑略記』（第廿二）寛平二（八九〇）年二月十三日条である。

二月十三日己巳、大臣（藤原基経）参入し言《もう》して曰く、「小童仲平（藤原）に元服を加ふべし」と。即ち簾前に倚子を立てこれに就く。大臣祗候す。爰に散位定国をして先づ結髪せしむ。次に朕《われ》（宇多）冠を着し、（中略）仲平に白掛一領を賜ふ。朕則ち手づから位記を造りて曰く、「无位藤原仲平、今正五位下たるべし」と。先帝（光孝）御宇の日、兄時平（藤原）に元服を加ふ。皆その流れに率《したが》ふなり。（中略）太政大臣（基経）会語して曰く、「白壁天皇（光仁）の時、将に皇太子を立てむとしてその儀未だ定まらず。大臣真吉備幷に諸公卿、議して他帝の子を立て、宣命の書を奏し了りぬ。爰に藤原百川、その書を破り、柏原親王（桓武）を立てて皇太子とす。大臣（真備）歎きて曰く、『我年耄《としおいぼ》れて恥を観《み》ること此くの如し』と。柏原天皇（桓武）、百川の功に縁《よ》り、親《みずか》ら臨みて子緒嗣《おつぐ》に元服を加ふ。即ち剣を賷《もたら》して曰く、『先帝奉（マヽ）るところの剣、今汝に与ふ』と。而して内舎人に拜《め》し、百戸を封ず。（中略）」と。朕《われ》（宇多）曰く、「先帝（光孝）言《のりたま》はく、『我今長大にして藩底に潜み、太政大臣（基経）の扶持に因り、幸ひに此の皇極に登るを得て、枯木更に栄ゆ。是ぞ誰が徳ならむや』と。又、朕に両兄有り。先帝（光孝）の顧託有りと雖も、大臣（基経）の済導に非ざるより、朕《わ》が宝位何ぞ今日に至らむや」と。私に云はく、この昭宣公の語は御記の文に出づと雖も、百川伝と粗ら相違有り。具に第十巻に載する如し。況や吉備大臣は宝亀二年、右大臣を辞す。桓武天皇は同四年春、皇太子に立つ。その時弃てらるる吉備、豈朝政を執行せむや。柏原聖主将に儲弐に擬せむとするの時、浜成頻りに遏絶を謀る。斯くの如き事、自づから僻言。耳目駭かさず。古今の例なり。

まず、末尾の割り書きの部分に注目しよう。これは「私に云はく」から始まるように、『扶桑略記』の編者が書き加えた注記である。この注記は次のことを語っている。第一に、この記事が「御記」、即ち『宇多天皇日記』（『寛平御記』）の引用であること、そして第二に、この記事は『百川伝』と矛盾するものであり、『百川伝』の方にこそ信を置くべきであること、である。『百川伝』が引用されているという『扶桑略記』第十巻は、今は散佚してしまったが、その書き直しとみられる『水鏡』から逆に推測すれば、『扶桑略記』所引の『百川伝』も『日本紀略』所引の前掲逸文とほぼ同じ文章であった、とみなしてかまわないであろうと思われる。従って、この『扶桑略記』編者の見解は、『百川伝』の史料的価値を肯定的に評価した最初のものといえるのであり、この『百川伝』観の伝統が今日まで影響を及ぼしているわけである。

そこで次に、以上の『扶桑略記』編者の判断がはたして妥当といえるかどうか、再検討されなければならない。この『宇多天皇日記』の傍線部分に『日本紀略』所引『百川伝』を対比させてみよう。一読して明瞭なごとく、両者の記述はごく近似した箇所がきわめて多い。そしてこの共通点が多いという特徴の故に、両者がこのまま共存することはおよそむずかしいといえることになろう。その限りでは、『扶桑略記』編者の関心の持ち方は正しい。

藤原百川の活躍、その対立者吉備真備、宣命一件等、両者の道具立ては全く同じである。微細な点に至るまで、表現が類似していることも顕著であろう。しかし、この両者には重要な相違点がある。それは舞台設定である。『百川伝』は光仁擁立事件（七七〇年）としてこれを記しているのに対し、『宇多天皇日記』は桓武立太子事件（七七三年）としてこれを伝えている。この相違点は見逃すことができない。光仁擁立から桓武立太子まで、わずかに三年間である。この短期間に全く同じ道具立ての謀略が連続して企てられたというのはきわめて不自然である。よって、二つの史料をともに肯定することはむずかしいのであって、どちらかが舞台設定を誤っているとみなされなければならないであろう。

かくして『扶桑略記』編者注は『宇多天皇日記』に対して疑義を挟み、『百川伝』の方を是とする見解を示したわけである。この判断がはたして妥当であるかどうかということになるが、卑見はこの点に全く逆の見解を持つ。つまり、『宇多天皇日記』の記事こそが信憑性の高いものであり、『百川伝』にこそ疑いの眼を向けなければならないと考える。その理由は以下の通りである。

第一に、一般論として、日記は史料として最も尊重されるべき価値をもつものであり、安易に捨て去ることはできない。それに対して、『百川伝』は創作作品であり、しかも、内容もきわめていかがわしいものであった。

第二に、『宇多天皇日記』の伝える内容には、それなりの裏付けがあるという点である。

この桓武立太子事件の説話を宇多天皇に語った話し手は藤原基経《もとつね》である。それが光仁擁立のことではなく、間違いなく桓武立太子のこととして語られたものであることは、藤原緒嗣《おつぐ》（百川の長子）の元服の話に絡められていることに明らかである。この桓武が「親《みずか》ら」緒嗣の元服に臨み、百川の功績を述懐したということは、『続日本後紀』承和十（八四三）年七月庚戌条に所見する。〔補注1〕すなわち、基経が語った説話は『続日本後紀』の記事を補充し、その背景を説き明かすものであった。『宇多天皇日記』の文脈も明らかにそのように読み取れる。『続日本後紀』の編纂は藤原良房が総裁を勤めたが、基経はそのとき既に公卿に列していた。そして、引き続いて基経も『文徳実録』の編纂を総裁している。『続日本後紀』と『文徳実録』との編纂は継続性が強い。基経はこのように国史の編纂に責任ある立場にあったのであり、彼の語ることにはその編纂事業を通じて得た知識が裏付けになっていると思われる。

桓武立太子事件に関する記録・伝承は、そのすべてが国史の中に文字として書き留められたのではなく、一部は口承化されていた。しかし、口承とはいっても、以上の如く国史編纂事業の中で生まれたものと考えられ、しかも、その編纂責任者である基経によって語られたものであるとなれば、内容的には十分に信頼しうる説話であると評価することができるであろう。

第三に、百川が桓武の立太子に尽力したことは、『続日本後紀』の記事のほか、『続日本紀』宝亀十(七七九)年七月丙子条百川薨伝にも確証がある。それに対して、光仁の擁立に百川が何らかの関与をしたのかどうかは、国史の上には所見がない。光仁擁立時には、百川はまだ参議にも昇っておらず、百川の当時の官位からみれば、皇位継承問題に大きな発言力をもちうるような立場にあったとは考えにくい。[25]

第四に、『宇多天皇日記』の疑問点をみよう。桓武立太子の時点において、吉備真備は既に右大臣を辞していたから、真備の活動については『扶桑略記』編者注の指摘するように不審がある。しかし、真備が辞官とともに全く政界から退いてしまったとみなくとも、なお長老として大きな発言力を保持していたとみなすこともできるのではなかろうか。[26]

以上の理由によって、私は『宇多天皇日記』の伝える説話の方にこそ、信頼が置かれるべきではないかと考える。少なくともこの『宇多天皇日記』の記事が存在する以上、『百川伝』を安易に採用することはできない。『百川伝』は貴族の間に伝承されていたこの桓武立太子の説話を取り入れながら、舞台設定を光仁擁立に創り変えたとみるのが妥当である。(27)

d　以上の結論として言えることは、光仁擁立問題に関して利用に耐える史料は『続日本紀』のみであるということである。そして『続日本紀』を素直に読めば、光仁の擁立は貴族の合意に基づき、孝謙が承認を与えて実現したと理解された。しかし、このように表現したときに、不可解の念もまた同時に生じるとすれば、その点を放置したままでは問題は解決しない。孝謙は何故承認を与えたのであろうか。かくしてまた問題は振り出しに戻る。

光仁擁立問題についても、その焦点は孝謙がいかなる関係にあるのか、というところに定まった。淳仁、道鏡についても同様であった。淳仁、道鏡、光仁と検討を続けてきた結果、それらはすべて孝謙を中心とする問題であることが明らかになった。つまりは、孝謙の思想と行動が七六〇年代の政治過程の全体に決定的な影響を及ぼしたのではなかったか。それが以上の検討の結論になるであろう。

従って、問題解決の鍵は孝謙の思想と行動の根源を追跡することにある。孝謙という存在を軸にすれば、淳仁、道鏡、光仁をめぐる問題点の総体を統一的に把握する視野が開かれるはずである。次にその解決への道を模索してみよう。

四　皇位継承をめぐる二つの路線

a

光仁擁立は孝謙の意志に適うものであったとみなすならば、その意味はどのように捉えられるであろうか。この点にすべての問題を解決するための鍵があると私は思う。

光仁擁立とは、単に光仁一人の即位に終わったものではない。光仁即位の一ヵ月後、井上《いのえ(いがみ)》内親王(聖武皇女)が皇后に立てられている。そして更にその二ヵ月後に、他戸《おさべ》親王が皇太子に立てられた。立后は立太子を準備するものであったといえる。この立后・立太子が即位に引き続いていることを考えれば、立后・立太子も光仁即位の時点において既定の方針として固まっていた、とみなすことは十分可能であろう。光仁の即位とこの立后・立太子とは、一体のものとして組み合わされていた。光仁擁立とはこのような体制が成立したということなのである。

とすれば、発想を転換させて、次のように考えてみるのはいかがであろうか。すなわち、光仁擁立の真の意味は、むしろ、立后と立太子の方にあるのではないか、と。井上が聖武の女子であり、その井上を母とするのが他戸であるということは、きわめて重視されるべきことではなかろうか。他戸は直系聖武の血統を女系を通して継承している存在なのである。

聖武の男子は、安積の死によって七四四年に絶えた。しかし、女子にその血統は残されていた。我々はここに、聖武の血を承《う》けた人物が再び登場する場面を迎えた。他戸は直系皇統の権威を体現することのできる人物なのであった。彼が皇太子に立ったことは、この点からみればごく当然であろう。直系主義の生命は脈々として跡絶《と》えることなく続いている。

このようにみるならば、光仁の擁立自体は便宜的な措置にすぎないといえよう。彼は他戸の父であるが故に即位することになったまでであって、主役は他戸であった。つまり、光仁は他戸が将来即位するまでの中継ぎの役割である。父を中継ぎというのはおかしな言い方ではあるが、他戸の血統上の権威が父に由来するものではなく、母に由来していることを言い表わしたいのである。仮りに光仁が既に死亡していたとすれば、母の井上がおそらく即位していたのではないかと想像される。〔補注2〕

光仁擁立の実情を斯く考えれば、それが孝謙の意思に適うものであったことも、貴族の合意がつくられたことも、一応、納得することができるのではなかろうか。孝謙の意思は他戸を皇嗣として確定することにあった、と私は推断したい。つまりは、光仁擁立を直ちに天智系皇統への転換として単純に評価することはできない。聖武の血統の存続こそがその目的であったのである。

b　流布本『水鏡』には、七七二（宝亀三）年に井上は五十六歳、他戸は十二歳であったとある。同書はもとより安易には信を置くことのできないものであるが、ひとまずこれによれば、井上の誕生は七一七（養老元）年、他戸の誕生は七六一（天平宝字五）年となる。

井上は県犬養広刀自を母とする。七二一（養老五）年に伊勢斎宮に定められたことが『続日本紀』にみえるから、(28) その生年にそれ程の狂いはなかろう。七四六（天平十八）年には別人が斎宮として下っているから、[29]井上はこのとき任を解かれ、京に帰還したものと思われる。その後、彼女は光仁と結婚し、他戸と酒人《さかひと》内親王[30]の男女一人ずつを儲けている。

その夫の光仁は七〇九（和銅二）年の生まれである。天武の子孫ではないこともあり、四十歳代まではさして目立たない人物であった。しかし、七五七（天平宝字元）年頃から急激に官位が昇進し、七六六（天平神護二）年には正三位大納言にまで至っている。この昇進は井上との結婚によるものであろう。

ところで、ここに注目しなければならないのは他戸の生年である。『水鏡』の伝える七六一年誕生という説に、私はきわめて強い魅力を感じる。『水鏡』の史料的価値に問題があることは十分承知した上で、敢えてこの説を採用してみようと思う。[31]

すなわち、他戸の生年が七六一年であるとすれば、七六〇年代政治史の数々の問題点は一挙に氷解するのではなかろうか。まず、孝謙が淳仁を廃位に追い込む動きに出たのは七六二年であった。ここから七六〇年代政治史の「混乱」が始まったわけである。孝謙は何故この時点から淳仁の排斥に動き出すのか。それはこの時点が他戸の誕生の直後であるとすれば、この問の解答はおのずから明らかになろう。

他戸の誕生によって、孝謙は直系の血統に繋がる皇位継承候補者を得た。彼女は他戸にこそ皇位を継がせねばならないと決意したのである。

そうなれば、淳仁はもはや有害な邪魔者でしかない。淳仁のもとで他戸を皇太子に立てるという方法はありえない。淳仁がそのまま在位すれば、彼の子孫にも皇位継承権が生まれるからである。淳仁の子孫が皇位を継ぐような事態は、絶対に許されてはならない。それが廃位という措置の意味であろう。廃位とは、皇統としての資格を全く否定することである。[32] そして同時に、他戸と皇位を争う危険性のある人物は、すべて孝謙の敵視する対象となった。

七六一年は奇しくも道鏡が孝謙の寵愛を得た年でもある。従って、孝謙と淳仁とが敵対関係になった原因は道鏡にある、とみなされがちであった。しかし、卑見は道鏡に真の原因があるとは考えない。真の理由は他戸の誕生である。この視点が従来は全く抜け落ちていたのではあるまいか。

c　淳仁廃位とともに、孝謙はみずから重祚し、道鏡擁立運動を本格的に推進する。

従来は、その理由を孝謙の道鏡に対する愛情に解消していた。しかし、この論法には、その愛情によって何故天皇擁立にまで至るのか、という脈絡がない。孝謙は天皇である。その孝謙がみずから天皇制の墓穴を掘る行動をするとは、常識的にみれば考えられないことである。もっとも北山茂夫氏の如く、「専恣のすえの」「自己矛盾の異常」というように、[33] 非常識として片付けてしまえば簡単であるが、これでは政治史にはならない。孝謙の行動は一時的、衝動的なものではない。かなり長期的な計画的なものである。

また、瀧川政次郎氏のように、道鏡は孝謙の配偶者の地位にあったという見方を強調してみたとしても、[34] 同じ難点は依然として残る。そもそも、女帝の配偶者は天皇になりうるという考え方が当時の日本には全く存在しないのであり、だからこそ、道鏡擁立が「異常」な事件となったのではないか。法王の地位と天皇とは質的に異なるのであり、天皇という地位の特殊な性格は軽視されるべきでない。

孝謙は天皇である、直系皇統の血を承けた者である、という自明の原点に戻ろう。おそらく彼女は、直系聖武の血統を至上のものとする価値観にとらわれていたに違いない。彼女は常に天皇として、天皇制の権威と存続のために生きるという、はっきりとした目的意志をもっていたのではなかろうか。彼女の思想と行動は、天皇制の論理に貫かれていたのではないか。その確乎たる信念は、天平宝字六年六月三日の宣命や天平宝字八年の淳仁を廃位にした宣命にみなぎっていると思う。

道鏡事件について、従来ほとんど省みられていない論点がある。それはもし仮りに道鏡が天皇に即位したとして、その道鏡の次はどうなるのか、ということである。道鏡は僧侶であって、子孫をもたない。道鏡天皇は一代限りで終わらざるをえない。もしその後の見通しが全く立たないのであれば、道鏡即位ということにはたしてどれ程の現実的意味があるであろうか。天皇制の本体は皇統である。皇統を欠いた天皇制は、もはや天皇制ではない。その次はどうなるのか。天皇制には常にこの皇位継承の問いがつきまとう。

卑見はそこに他戸の存在を認めなければならないと考える。道鏡の次は他戸であろう。つまり、道鏡天皇のもとで、他戸が皇太子に立つ。ここに孝謙の意図の眼目があるのではなかろうか。

このように考えれば、道鏡は光仁とよく似た立場にある。道鏡の役割も他戸のための中継ぎにほかならない。むしろ道鏡こそ、そのような役割を果すに相応しいといえよう。彼は僧侶であり、一代限りにならざるをえなかった。道鏡もまた、光仁とともに脇役にしかすぎない。主役は他戸である。道鏡擁立運動の本質は、他戸を皇嗣として確定することにあった。

しかし、他戸の皇位継承を果すために、何故道鏡の擁立が必要とされたのであろうか。

まず、他戸の立太子が七七一年まで遅れたのは、年齢に理由があるとみなしてよい。過去に聖武の男子が誕生直後に立太子した例はあるが、この男子はすぐに死亡しており、凶例である。ある程度成長するのを待って立太子を図るというやり方は、伝統にも則るものであり、不思議はない。

次に、孝謙がそのまま在位を続けて、他戸の成長を見守るという方法がありうる。女帝の伝統的あり方からみても、これが最も自然であろう。しかしながら、他戸が誕生したとみられる七六一年には、孝謙は既に四十四歳であった。母の井上も四十五歳である。孝謙は、生まれたばかりの他戸の将来に非常な不安を感じたに違いない。他戸が無事に成長して皇位に即く日まで、はたして孝謙や井上が生きて見守り続けることができるであろうか。彼女はここに自己の力の限界を悟ったのではないかと思う。

かくして、孝謙は他戸を守護する力を仏教に求めたのであろう。天皇制は仏教によって守られるという信仰である。その仏教は道鏡によって体現される。道鏡こそ他戸の庇護者に相応しい。道鏡を皇位に即けるということは、天皇の位そのものを仏に捧げるということであろう。それこそが直系の血統の存続を願うための「菩提心」にほかならない。天皇の位は仏のものである、と天下に明らかにすることによって、直系皇統は仏の全き慈悲にはぐくまれることになるのであろう。

d　以上に述べた孝謙の思想と行動は、他戸の誕生によって突然に生じたものであろうか。おそらくそうではあるまい。その淵源はさらに過去に遡るのではなかろうか。

ここで想起されるべきことは、淳仁の天皇としての性格をめぐる問題点である。淳仁は天皇としての権威が劣弱であった。彼によって新しい直系が創られるという可能性はおよそ薄弱にしかみえない。淳仁は直系主義をわが物とすることができなかった。それは何故なのか。この疑問は当然に他戸誕生の意味に連繫するであろう。

淳仁に天皇としての権威が具わることを否定しようとする力は、光明子・孝謙の意思より出たものとみなしえよう。光明子・孝謙は直系皇統の権威を己れの側に独占し、これを淳仁に付与しようとはしなかった。それは聖武の遺志であったとみなして間違いあるまい。

聖武がその死に至るまで後継者の選定に熱意を示さなかったという、その情況を重視すべきである。聖武にとっては、当面の後継者は道祖でも淳仁でも、さしてこだわりはなかったと思われる。聖武には直系の権威を自己の血統のみに限定しようとする執念があったのではないか。彼は後継者が新たな直系の祖になることを望まなかったのではないか。この遺志を継いだ光明子・孝謙によって、後継者は常に彼女らに従属する立場に置かれたのであろう。

この推測をさらに進めよう。聖武は皇統断絶の危機を迎えて、自己の血統を後世に永く伝えようとする方策を用意しようとしたはずである。それが井上の結婚ではなかろうか。井上が斎宮の任を解かれて帰京したのは、安積の死からすぐ後のことである。男子をすべて失うという事態に直面し、聖武は三人目の男子が生まれることを祈ったであろう。しかし、万一男子が得られないままに終わったときはどうするか、という対策も考えたに違いない。その場合には、女系によって血統を残すよりほかに方法はない。井上の結婚には聖武のかかる期待がこめられていたと思われる。
しかし、自身にも井上にも男子は生まれず、聖武は生前にその願いをかなえることはできなかった。その宿願は光明子・孝謙に受け継がれるが、この希望が続く限り、他者に直系の権威を譲るわけにはゆかない。そして、遂に七六一年にその願いはかなえられる。他戸こそ直系皇統の血を承けた待望の男子であった。かくして、聖武の用意した方策は彼の死後に実を結ぶ。孝謙は父から課せられた使命の実現をめざし、一路邁進することになった。私はこのように推測する。

e　ところで、ここで触れておく必要があるのは、聖武のもう一人の女子、不破内親王の存在である。不破は塩焼と結婚し、男子も生まれていた。しかるに、この夫婦には度重なる謀反事件がつきまとい、非運の生涯を送った。不破は父聖武によって「親王の名を削」られたといわれており[35]、夫の塩焼も、七四二（天平十四）年に伊豆に流刑となる事件を起こしている[36]。彼は聖武に「無礼」のことがあり、聖武の怒りをかったといわれ、ために、聖武死後の後継者に選ばれなかった[37]。氷上姓を与えられて臣籍に置かれたことは、皇位継承権の喪失を意味している。
しかし、それでもなお、塩焼とその男子の皇位継承権が完全に否定されたとはいえないであろう。再び彼が皇位継承候補者として浮上してくる可能性もありえた。それは、不破所生の男子のみが直系皇統の血を引く唯一の生存者として確定した場合である。従って、他戸の誕生がこの家族の非運を決定したのであった。このとき、孝謙にとって、塩焼は抹殺すべき存在でしかなくなる。結局、彼は恵美押勝の反乱に加担して敗死した。

その後も不破は孝謙から冷遇される。八幡神託宣事件の直前には、その子、氷上志計志麻呂の擁立を謀ったとして、厨《くりやの》真《ま》人《ひと》厨《くりや》女《め》の罪人名を付けられ、京から追放されている[38]。これは道鏡擁立の布石であった。以上のように、不破については皇位継承権を一貫して抑圧され続けたという特徴がある。孝謙の言うところによれば、それは聖武の意思によるものであることになるが、聖武が不破を嫌い、皇位継承計画から不破を排除したということは[39]、おそらく事実と認めてよいのではなかろうか。

井上と不破とは母を同じくするにもかかわらず、その生涯はまことに対照的である。この二人の運命の岐路を決めたのは、聖武であったとみなしておきたい。

f　以上のまとめをしよう。既に前章において指摘したように、奈良時代政治史上の最も決定的な転換点は、七四四年の安積の死であった。これを境に前期と後期に分けられる。

安積死亡後の皇位継承問題は、二つの路線の対立関係として展開する。それが奈良時代後期政治史の基調である。その二つの路線を、後継天皇擁立路線、及び直系血統存続路線と名付けてみたい。

後継天皇擁立路線は、聖武の子孫以外のところに次の天皇を求めようとする方策である。聖武の男子が皆無となった以上、この路線が登場するのは当然である。それは淳仁を擁立することで、一応の目的を遂げる。少なくとも七六一年までは、この路線にしか現実性は存在しなかった。

これに対し、直系血統存続路線は聖武から孝謙に受け継がれつつ、深く静かに潜行していた。後継天皇擁立路線が表舞台に立つことを許しながらも、それが天皇制のすべてを独占することは許さなかった。後継天皇擁立路線の成果は中途半端なものに終らざるをえなかった。

次の転機は七六一年の他戸誕生である。これによって、直系血統存続路線もまた現実性を獲得した。ここに二つの路線の対立は公然化し、直系血統存続路線は後継天皇擁立路線の打倒に乗り出すのである。直系血統存続路線は道鏡擁立運動の失敗によって傷つきながらも、他戸の立太子を実現するに至る。二つの路線の対立は直系血統存続路線の勝利に帰着したかにみえたが、ほどなく最後の逆転が起きた。

その逆転とは七七二（宝亀三）年の廃后・廃太子事件である。井上と他戸は幽閉されたのち、そろって死去する。替わって立太子したのが桓武であった。光仁はこの事件によって、脇役から主役に変身する。直系血統存続路線を捨てて、後継天皇擁立路線に乗り換わった。直系血統存続路線の敗北はここに最終的な確定をみる。実質的にこの時点こそ、皇統の転換、すなわち、新しい光仁系皇統の成立として評価されねばならない。

注

（1）『続日本紀』天平宝字六年五月辛丑条。

（2）『続日本紀』天平宝字八（七六四）年九月甲寅条、同月癸亥条、同月壬子条。或いは、淳仁を旧主とみて、「今皇」は塩焼と解すべきか。

（3）『続日本紀』天平宝字八年十月壬申条。

（4）『続日本紀』天平宝字元（七五七）年四月辛巳条。

（5）『続日本紀』天平宝字三（七五九）年六月庚戌条所載の淳仁の宣命に「朕《われ》もまた念《おも》はく、前《さき》の聖武《しょうむの》天皇《すめらみこと》の皇太子《ひつぎのみこ》と定め賜ひて、天日嗣高御座《あまつひつぎたかみくら》の坐《くらい》に昇《あ》げ賜ふ物を」とある。

（6）大宝以後十四世紀まで、淳仁と仲恭を除いて、代始改元は例外なく行われている。仲恭には践祚してすぐに廃されたという事情があるが、淳仁は在位七年に及ぶにもかかわらず、改元がなされなかったことは特異である。

（7）注（5）に同じ。

（8）廃帝即位前紀に記す粟田諸姉《あわたのもろね》の件は、スキャンダルとして書かれた意味合いがあろう。正式の夫人・嬪は知られていない。

（9）『続日本紀』天平宝字六年六月庚戌条。

（10）『続日本紀』天平宝字八年十月壬申条。

（11）例えば、淳仁の即位宣命には「不改常典」の文言がない（『続日本紀』天平宝字二年八月庚子条）。また、『続日本紀』天平宝字四年八月甲子条所載勅においては、藤原不比等を「皇家之外戚」と称えているが、この「皇家」の語は、現に皇位にある淳仁の称ではなく、聖武とその血統を指す用語となっている。

北山茂夫氏は孝謙の淳仁廃位宣命における「王を奴と成すとも」云々の文言を疑問とされ、臣下を天皇にするというのは奇怪であり、孝謙の「血による正統観と鋭く矛盾する」と説かれている（同氏「道鏡をめぐる諸問題」〈同氏『日本古代政治史の研究』所収。一九五九年、岩波書店〉）。しかし、孝謙の「血による正統観」からすれば、淳仁などは直系から遠く外れる故に、まさしく「奴」なのではなかろうか。皇位は皇統に従属するという視点が大切であろう。

(12)『続日本紀』天平宝字三年六月庚戌条。
(13)重野成斎「久米易堂君の田口氏に答ふる文を読て」(『史海』第十四巻、一八九二年)。
(14)田口鼎軒「重野久米両先生に対して」(『史海』第十六巻、一八九二年。『鼎軒田口卯吉全集』第一巻所収、一九二八年)。
(15)瀧川政次郎氏「弓削道鏡」(同氏『人物新日本史　上代編』所収。一九五三年、明治書院)は、孝謙が道鏡擁立に主導的役割を果したと主張し、道鏡は孝謙の「意中の皇太子」であったと解されている。卑見はこの瀧川説に従うが、但し、孝謙が何故道鏡を擁立しようとしたのか、その理由については瀧川説に従いえない。この点は後述する。
(16)『続日本紀』宝亀三年四月丁巳条。
(17)『続日本紀』天平勝宝元年四月甲午条。
(18)『続日本紀』天平宝字八年九月甲寅条。「朝庭」の語は孝謙を指称する。
(19)坂本太郎氏『日本全史2(古代1)』(一九六〇年、東京大学出版会)。横田健一氏『道鏡』(一九五九年、吉川弘文館)。
(20)瀧川氏前掲注(15)論文。
(21)北山氏前掲注(11)論文。
(22)『日本後紀』延暦十八年二月乙未条。
(23)流布本『水鏡』には、八幡神託宣事件に際し、孝謙の夢に八幡神が現われ、道鏡を皇位に即けてはならないと告げたため、清麻呂が宇佐に派遣されることになった、という趣旨が書かれている。これによれば、孝謙自身は道鏡の即位に積極的ではなかったと言えることになろう。そこでこの流布本『水鏡』の記述の出処を尋ねてみよう。

『水鏡』については、平田俊春氏の詳細な研究があり、氏は流布本『水鏡』は『扶桑略記』を抄訳した作品であることを論証されている（同氏『日本古典の成立の研究』、一九五九年、日本書院）。いま問題の記述についても、その出典を『扶桑略記』に求めると、『扶桑略記抄』神護景雲三年条所引「清丸上表」がこれに該当することがわかる。但し、現存の『扶桑略記抄』には「清丸上表」の冒頭部分が欠脱しているが、本来は全文が引用されていたとみなすべきであり、流布本『水鏡』はこれを書き直したものであろう。この「清丸上表」については、平田氏が既に、同じく『扶桑略記』に引かれている宇佐八幡縁起の中に含まれるものであろうと指摘されている（同氏著書三二三〜三二四頁）。確かに「清丸上表」（流布本『水鏡』）の内容は宇佐八幡宮にとって都合のよいものであり、『続日本紀』や『日本後紀』の関連記事と対照させれば、これらの国史の記事を基礎としながら、その宇佐宮に不利な箇所を改作して「清丸上表」が書かれたであろうことは一目瞭然である。よって流布本『水鏡』の当該部分の記述は、事実関係についてはおよそ信頼に足るものではないと判断できる。

(24)『扶桑略記』と『水鏡』の関係については、前注(23)所掲平田俊春氏著書参照。また、『公卿補任』宝亀二年条に引く「本系」も同じ系統である。

『水鏡』には藤原百川について多くのことが語られており、それによって『百川伝』の全貌をほぼ窺い知ることができる。その内容は創作小説として大いに興味をもたれてもよいが、事実関係の基本史料たるには到底耐ええないものである。

(25)『続日本紀』宝亀元年八月辛亥条（雄田麻呂）に従四位上左中弁内竪大輔内匠頭右兵衛督とある。

(26) 吉備真備は光仁立太子の翌月に上表し、七七一（宝亀二）年に辞官を認められた（『続日本紀』宝亀元年十月丙申条、宝亀六年十月壬戌条）。辞官は高齢を理由としている。

(27) 引用文の『扶桑略記』編者注記は桓武立太子に藤原浜成が反対した由を記しているが、これは『水鏡』にも見える話であるから、出処は『百川伝』であろう。国史には見えない。

(28) 『続日本紀』養老五年九月乙卯条。

(29) 『続日本紀』天平十八年九月壬子条。

(30) 古来、酒人を桓武の同母妹とする誤解もあるが、酒人の生母が井上であることは村尾次郎氏『桓武天皇』（一九六三年、吉川弘文館）に指摘されている。

(31) 角田文衛氏「宝亀三年の廃后廃太子事件」（同氏『律令国家の展開』所収。一九六五年、塙書房）は井上の出産年齢が四十五歳となることを無理とされ、他戸の七六一年誕生説を誤りとされたが、しかし、四十五歳の出産を不可能と断ずる根拠はない。

(32) 史上、「廃帝」の称は淳仁と仲恭の二人であるが、このほか安徳や後醍醐（元弘の変）のように、廃位にされても「廃帝」の称は与えられない例もある（崇徳も「廃帝」とはされない）。廃位とは、その子孫の皇位継承権を否定する意味をもつが、「廃帝」となると、皇位継承権の否定が更にその父や兄弟にも及ぶことになる。承久の乱の場合は、後鳥羽の皇統全体が否定され、「廃帝」の称、及び三上皇等の配流となった。崇徳・安徳・後醍醐の場合は、いずれも兄弟が皇位を継承し、父の皇統は否定されない故に、「廃帝」の称は適用されないもののようである。

(33) 北山氏前掲注(11)論文。北山氏は、孝謙が道鏡擁立を考えるようになったのは道鏡を法王に任じた後のことであるとされ、孝謙の行動を一貫したものとはみなされない。

(34) 瀧川氏前掲注(15)論文。及び同氏「法王と法王官職」(同氏『律令諸制及び令外官の研究〈法制史論叢第四冊〉』所収。一九六七年、角川書店)。
(35)『続日本紀』神護景雲三年五月壬辰条。
(36)『続日本紀』天平十四年十月戊子条。
(37)『続日本紀』天平宝字元年四月辛巳条。
(38)『続日本紀』神護景雲三年五月壬辰条、同月丙申条。
(39) 前注(38)に同じ。

〔補注〕
(1) 同じく裏付けとなる史料に『公卿補任』延暦二十一年条参議藤原緒嗣項尻付がある。なお、桓武天皇が緒嗣に与えた剣について、『続日本後紀』と『公卿補任』には「これ汝の父(百川)献ずるところの剱なり」とある。
(2) 光仁と井上内親王の関係は、本書第一章補注(1)(六四・六五頁)で説明した継体と手白髪皇女の関係によく似ている。聖武の血統の存続が追求されているにもかかわらず、井上内親王が天皇に即位することはない。男系継承主義によって光仁が即位し、井上内親王はその妻として、「女系による直系の血統の継承」(第一章補注(2))の役割を果している。この場面でも「女系皇位継承」は現れなかった。なお、もしも光仁が死去していたとすれば井上即位の可能性があったという仮定の話を述べたが、その場合も「女系皇位継承」にはならない。井上は光仁の代役とみなされるからである。

第四　光仁系皇統の成立

一　光仁系皇統の課題

a　井上と他戸《おさべ》が廃后・廃太子とされる事件があった翌年、七七三（宝亀四）年に光仁の長子、桓武が立太子する。この事情に検討を加え、光仁系皇統の性格とその問題の所在を明らかにしたい。

古来流布してきた説は『水鏡《みずかがみ》』に依拠したものである。これは前章において論じたごとく、出典は『百川伝《ももかわでん》』にあり、到底容認しえない代物であるが、一応、その内容を紹介しておこう。

『水鏡』によれば、桓武には対立候補があり、かなり紛糾したという。桓武と争ったのは稗田《ひえだ》や酒人《さかひと》であるとされるが、これらの人物もまた、光仁の男女子であり、桓武の異母弟妹であった。つまり、皇位継承をめぐって激しい対立があったとしても、その対立関係が光仁の血統の中に限定されているところにこの説の特徴がある。『水鏡』にはこの前に次のような話があった。すなわち、孝謙の死後、皇位をめぐって光仁と天武系子孫との間に深刻な対立が起きる。光仁の即位はその抗争に結着をつけた結果であった、と。従って、『水鏡』は光仁の即位とともに彼の皇統も同時に成立したと説いているわけであるから、ここで桓武の競争相手が彼の兄弟に限られることになるのは必然であり、話の筋はそれなりに一貫性を保っている。

b　卑見がこの通説を採らないのは、既に前章に述べた通り、『百川伝』が内容のいかがわしい文献であり、事実関係は『宇多天皇日記』に依拠して確定されるべきものと考えるからである。もう一度、前掲『宇多天皇日記』寛平二年二月十三日条の記事（本書一二四頁）の、特にその傍線部分に注目しよう。この記事は事件から既に百十余年を経た後の伝承でもあり、話の内容にもかなりの脚色を感じさせるが、伝承の骨格的部分は事実として認めてもよいように思われる。それは次の二点である。

①　皇太子の人選をめぐって深刻な対立があり、藤原百川が桓武擁立に大きな働きをしたこと。

②　「他帝の子」が有力な対立候補であったこと。

①については、前に『続日本後紀』承和十（八四三）年七月庚戌条の記事を傍証として挙げた。それによれば、桓武は後年、藤原百川の遺子、緒嗣を厚遇することがあったという。その理由は百川の功業にあり、桓武は緒嗣を優遇して、百川の「宿恩」に報いんとしたのであった。桓武はみずから「緒嗣の父微《な》かりせば、予豈に帝位を践《ふ》むことを得むや」と述懐したという。この言葉は桓武の立太子が容易ならざるものであったことの、桓武自身の証言にほかならない。

次に、②についてはどうか。この点を事実とする傍証には乏しいが、少なくとも宇多がこの「他帝の子」という語句を不用意に書くはずはない、ということはいえそうである。何となれば、この会話を交した宇多と藤原基経にとって、桓武と百川をめぐる伝承の中味は、決して単なる昔話としてすまされるようなものではなかった。彼らは桓武と百川の関係を、まさに宇多と基経自身の関係に引きあてて語り合っていた。この日、宇多は基経の次子仲平に元服を加えており、仲平は緒嗣に比すべき立場にあったことになる。しかし、それだけではない。実は宇多自身の即位が桓武の境涯にきわめてよく似たものであった、という事情が背景になっている。

この問題は、後に第六章と第七章において詳しく論じるが、宇多の父である光孝の場合、その即位には特殊な理由があり、光孝の子孫には皇位継承の資格が与えられなかった。光孝は一代限りで終るはずであり、光孝の次の天皇には光孝の血統を引かない者、すなわち、「他帝の子」が選ばれるはずであった。それが紆余曲折を経て、宇多の擁立に落ち着いたのである。

このような立場にあった宇多が、基経の語るこの伝承に大いに共感したであろうことは十分に理解できよう。すなわち、「他帝の子」なる語句が宇多自身にとって切実な重たい意味をもっていたからには、宇多があやふやなままにこの語句を書き記すはずはない。この点に関して、宇多の記述は基経の語ったところを正確に伝えている、とみなすことができるであろう。

「他帝の子」の語句がはたしてどれ程信頼できるか、これ以上確かめようもないが、私には強いてこの語句を疑う必要もないように思われる。今、この史料の価値は「他帝の子」の語句にある。これに信頼を寄せて論を進めよう。

c　「他帝の子」とは誰か。

それを特定することはできないが、おそらくは天武系の子孫の誰かとみて間違いない。他戸が廃された後、次の皇太子は天武系であらねばならぬとする有力な意見があったと解するべきである。天武系は直系の皇統をつくって、既に百年の伝統があった。直系が聖武で絶えたときも、その後継天皇の人選は天武系の子孫に限られていた。この時点においても、光仁以外の血統で候補者となりうるものは、やはり天武系の血統を措いてほかには考えられないであろう。

既述のごとく、光仁の即位は、無条件に光仁系皇統の成立として評価できることではなかった。他戸は父方の血統ではなく、母方の血統によって皇嗣の地位を得たのであり、血統の価値は依然として聖武系にあった。こうした情況の中で、光仁は権威なき天皇である。従って、皇太子他戸が廃されたことは、光仁にとっては天皇としての存在理由を失うことにもなるであろう。中継ぎの役割さえも消滅したからである。そこで、光仁を一代限りにし、後継天皇に「他帝の子」、すなわち、天武系の人物を立てようとする動きが出たとしても不思議はない。つまりは「他帝の子」の一句に、光仁系が未だ皇統として認められてはいなかったという事実を読み取ることができると思う。

d　しかしながら、結局、桓武の立太子が実現する。その条件は何であろうか。一つに、光仁が兎も角も天皇として存在しているという、既成事実に寄りかかることができたこと、二つに、天武系の子孫もほとんど根絶やしの状態で、特別に勝れた皇位継承資格をもつ人物が存在しなかったこと(1)、等が考えられる。

その経緯から推測すれば、桓武が皇太子に立つなどということは、他戸が廃太子となるまで、誰も予想しなかったに違いない。桓武自身にとっても、人生の意外な転変であったろう。三十代の半ばまでは、貴族の一員として終わるべき人生であった。たまたま父の即位によって親王とはなったが、それでも皇位に望みをかける資格などあるはずもなかった。それが他戸の廃太子によって、はじめて情況が一変したのである。(2)

このような桓武立太子の事情をふまえれば、彼はそもそも天皇としての権威に著しく欠ける人物であった、と断言することが許されるであろう。天皇桓武を観察するためには、かかる視点が常に不可欠であるように思われる。(3)

e　以上に述べたことは、例えば、桓武と彼の同母弟、早良との関係にも窺い見ることができる。光仁は七八一（天応元）年に譲位し、桓武の即位となったが、このとき皇太子に立ったのは早良であった。何故早良が立太子したのか、その理由は残念ながら確定することができない。しかし、桓武が皇位継承権を独占することができなかった、という事実は歴然としている。

桓武の長子平城はこのとき既に八歳になっていた。これらの男子がありながら、早良が立太子したとなれば、それは将来の皇統の担い手を早良に託そうとしたもの、という意味にも解することができるであろう。光仁の譲位も早良の立太子を実現するためになされたのかもしれない。このような推測はいずれにしても何ら証明はできないし、或いは、桓武と早良のどちらとも決めかねる状態にあったのかもしれないが、少なくとも桓武の立場が強化されたというごとき見方が成り立ちにくいことは確かであろう。

桓武は九年間も皇太子の地位にあった後に即位したにもかかわらず、彼を取りまく困難な情況にさほどの変化はなかったといえるであろう〔補注1〕。

その四年後の七八五（延暦四）年、桓武は早良を強引に抹殺することになる。早良に替えて平城を立太子させ、桓武は自己の皇統をつくる展望を切り開いた。しかし、問題はその後にある。晩年になるにしたがい、桓武は早良の怨霊に対する恐怖の念を強めていった。いくら早良の名誉回復につとめても、「御霊《ごりょう》」の恐怖はつのるばかりであった。このことに桓武の置かれた立場がよく映し出されているように思われる。

それはたとえば孝謙と比較すればはっきりする。孝謙によって抹殺された者は数多い。皇太子道祖も廃されたし、天皇淳仁に至っては、廃位にされたあげくに殺害されている。しかし、孝謙にとって、彼らの怨霊はそれほど重要な問題とはならなかったらしい。それは彼女には自己の行為を正義に則るものとする信念があったからであろう。孝謙は自分のみが直系皇統の権威を継承した唯一の存在であると自負していた。父聖武から天皇の廃立の権限を与えられているとも信じていた。このような信念をもつ者にとって、廃帝も廃太子も、また多くの人間の処刑も、すべて正義のためでありこそすれ、その犠牲者達の怨霊に苛まれねばならない理由などは全くないのであろう。

この直系皇統のあり方と対比するとき、光仁系皇統において何故「御霊」の現象が重大化したのか、その理由の一端は明瞭になろう。怨霊の問題如何は、加害者と被害者の関係によって決まる。早良が皇太子に立つことは、それなりに正当なことと考えられ、それを廃することは正義に反するとみなされたのであろう。桓武は、早良に対して罪の意識をもたざるをえない立場にあった。それは井上・他戸母子に対しても同様である。「御霊」の問題は、桓武の天皇としての性格を如実に語っている。

f　光仁にも、桓武にも、天皇としての生来の権威は具わっていなかった。光仁系皇統は事実として成立したといえるが、その皇統としての権威については、貴族全体が納得しているとはいえない。その権威性は一朝一夕で具わるものではない。ここに光仁系皇統の負わねばならぬ課題があるのではないか。その権威なき皇統がいかに権威を獲得してゆくか、その動向がこれからの政治史の基調になろうかと予想される。

二　婚姻関係の諸相

a　光仁系皇統については、特に桓武以後の皇位継承に関して、注目すべき幾つかの問題がある。凡そ皇統というものは、直系化を達成することによって権威と安定を得る。天皇制は直系の創出を志向する自己運動を常におこなっている。この一般的傾向からみれば、桓武以後には父子一系的な直系継承が現われても然るべきであろう。しかるに皇位継承の実際は、このような予想とは甚だ異なるものであった。

桓武の死後、即位した平城は、同母弟の嵯峨を皇太弟に立てた（八〇六年）。兄弟継承が始められたのである。その後の推移は、平城譲位・嵯峨即位・高丘《たかおか》(平城男子) 立太子 (八〇九年)、弘仁元年政変による高丘廃太子・淳和立太弟 (八一〇年)、嵯峨譲位・淳和即位・仁明立太子 (八二三年)、淳和譲位・仁明即位・恒貞《つねさだ》(淳和男子) 立太子 (八三三年)、承和の変による恒貞廃太子・文徳立太子 (八四二年)、と続く。すなわち、ここに幾つかの特徴がみられる。

(1) 平城・嵯峨・淳和の三人によって兄弟継承がおこなわれたこと。

(2) この三人は、ともにその男子が皇太子に立ち、皇統としての性格をもったこと。これにより皇統は多系化したこと。

(3) 嵯峨系と淳和系との間に両統迭立の様相が現われたこと。これは天皇制史上最初の両統迭立であった。

(4) 直系化の達成までに七十年もの長い時間を要したこと。承和の変によって、皇位継承権は嵯峨系のみに独占されることとなり、皇統は一系化された。すなわち、この事件によって嵯峨系が直系の地位を獲得した。光仁系皇統の成立 (桓武立太子) 以来、ほぼ七十年後のことであった。

以上のような特徴はかなり珍しいものであって、光仁系皇統の独自性を印象付けているように思われる。たとえば、兄弟継承は五、六世紀にもみられたが、その内容には大きな違いがある。五、六世紀の場合、直系継承が根幹にあり、兄弟継承はその補助的役割である。従って、皇統は直系のみによってつくられるのであり、他の兄弟は皇統をつくらないのが原則であった。これに対して、この光仁系皇統の場合は、直系が不分明のままに兄弟継承を行っており、皇位に即いたものすべてが、それぞれに皇統をつくろうとする傾向を示した。このような兄弟継承は過去に類例がない。
また、以上のような特徴が見出されるとはいえ、これを以て天皇制が質的に性格を変えたなどという評価を下すとすれば、それは短絡に過ぎるであろう。(4)に指摘したように、光仁系皇統においても結局は直系の権威が成立したのであって、直系創出の必然性という原則は貫かれている。いささか長過ぎる時間にはみえても、この七十年全体が直系をつくり出すための運動期間ではなかったか。そのような見方がおそらくは妥当といえるであろう。これらの問題を念頭において、皇位継承の展開の内実を探ることにしよう。

b　如上の諸問題を考えるために、まずその婚姻関係に検討を加えてみたいと思う。その最も重要な特徴を第9図に示そう。

第9図は、光仁系皇統における近親婚の様相に焦点をあてたものである。この系図を見れば、一瞬、タイムトンネルをくぐって、六世紀に遡ったかのような錯覚に陥るであろう。それほど近親婚、それも異母兄妹婚が濃密である。桓武と酒人《さかひと》、平城と朝原《あさはら》、同じく平城と大宅《おおやけ》、嵯峨と高津《たかつ》、淳和と高志《こし》というように、異母兄妹婚は四人の天皇について五組もみられる。八世紀に一時この婚姻形態は背後に退いたかにみえたが、ここに至って見事に復活を遂げた。この異母兄妹婚の盛行はどのように意味付けされるべきであろうか。
まず確認すべきことは、この現象が決して偶然の産物ではないということである。これは明らかに計

画的である。すなわち、そこに桓武の政策的意図があることを認めねばならないと思う。その事情を次に説明しよう。

桓武が酒人を妻としたのは彼の皇太子時代であるが、彼はその頃既に四十歳前後の年齢であり、この婚姻は桓武自身の意思によるものであろう。そして、桓武の三人の男子の婚姻は、すべて桓武の在位中に行われたとみなすことができる。

まず、朝原は、幼時、祖母井上や母酒人と同じく、斎宮となって伊勢に下ったのち、七九六（延暦十五）年に帰京して、三品に叙された。平城に配されたのもこの頃であろう。

第9図

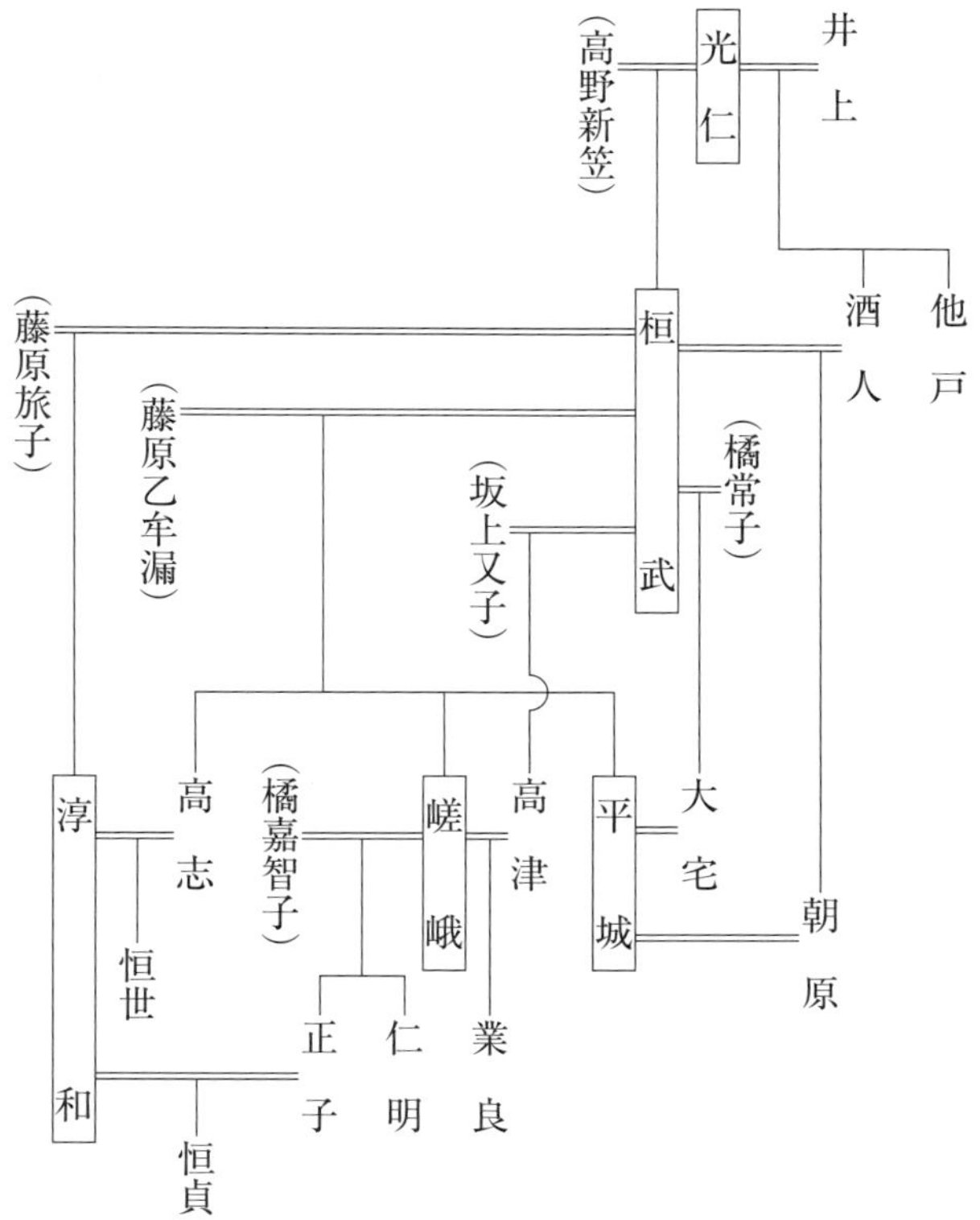

次に、大宅・高津・高志の三皇女については、『日本紀略』延暦二十（八〇一）年十一月丁卯条に次の記事がある。

贈皇后（高志）今上（淳和）の后、・高津・大宅の三内親王、笄《こうがい》を加ふ。

この三人の皇女がそろって加笄《かけい》の儀を行なったということに、十分の注意を払いたい。このことと、この三人がそろって三兄弟に配されたこととは、偶然の一致とも思われない。おそらくはこの三組の婚姻が先に決められており、そのために三皇女の加笄の儀を三人一緒に行う仕儀となったのではなかろうか。もしそうであれば、この三組の婚姻は桓武の意思によるものであったとみなして間違いないと思われる。桓武は数多くの男子の中から三人の男子を選び、これに皇女を配するという、特別待遇を与えたのである。三皇女の加笄の儀は、それを記念する行事でもあったであろう。

それではこの特別待遇の意味は何かといえば、それは皇位継承権の付与にほかならないであろう。異母兄妹婚の実施に皇位継承権の認定を公示する、という意味がこめられているのではないかと考える。異母兄妹婚はかつて皇位継承権の象徴であった。その伝統的観念は、なおこの時代にも脈々と生き続けているのではなかろうか。かくの如く考えれば、皇位の兄弟継承の現象は桓武の企図に由来するものであったと判断できるであろう。

c　さて、以上に近親婚の側面からこの皇統の婚姻関係の特徴を捉えてみたが、ここでまた別の側面にも注意を向けなければならない。確かに近親婚は濃密な様相をみせていた。しかし、そのもつ意味は過去のそのままではない。明らかに六、七世紀の頃とは異なる変化も見られる。

六、七世紀の場合、近親婚は皇位の継承を律していた。『日本書紀』も天皇の妻たる皇女には、一律に「皇后」の地位を与えている。皇女が天皇の妻の中でも最も重んじられるべき存在であったことは確かであろう。しかるに、光仁系皇統の場合、ここに登場する五人の皇女のうち、皇后に立てられたのは高志一人のみであった。桓武は酒人を妃としたが、彼が即位の後、皇后に立てたのは藤原乙牟漏《おとむろ》（良継女子）である。平城も朝原・大宅を皇后には立てず、藤原帯子《おびこ》（百川女子、既に死去）に皇后の称号を追贈している。嵯峨の皇后は橘《たちばなの》嘉智子《かちこ》である。わずかに淳和のみが、即位とともに高志（八〇九年死去）に皇后の称号を追贈した。

このように、皇女は妻とされても、それは必ずしも皇后の地位に結び付いてはいない。皇后には藤原氏等、氏（ウヂ）出自の女性を立てるという傾向の方が優勢である。既述の如く、皇后のこうしたあり方は八世紀に生まれたものであった。光明子の立后の新例は光仁系皇統に継受され、定着するに至ったといえるであろう。

このようにみると、光仁系皇統の婚姻関係には、二つの方式が共存していることがわかる。その二つとは、皇統形成原理の二類型、すなわち、六世紀型と八世紀型のそれである。

この共存の意味は興味深い。おそらくこれは、桓武が皇統の権威の確立を目指し、最善の方策を凝らそうとした結果であろう。血統の尊貴化を図るためには、六世紀型も八世紀型も、ともに必要とされたわけである。ということは、この二つが皇統形成の原理としてともに有効性を保持していたことを意味するのではなかろうか。

光仁系皇統には自分自身の固有の原理、原則はない。ただ、過去の伝統を継受する以外にはなく、その天皇制における価値観は多様化していた。以上にみられる実態はこの時代の情況をそのままに反映しているのであろう。この時代相の特徴は十分に留意されるべきことである。

d　以上の分析をさらに具体化してみよう。それは三人の男子に皇位継承権が与えられた意味に、どのように関わるのであろうか。

平城・嵯峨・淳和の三人を、特にその婚姻関係について相互に比較してみるとき、彼らは決して一様でないことに気付く。三人それぞれに、かなりはっきりとした特徴を具えているようにみえる。一人ひとり検討を加えよう。

まず、平城であるが、彼について注目されるのは朝原の存在である。朝原が特別の意味をもつのは、彼女が聖武の血統を承けた女性であるからにほかならない。それはそもそも桓武が酒人を妃としたことに遡る。

桓武は聖武系の血統からみれば、いわば簒奪者の立場にあった。廃太子とされ、さらに不審の死を遂げたとはいえ、他戸こそ真正の皇嗣ではなかったかという想いは、貴族等にも、さらに桓武自身にも、拭い切れないものが残されたかと想像される。桓武にとって酒人を妃に迎えることは、一つに、彼の簒奪行為を免罪し、正当化する狙いがあったろう。また一つには、聖武の血統を承《う》けた女性との婚姻によって、理想的な皇位継承者を得ようとする望みもあったと思われる。天武系の直系皇統の権威を婚姻を通して継受しようとする方策である。(4)平城は朝原を妻として、さらにこの方策を継承した。こうして、光仁、桓武、平城と三代にわたって、聖武系血統との関わりが保たれた。但し、朝原には所生子女がなかったようであり、聖武の血統もここで跡絶えることになった。以上のごとき平城独自の特色は、継体系皇統の特徴を想起させるであろう（本書三七・三八頁、第4図）。

次に、嵯峨はどうであろうか。嵯峨の践祚に伴い、高津は三品に叙され、妃に立てられた。高津には男子も生まれていたが、ほどなく彼女は妃を廃されている。理由は不明である。その後、嵯峨は再び皇女を妻とすることはなかった。皇后にも橘嘉智子を立てている。

この反面、嵯峨について最も目立つことは、藤原氏（その中でも冬嗣《ふゆつぐ》の家系）と親密な関係を形成したことである。嵯峨は藤原良房を特に優遇し、みずからの皇女である潔姫《きよひめ》をその妻に与えた。もっとも潔姫は源姓を与えられ、臣籍におかれてはいたが、皇女であるという出生には紛れがない。藤原氏が皇女を妻としたのは、この良房と潔姫の例が最初である。このときまで原則として皇女と王族以外の貴族との婚姻は禁じられており、この嵯峨の処置は破格の待遇であった。しかも、この婚姻は、良房が天皇の外戚の地位を得ることに直接繫がる結果となった。第10図の示す通り、嵯峨系の皇統（文徳・清和・陽成）は良房の家系との婚姻によってつくられたのである。

嵯峨は六世紀型の要素をみずから消去し、八世紀型に純粋化する方向を選択したと認められる。この点に嵯峨の特色があろう。

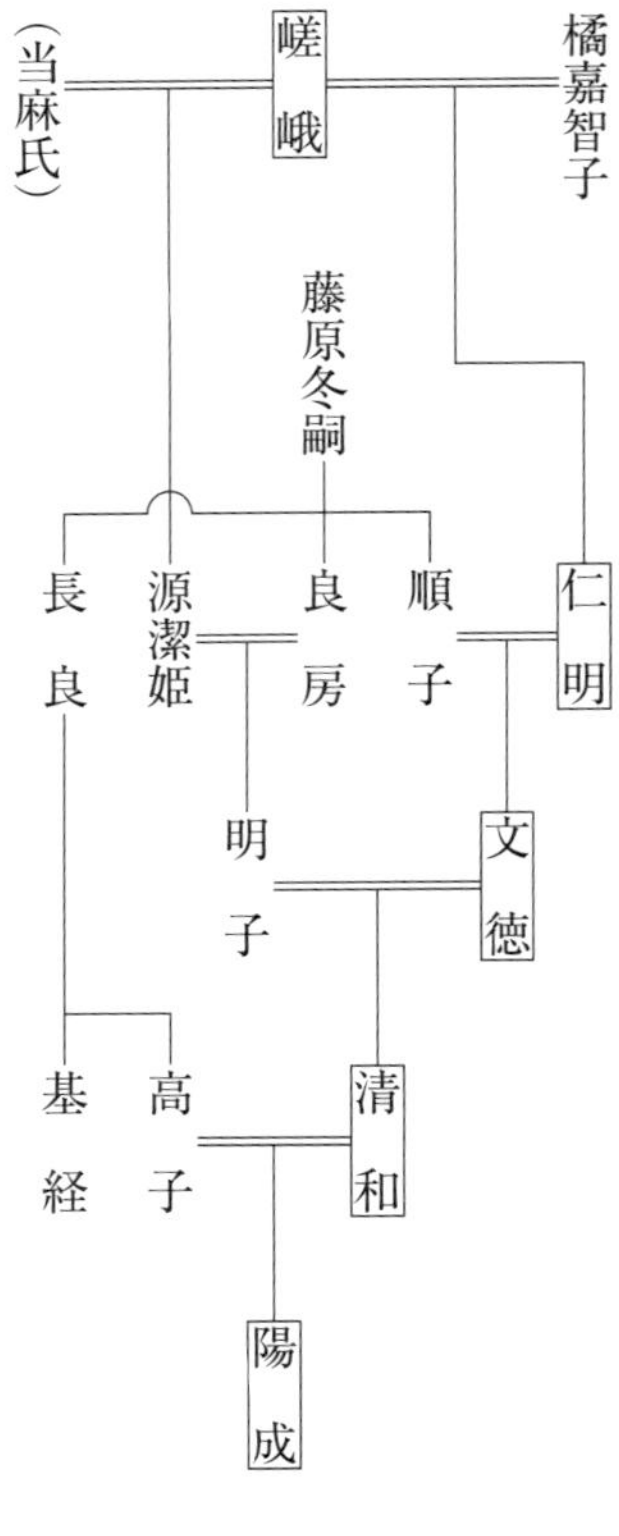

第10図

最後に、淳和について検討しよう。既に指摘したように、淳和は即位に伴い、十四年前に死去していた高志に皇后の称号を追贈した。この贈皇后の措置は、その遺子である恒世《つねよ》が皇嗣に定められたことと一体の関係にあった。淳和の皇太子には仁明が立てられたが、仁明に正式決定する以前に、一度は恒世の立太子を図ろうとする手続きがふまれており、恒世が皇嗣の地位にあることを確認できる。

しかるに、この恒世は八二六（天長三）年に死去したため、皇嗣を新たに決め直すことになった。ここで淳和は嵯峨皇女の正子《まさこ》を皇后に立てたが、正子には前年の八二五年に恒貞が生まれていた。新しく皇嗣となった恒貞は、仁明の即位とともに皇太子に立てられた。

以上のように、淳和にも独自の特徴が著しい。淳和・高志・恒世の関係は異母兄妹婚によって皇嗣を得る方式であり、これはいわゆる六世紀型の典型である。さらに正子との関係をみても、近親婚を志向し、皇女を皇后に立てるやり方が終始貫かれている。淳和は六世紀型にあくまでも執着し続けたのである。この点に淳和の特色があると認めたい。

e　もう一度、三者三様の特色をまとめよう。

平城　直系皇統（聖武）の権威の継受〔補注2〕
嵯峨　八世紀型（藤原氏との婚姻による皇統の形成）
淳和　六世紀型（皇女との婚姻による皇統の形成）

ここに得られた結果によって再認識できるように、皇統形成の原理は三種類存在する。光仁系皇統においてはそれらの三つすべてが出揃っており、しかも、この三人の兄弟はそれぞれ一つずつその原理を分けあって、各自の皇統をつくろうとしたのであった。

そこで、再び父の桓武に立ち戻ってみると、桓武自身の婚姻関係にこの三つの原理すべての淵源があることに気付く。以前に二つの方式の共存ということを指摘しておいたが、より正確にみれば、共存しているのは三つの方式であると訂正しなければならない。桓武にあっては、この三つの皇統形成原理が渾然融合化した状態にある。彼が一人でこの三つの原理すべてを取り込もうとすれば、そうなるのは当然であるが、そのことがまた桓武の段階的な、かつ、世代的な特色を示しているといえよう。皇統の権威を創造するために利用できるものはすべて利用する、というのが桓武の段階であろう。第一世代にふさわしいあり方ではなかろうか。

そして、第二世代、すなわち、三兄弟の世代になると、如上の三者三様の特色を示すことになる。彼らにおいて、皇統形成原理は分化を遂げ、いわば各々が純粋培養された。この現象にはそれなりの意味があったといえるであろう。三つの皇統にはそれぞれに自己主張があった。それが各々の皇統の存在理由であり、皇統の多系化を支える基礎的条件をなしている。

f　この第二世代の体制は、いわゆる承和の変（八四二年）によって崩壊する。この政変は第二世代の死とともに訪れた。平城・淳和は既に亡く、最後に残った嵯峨が死去してわずか二日後に事件は起きる。その六日後には恒貞の廃太子が布告され、引き続き文徳立太子の運びとなった。第三世代（仁明・恒貞）への交代とともに、光仁系皇統における直系の確定が達成されたのである。それでは、第二世代の体制はこの直系の成立とどのような関係にあったのであろうか。

問題はかかる第二世代の体制が何故に登場し、また、崩壊していったのか、という歴史上の位置付けである。この問題を解く鍵は、その登場と崩壊の連関性を考えることにあろう。直系はどのようにして成立したのかという問いは、同時に、桓武の段階において何故直系化が実現されなかったのか、という問いと表裏一体である。

この前後の段階的相違はどの点にあるかといえば、直系となった嵯峨系はその皇統形成の原理が一つの型に純化していること、これに対して、桓武に示される特徴は複数の原理が組み合わされた複合体であること、と捉えられる。この点に桓武段階の限界をみることができるのではなかろうか。この複合体としてのあり方は、桓武には可能であったとしても、後々の世代まで永続的に受け継ぐことはできない性質のものである。従って、それは安定性を欠く故に、直系を創出する能力をもつことができない。こうしてみると、直系の創出のために何が必要であるかがはっきりするであろう。複合体は解体されねばならない。皇統形成原理が一つひとつに分化されなければならない。その上で、どの原理が直系の創出にとって最も有効であるか、選択される必要があった。

第二世代の体制は、この諸原理の分化と競合と淘汰の過程を担っていたといえるのではなかろうか。この体制は各々の皇統形成原理を実態化した。それらの原理は単に抽象的な理念として理解されたのではない。誰もが現実の皇統の姿として、眼に見えるものとして、経験することができた。直系形成の原理について選択の合意がつくられるためには、時間と経験が必要であったが、それを提供したところに第二世代体制の意義がある。その合意の方向に見通しがつくまで、二つの皇統の平和共存体制は持続力を保ち続けた。

光仁系皇統の成立過程は、以上に論じた如く、かなり稀有ともいえるような珍しい様相を呈している。それはやはり時代の産物である。八世紀において皇統形成原理の多様化、直系原理の選択化という現象が生まれたことは、天皇制史上の、或いは、思想史上の一種の過渡期と位置付けることができよう。光仁系皇統の登場は、丁度この過渡期にぶつかるという廻り合わせになった。このため光仁系皇統には、この過渡期特有の特殊な課題が被せられることになる。それは多様化した諸原理の中から、一つを直系原理に確定するという課題である。光仁系皇統は過渡期を終らせることによって、はじめてみずからの直系を確立することができた。

次に、その直系成立への道を辿ってみよう。

三　弘仁元年の政変

a

弘仁元（八一〇）年の政変は一般に薬子《くすこ》の変と呼ばれる。平城の愛人、藤原薬子が事件の張本であるという見方が反映している。この政変については、「寵臣に擁せられた上皇（平城）の恣意的な朝政干渉を原因とする」(5)という如き解釈をはじめ、様々の見解がある。それぞれに首肯すべき論点もあり、また、疑問点も含まれるが、今はその検討を省きたい。それよりも、できうるならば、この政変を従来の諸見解とは異なる視点から捉えてみようと思う。如上の拙見に基づいて観察するとき、この政変のもつ別の側面がその姿を見せるのではないか。すなわち、この事件にとって、皇位継承問題はどの程度に規定的な要因となったのであろうか。

まず、何よりも注意されるのは、この政変の結果、皇太子高丘（平城男子）が廃され、代わって淳和が皇太弟に立ったという点である。高丘はその前年、平城の譲位と嵯峨の即位に伴って立太子したのであるが、この高丘の立太子こそが重大な問題を孕んでいたと考えられる。前節に推定した如く、桓武が平城・嵯峨・淳和の三人を皇位継承者に決めていたものであれば、そして、この桓武の遺志に従うのであれば、平城の譲位によって立太子すべきは、高丘ではなく、淳和でなければならない。政変の結果は、この順序の狂いが正されたことになろう。私はここに弘仁元年政変をめぐる最も主要な論点があると認めたい。

平城は在位わずか三年で譲位するが（八〇九年）、その目的は高丘の立太子にあったとみなされる。彼はわが子の立太子を実現し、淳和の皇位継承権を無視する態度を公然化した。平城は父桓武の皇位継承計画に反逆したのである。事態がそのまま無事平穏に納まるはずはない。何らかの波瀾は必至であるが、いずれにしても、平城・嵯峨・淳和の三極構造の中で、勝敗の帰趨は嵯峨の動向にかかっていた。

結局、平城は嵯峨と融和することができなかったが、それが平城の敗因であろう。平城は譲位の後も健在ぶりを示し、目立った動きを続けている。特に平城宮の造営とその還都計画をかなり強引に推進した。平城のかかる行動は異常にもみえるが、その意味するところは平城と嵯峨が対立的関係に入ったことの反映である、と解釈すべきであろう。類似の例として孝謙と淳仁の関係を挙げることができる。力量に差はあっても、行為の性格において、平城と孝謙には共通するものがある。歴史上、むしろ特殊の部類に属するが、この二人の事例は太上天皇と在位の天皇とが対立関係にある場合の行動様式として、認識することができるであろう。平城は譲位後も天皇としての実績をつくり続け、嵯峨の地位を低下させようとする方向でこの局面を乗り切ろうとした、と理解したい(6)。

こうして、嵯峨と淳和が連合を組み、平城は孤立に逐いやられる。貴族の大勢も平城から離反する。桓武の皇位継承計画は遵守されねばならぬものとして、貴族にも浸透していたのであろう。弘仁元年九月の政変は、苦境に陥った平城の自滅という様相をみせている。政変の結果、皇位継承問題の動揺は克服され、政情は表面的には安定化する。そして同時に、平城の皇統は命脈を断たれることになるが、これも直系の成立過程における淘汰の一現象にほかならなかった。

以上、弘仁元年政変の原因と経過について、その大枠を概観した。次に、少し詳しく論ずべき点を補足しておきたい。

b　この政変の結末をみるとき、二つの条件に思い当たる。一つは、淳和の皇位継承権がかなり有力なものであること、いま一つは、それに対して、平城の地位が長期的に低落化の傾向にあったことである。

淳和は皇位継承の順序として、最後の三番手であったが、兄弟継承の場合は、この最後に位置する者が最も重要視されることが多い(7)。しかも、淳和の妻となった高志は、桓武の「鍾愛」する女子であったと伝えられている(8)。この最愛の高志を与えたことは、淳和に対して桓武の大きな期待があったことを思わせる。

高志は加笄のあと三年にして早くも三品に叙され、その「鍾愛」ぶりを示したが、八〇九（大同四）年、二十一歳で死去したときには一品の最高位を贈られ、桓武の女子達の中でも一人抜きん出た待遇を受けた。このとき、夫の淳和はまだ立太子以前であったから、高志がいかに尊重される存在であったかを知ることができる。高志は母が皇后藤原乙牟漏であり、平城・嵯峨の同母妹であるという血筋のよさもあった。また淳和もその母は藤原百川の女子、旅子《たびこ》である。桓武が百川を即位の功臣とみなし、「宿恩」を感じていたことを思えば（一二六頁）、桓武の大きな期待が淳和にかけられたとしても不思議はない。桓武にとっては、淳和と高志の婚姻こそ、最も理想に近かったのではなかろうか。

高志が贈一品の待遇を受けた理由の一つは、八〇六（大同元）年、彼女に恒世が誕生していたことであろう。この恒世の存在は淳和の立場を決定的に強めたと考えられる。その後の経過に徴すると、例えば、嵯峨は淳和に譲位した際、皇太子に恒世を立てようとした。恒世はこれを固辞し、仁明の立太子に落ち着くが[9]、この儀礼的な手続きは、恒世の皇位継承権に敬意を払うという形を示したものと解することができる。ちなみに淳和の譲位に際しては、仁明の男子を皇太子に立てようとする動きは見られない。文徳よりも恒貞が二歳年長であったからともいえるが、やはり、恒世なればこそという印象を受ける。恒世の死後、淳和の後継者は恒貞に替わるが、恒貞にもこの権威は受け継がれている。仁明の宣命に「故《かれ》、是《ここ》を以《もち》て、正嗣と有るべき恒貞親王《つねさだのみこ》を皇太子《ひつぎのみこ》と定め賜ふ」とあるが、この「正嗣」の文言は常の冊命《さくめい》には存在しないものであり、異例である[10]。

このように、嵯峨系には淳和系を以て「正統《しょうとう》」のごとくみなす態度がまま窺われる。この時期の政治史の叙述は、通常、嵯峨が中心に置かれ、淳和はその陰に隠されるような傾向にあるが、しかし、淳和の立場こそ、もっと重要視されて然るべきであろう。淳和をかくの如く位置付けてみるとき、桓武の皇位継承計画の何が尊重されねばならなかったか、その事情に納得がゆくように思われる。

c　次に、平城について検討しよう。平城の立太子は七八五（延暦四）年、十二歳であった。その後、八〇六（大同元）年に即位するまで、実に二十一年間も皇太子の地位にあった。これ程長く皇太子の地位にあれば、直系としての立場を固めてもよさそうに思われる。しかし、実際にはそうならなかったばかりか、逆に、彼は直系を担うための条件を次第に失いつつあったのではないかと感じられる。

皇太子としての平城は、はじめはかなり順調な歩みをみせる。彼の妻に藤原帯子（百川女子）や異母妹の朝原・大宅等があったことは既に述べたが、この婚姻のあり方は父の桓武とそっくりである。桓武にみられた三つの皇統形成原理を合わせもつ複合体の特徴は、そのまま平城に受け継がれたようにみえる。もし、この歩みが確かに続き、その何れかの原理が実を結んでいたならば、平城は直系化の達成に成功していたかもしれない。

しかし、三つの原理はすべて実を結ばなかった。帯子・朝原・大宅のいずれにも所生子の存在は知られていない。平城は自己の皇嗣たるにふさわしい血統の男子を得ることができなかった。このことが彼の地位を低めた主要な理由であろう。彼の男子（阿《あ》保《ぼ》・高丘等）の母は葛《ふじ》井《い》氏や伊《い》勢《せ》氏という下流氏族の出身である。高丘は皇太子に立つも、「蹲居太子」と世間に噂されたと伝えられており、権威を認められなかったらしい(11)。その理由は母の血筋にあろう。

淳和（七九八年）、嵯峨（七九九年）の元服と、高志等三皇女の加笄（八〇一年）の頃には、淳和と嵯峨も皇位継承候補者に加えられるようになり、平城による皇位継承権の独占は崩れる。そして、八〇六年の恒世の誕生によって、平城と淳和の地位関係は、むしろ逆転するに至ったとみるべきであろう。恒世の誕生は二月であり、その翌三月に桓武が死去している。死期の迫った桓武が最愛の娘の出産の報せをどのような心境で聞いたか、おおよその察しはつくのではないか。

しかも、次の事実に注目したい。桓武の死から二カ月後、五月十八日に平城は即位する。この間、三箇度に及ぶ上啓、上奏があり、貴族によって即位と聴政が促されたが、それとは別に、五月一日に淳和が上表を行っている。その内容は、親王の待遇を辞し、賜姓されて臣籍に下ることを申請したものである。[12]平城はこれを不許可にした。勿論、この淳和の上表は初めから却下されることを予定したものであり、儀礼的な手続きにすぎないが、その手続きが一つの役割を果しているのであろう。親王を辞し、臣籍に下るということは、とりもなおさず、皇位継承権の喪失に繋がる。上表の意義はこの点にあったと判断できる。淳和はこの上表によって、みずからの皇位継承権を放棄する用意のあることを公けにしたわけである。

この時期は貴族の上啓、上奏が重ねられ、平城即位の環境づくりが進められていた。淳和の上表もその一環であったが、淳和の場合、その環境づくりへの参加の仕方が自己の皇位継承権の放棄という形をとったところに、淳和の占める地位がよく反映されているのではなかろうか。平城即位・嵯峨立太弟を円滑に実現するためには、淳和の譲歩が形に示されることを必要としたのであろう。このことは淳和の皇位継承権の重みを十分に証するものである。

平城の立場はかくの如く地盤沈下を余儀なくされていた。高丘の立太子は、かかる劣勢を一挙に挽回しようとする平城の勝負手であったろうが、しかし、貴族の支持は得られず、かえって墓穴を掘る結果となり、弘仁元年政変は平城の敗北に終わった。

四　直系の成立

a　弘仁元年政変の後、三十二年を経て、承和の変（八四二年）が起きる。この間、政治情況がどのような変動をみせたのか、まことに捉えがたい問題である。卑見は、弘仁元年政変の基軸が平城と淳和の対抗関係にあるのではないか、と想定してみた。皇位継承者としての淳和の地位を高く評価したわけである。この卑見の赴くところ、政変後の情勢は、まず、淳和が嵯峨よりも優位にあったはずであり、その関係が三十年余の時間を経過するなかで逆転するに至った、という見通しが一つの試案として立てられることになろうか。

勿論、優位とはいっても、比較的な程度のものであって、基本的には誰も決定的に優位する強さを獲得してはいないのであろう。淳和にしても弘仁元年政変を独力で乗り切ることができたとは思われず、嵯峨との連合が必須であった。その結果、将来に仁明の立太子を許容せざるをえないことになる。

ここで嵯峨系の立場について検討を加えよう。先に、嵯峨系には淳和系を以て「正統」のごとくみなす態度がまま窺われると述べたが、この点はさらに詳しく説明する必要がある。

b　そもそも桓武は嵯峨を最も「鍾愛」したと伝えられている。(13) しかし、婚姻関係の側面からみると、嵯峨は必ずしも恵まれた立場にはなかった。高津は即位に伴い妃に立てられたが、ほどなく廃され、その一子、業良は精神障害者であったらしく、[14] 皇嗣となりうる人材ではなかった。

嵯峨が橘嘉智子を皇后に立てたのは、即位後七年を経た時点である。当時の他の例よりもこの立后はかなり遅いが、[15] それはその立てられた女性が橘氏であり、藤原氏ではなかったということに一つの原因があろう。その所生子、仁明（八一〇年出生）を皇嗣とする決定がこのときまで延ばされていたわけである。立后と皇嗣の確定とは連動した。嵯峨としても最も望ましい皇嗣は藤原氏の所生子であろうから、そこに躊躇の念も生じたのであろう。嵯峨の妻の中、藤原氏は二人（緒夏、産子）知られるが、ともに所生子の存在は伝えられていない。

このように、嵯峨が仁明を皇嗣にせざるをえなかったという点を見れば、恒世を皇嗣とする淳和に較べて、見劣りのすることは確かである。出発点においては淳和が優位にあったと判断しても、全くの的外れでもないのではなかろうか。

c　そこで問題は、嵯峨や仁明が自己の立場を対外的にどのように表現していたかということにある。通常、仁明の子孫に皇位が継承されたことは、ごく当然のこととして受け取られているように思われる。事実、そのような結果になったので、あたかもそれが必然であるかのように思い込みやすい。しかし、そこに微妙な問題がある。嵯峨と仁明が皇位継承問題についていかなる態度を表明していたかということに、少し注意を向けてみよう。

第一に、先にも言及したが、仁明が恒貞を指して「正嗣」と述べた史料がある。それは恒貞立太子の宣命である。この「正嗣」の語を額面通りに解釈すれば、恒貞を直系の地位の担い手として、即ち、「正統」として認めたことになるのではなかろうか。この解釈が妥当するかどうかは、他の諸事実との連関によって確かめられなければならない。

第二に注目される点は、仁明が皇后を立てなかったという問題である。仁明は即位のとき、既に二十四歳に達していた。また、淳和皇后の正子は皇太后に昇ったので、皇后は欠員になった。即位に伴って立后の儀を行うのは、この当時の慣行である。『日本書紀』はそれが古来の仕来たりであるとする観念を広めたし、聖武の光明子立后に続き、光仁系皇統においても、歴代立后（又は贈后）を行う実績を積み重ねてきた。従って、仁明が遂に皇后を立てなかったということは、それまでの伝統にそぐわないことが明瞭である。となれば、その理由が問われなければならない。

仁明に候補者がなかったわけではない。かりに皇后の候補者を考えるとすれば、藤原順子（冬嗣女）が最も有力であろう。彼女の所生子文徳は、仁明即位のとき、七歳に成長していた。皇后にも皇嗣にも適格者がいないわけではないとなれば、仁明にはますます意図するところがあったとみなすべきことになろう。

つまり、皇后を立てることは皇嗣の確定に連動するものであるから、皇后を立てないという措置も、皇嗣との関係で一つの意味をもつはずである。仁明は立后を行わないことによって、自己の子孫を皇嗣に決めることを避けたい、という態度を明らかにしているのではなかろうか(16)。このように考えれば、恒貞との関係についても脈絡がつくであろう。仁明が「正嗣と有るべき恒貞親王」と述べるとき、恒貞は淳和の「正嗣」であるだけではなく、仁明の「正嗣」でもあったのではないか。(17) 仁明の皇嗣が恒貞であるとすれば、立后を行わないことの意味が十分に諒解できるのである。

第三に、以上の推定を裏付ける事実として、承和の変における文徳立太子の手続きに注目しよう。恒貞が皇太子を廃されて一週間後、貴族の上奏がなされた。その内容は、仁明に新しい皇太子の決定を要請したものである。これに対する仁明の回答は、立太子の必要は認めつつも、事は重大であり、しかも自分の男子には人材がないとして、貴族達にその選定を委ねた。これを受けて、再度貴族の上奏があり、彼らの総意として文徳を指名する。そこで仁明は文徳立太子の宣命を布告し、手続きは終了した。(18)

この文徳立太子のごとき例、すなわち、皇太子候補者が貴族の上奏によって指名されるというのは、きわめて珍しいやり方であり、他に類例はほとんど見出しがたい。(19) わずかに光仁の例を取り上げれば、孝謙の死期に際して、公卿の会議によって光仁が指名され、孝謙がこれに承認を与えたと伝えられている（本書一二二頁）。しかし、この場合、孝謙と光仁は親子関係でもなく、光仁の立場も中継ぎ役というべきものであり、また、光仁擁立が既定の方針となっていたわけでもなかった。これに対して、文徳の場合は、文徳は現天皇の男子であり、しかも、直系を担うべき立場にある。また、皇太子の人選が紛糾したような事態は全くなく、文徳の立太子はもはや確定していた。情況が全く正反対であるにもかかわらず、類似の手続きがとられたとすれば、それは何故であろうか。

通常の立太子の手続きにおいては、貴族による指名などということはおよそありえない。それは天皇の権威を侵害することにもなるからである。文徳の場合、何が通常と異なるのであろうか。まず、今見たごとく、文徳自身に理由があるとは思われない。また、承和の変という非常時であったから、という如き漠然とした説明だけでは、何とも釈然としないものが残る。この問題は仁明自身に理由を求めるべきであろう。すなわち、仁明の天皇としての性格に由来すると判断すべきではなかろうか。

要するところ、この手続きの眼目は、文徳立太子が仁明の意思によるものではないことを、形に表わそうとすることにある。つまり、仁明の意思としたのでは具合が悪いということなのであろう。この解釈と、先程の立后についての論点との間には、十分の脈絡がある。やはり、仁明は自己の子孫を皇嗣には望まないという態度を明らかにし、その姿勢を一貫して保ち続けていた、とみなすべきではなかろうか。この推定は、立太子の手続きからみても、支持できるように思われる。

文徳の立太子は、仁明の従前の建て前に矛盾することであった。その建て前を急に崩すこともできないとなれば、立太子の手続きはその建て前に添う以外にない。あくまでも仁明の意思ではないという形式が必要とされた。異例の建て前が異例の手続きを生み出すことになったといえるであろう。

d　以上に述べたことは、嵯峨系と淳和系との関係をめぐる一つの側面にすぎない。しかし、従来、見逃されてきた趣もあるように感じられるので、多少強調を加えてみた。嵯峨系がこの建て前論のみに終始していたわけでは勿論ない。嵯峨系もそれなりに独自の道を開拓し、己れの力を蓄えてきた。

嵯峨系と藤原冬嗣の家系との間に婚姻関係が結ばれるのは、八二〇年代に入ってからである。仁明は八二三年に立太子の後、元服を加えているから、順子（冬嗣女子）との婚姻はこのときか、或いはその直後であろう。

また、藤原良房と源潔姫との婚姻もほぼこの時期とみられる。二人の婚姻は良房の「弱冠の時」と伝えられており、[20]二十歳とすれば八二三年である。潔姫はこの年十四歳であるから、[21]この頃のこととみても妥当であろう。

ここに嵯峨系と冬嗣の家系との癒着が始まる。しかも、引き続いて、情況に大きな変化が生まれた。八二六年に恒世が死去したのである。これは淳和系にとって大きな打撃であった。それに対し、嵯峨系においては翌八二七年、仁明と順子の間に文徳が誕生する。この頃が淳和系と嵯峨系の位置関係に逆転の兆しのみえ始める転換点であろうか。

淳和はこの八二七年、正子を皇后に立て、恒貞を新しい皇嗣に決めた。恒貞は、淳和と嵯峨の双方の血統を承《う》け、血筋としては申し分がない。その恒貞がいかにして廃坊に追い込まれてゆくのか、私にはその過程をこれ以上具体化することはできない。ただ、八世紀型の皇統形成原理が六世紀型のそれを凌駕する結果になった、という現象を知るのみである。

注

（1）　血統上、最もすぐれた人物は氷上川継《ひがみのかわつぐ》（父塩焼、母不破）であるが、前章に述べた一貫した経過があり、また臣籍に置かれて皇位継承権を一応失っていることもあって、擁立されなかったのであろう。川継は、桓武即位の翌年、七八二（延暦元）年閏正月に謀反の罪を受け遠流に処された。母の不破も配流され、この母子は最後の命脈を断たれる。但し、このときの詔によると、不破はこれ以前に内親王に復していた（『続日本紀』延暦元年閏正月丁酉条）。

（2）桓武は三十七歳で立太子したが、不思議なことに、彼の妻子として知りうる者はすべて立太子以後に限られており、立太子以前の妻子の存否は一切わからない。彼の前半生は何とも謎めいている。

（3）桓武については「専制君主」という評価をしばしば見かけるが、何を根拠にこの語が使われるのか、卑見には理解できない。桓武以外にも何人かの天皇にこのような評価を見かけるが、いささか不用意な言葉の使い方であるような印象を受ける。

（4）『東大寺要録』巻十所引『日本後紀』逸文（天長六〈八二九〉年八月丁卯条、酒人内親王薨伝）は、桓武と酒人の関係を次のように伝えている。

性たるは倨傲にして、情操修まらず。天皇禁めず、その欲する所に任す。婬行弥よ増し、自制する能はず。

（5）『国史大辞典』第四巻「薬子の変」（目崎徳衛氏執筆、一九八四年、吉川弘文館）。

（6）『日本後紀』弘仁元年九月丁未条所載詔の解釈につき、この詔にある「二所朝庭」（ふたところのみかど）を政府のことと解し、政府が二つに分裂したと説く見解もあるが、この「朝庭」は、この場合、天皇個人を指すと解するべきで、〝二人の天皇〟（平城と嵯峨）の意味である。詔の解釈としては、二人の天皇の関係が悪化した、と言うに留まる。

（7）兄が直系として確定している場合は、本文のごとくには言えない。そうでない場合は、履中・反正・允恭の三兄弟、或いは、木梨軽・安康・雄略の三兄弟の例にみた通りである。弟の立太子と即位は兄の皇統を否定する効果をもつ。桓武と早良、白河と実仁などの例も、同じように考えられるであろう。

淳和の場合、元服を加えたのが嵯峨より一年早い（出生は同年）ことも参考になる。
（8）『日本紀略』大同四年五月壬子条（高志内親王薨伝）。
（9）『日本紀略』弘仁十四年四月壬寅条、同年五月辛巳条。
（10）『続日本後紀』天長十年二月丁亥条。同じく三月壬辰条にも「正嗣」とある。もっとも、淳和が仁明を立太子したときの冊命の文章が伝えられていないから、仁明は「正嗣」とされなかった、とまでは言えない。
（11）『続日本後紀』承和二年正月壬子条。なお、平城の男子は第一子阿保、第三子高丘と伝えられる。何故、阿保が立太子しなかったのかはわからない。
（12）『日本後紀』大同元年五月甲子朔条。
（13）『日本紀略』嵯峨即位前紀。
（14）『三代実録』貞観十年正月十一日条。
（15）即位から立后・贈后までの期間は、光仁一カ月、桓武二年、平城一カ月、淳和二カ月である。なお、第二章に述べたごとく（八八〜九〇頁）、嵯峨はこの橘氏立后に際して、聖武が特別企画として催した儀式を復興し、正式の立后儀に採用したと推定される。その嵯峨の意図するところにも注意を払いたい。
（16）この立論は、仁明の場合のみに限定される。仁明から以後、皇后を立てない慣行が生じ、醍醐が立后儀を復活するまで、六代にわたって皇后の制度は空白を続けた。しかし、文徳以下は単に仁明の例に倣ったまでであり、仁明におけるような意味はないと考えられる。
（17）『恒貞親王伝』（『続群書類従』巻百九十所収）に、恒貞はみずから「身は家嫡に非ず」と思い定め、再三、皇太子の辞退を上表したが許されず、遂に承和の変に至った、という趣旨が書かれている。しかし、この部分には後世の、すなわち、承和の変後、仁明系が直系の地位を確立した時代の見方が反映されていると判断する。『恒貞親王伝』については、第六章（本書二三九頁以下）を参照されたい。『恒貞親王伝』の史料的価値について、卑見はその記述が作者の実体験に基づくか否かを重視する。

(18)『続日本後紀』承和九年八月壬戌朔条、同月癸亥条、同月乙丑条。

(19)貴族の上奏にもとづく立太子の例に宇多と保明があるが、これらの上奏の内容は立太子の要請に留まり、指名はない。

(20)『文徳実録』斉衡三（八五六）年六月丙申条（源潔姫薨伝）。

(21)『新撰姓氏録』左京皇別上源朝臣条に、潔姫の弘仁六（八一五）年における年齢を六歳とする。

〔補注〕

(1)　光仁の皇位継承計画について、原版は慎重に判断を保留し、抑制的に記述しているが、より積極的に評価するのが妥当である。桓武が九年も皇太子を続け、長子平城が八歳になっていたにも拘らず、これを無視して早良を立太子させたことに、光仁の明確な主張を感じ取るべきである。光仁は桓武を傍系、早良を直系とし、早良の子孫に皇位を継承させようと意図し、早良を立太子させるために自ら譲位したとみなして差支えない。かく捉えることによって、桓武が早良に対し激しい憎悪の念を燃やした理由も理解できよう。しかるに光仁は譲位したその年末に早くも死去し、早良の即位を実現することができなかった。桓武は父の支配から解放され、父の遺志に反抗して早良を抹殺することになる。

(2)　第一章補注(2)（六五頁）に言う「女系による直系の血統の継承」と内容は等しい。

第五　幼帝と摂政

一　幼帝の登場

a　仁明以後、直系は文徳、清和、陽成と継承される。この間の二、三の問題にふれておきたい。この直系について、最も注目される現象は、史上初めて幼年の天皇が登場したことであろう。文徳は八五八（天安二）年に三十二歳で死去したが、このとき皇太子の清和はまだ九歳にすぎず、元服にも間があった。しかるに、清和は即日に践祚し、幼帝の濫觴《らんしょう》となったのである。古来、この事実については様々の評価が下されてきた。各々の論者がその天皇観を語るに際して、必ず言及すべき材料とされている。しかし、この現象を具体的な情況から切り離して論じてみても、客観的な評価とはならないであろう。まずは、何故に幼年の即位となったのか、その経過の事実関係を少しでも確定することが必要であろう。

b　清和の即位は、文徳の遺志に適うとみなしてさしつかえなかろう。文徳の死から清和の即位まで、きわめて手順よく進行しており、何らの混乱も認めることはできない。おそらく文徳は生前にかかる事態を予想し、様々にその対策を思案した末に、幼年の即位もやむなしとする決定に至ったものと考えられる。そうみなすべき幾つかの徴証がある。

文徳の死去から二日後、『三代実録』天安二年八月二十九日条に次の記事がある。

皇太子（清和）と皇大夫人（藤原順子）と同輿し、東宮に遷御す。儀は行幸に同じくす。但し警蹕せず。是より先に、廿七日、皇大夫人を東五条宮に迎へ奉る。幼冲の太子を擁護せしめんと欲するなり。

ここに「皇大夫人」とあるのは藤原順子（第10図。文徳生母、清和の祖母）である。順子は既に八五四（斉衡元）年に皇太后に昇っていたから、ここに「皇大夫人」とあるのは不審であるが、他の史料とつき合わせれば、順子に相違ないことがわかる。[1]

順子は文徳の歿したその日に東五条宮より冷然院に赴き、二日後に清和ともども東宮に移った。彼女はこの後翌年四月まで、東宮において清和と同居している。それは「幼冲の太子」を「擁護」するためであったといわれているのであるが、その内容はどのようなことであろうか。順子は幼帝の出現という事態の中で、何らかの役割を果しているのではないかと予想されよう。これに関連して次の史料がある。降って八七六（貞観十八）年、藤原基経の辞摂政表（第二度）である。[2]

臣（基経）謹みて前記を検ずるに、太上天皇の在世に、未だ臣下の摂政を聞かず。幼主即位の時、或いは太后の臨朝有り。陛下（清和）若しくは社稷を宝重し、幼主（陽成）を憂ひ思《おもほ》しめすか。臣願はくは、公政の視聴を驚かすべくば、将に勅を陛下に聞かむ。庶事の施行を妨ぐること無くば、また令を皇母に請はむ。

（下略）

このとき清和は九歳の陽成に譲位し、基経を摂政に任じて、幼帝を補佐せしめた。そこで基経の辞表提出となったが、これはその第二度のものである。常の辞表に似ず、ここには具体的な提言が盛り込まれている。太上天皇の在世時にあって、摂政は置かれるべきではないとし、陽成の幼年の間は上皇清和と「皇母」藤原高子《たかきこ》の両親が政事を後見してはどうか、というのが基経の提案である。この提案自体にどれ程の真剣味があるかは疑わしいが、その根拠として、「幼主即位の時」に「太后の臨朝」の例があることを指摘している点に注目したい。これには中国の故事先例も念頭に置かれたであろうが、当の清和の事例が外されるとは思われない。その場合、「太后」を明子《あきらけいこ》と限らず、ときの皇太后順子も「太后」に当てはまるとすれば、この抗表は、順子が幼帝清和の即位に伴い政事を後見した、という理解を示しているとみなすことができる。『三代実録』の「擁護」という表現にこの「臨朝」の語を重ね合わせたとしても、あながち不当ともいえないのではなかろうか。

但し、順子の果した役割を過大に評価することのないよう、慎しむことも必要であろう。『三代実録』による限り、彼女の「臨朝」の実態については、ほとんど何も具体的に知ることはできない。しかも、八カ月ほどで東宮を退出し、清和と別居している。「臨朝」が行われたとしても、短期間の、かつ、多分に形式的、名目的な性格のものであったように思われる。

c　ところで、この順子の役割から容易に連想しうるのは、持統や元明等の女帝の存在であろう。持統は文武の祖母、元明は聖武の祖母であり、順子と同じ立場にあった。これらの例にみられるように、直系を担う人物がまだ幼年の場合、中継ぎに女帝を立てて成人を待つのが天皇制の伝統であったわけである。この清和の場合も、もし女帝が立てられたならば、幼帝の即位は避けられたのである。では、何故このとき女帝は再現しなかったのであろうか。

女帝は既に過去の遺物と化し、問題にもされなかったのであろうか。おそらくそうではあるまい。孝謙の死去以来、九十年近く女帝の登場する場面はなかったが、女帝の伝統そのものが忘れられたはずはない。久々に訪れたこの機会に、女帝案は、当然ながら、真先に考慮されたであろう。しかし、それにもかかわらず、それが実現しなかったのは、要するところ、女帝にふさわしい候補者が存在しなかったためではなかろうか。

この問題を考えると、女帝の資格がきわめて限定されたものであることにあらためて気付かされよう。女帝は勿論皇女でなければならないが、皇女であれば誰でもよいというものではない。実例から帰納すれば、女帝候補者の資格は直系の天皇（或いは皇嗣）の生母か、又は同母姉妹である、ということができる。推古、斉明、持統、元明は生母の例であり、元正と孝謙は同母姉の例である。女帝という存在の本質が直系主義にあることは、このような特徴にも明白である。

従って、文徳から清和への皇位継承においても、その中継ぎのために女帝を立てるとすれば、それは仁明・文徳・清和の生母か、或いは彼らの同母姉妹でなければならない。まず、生母についてみると、この嵯峨系皇統は八世紀型であるため、彼らの生母はいずれも皇女ではない。生母が女帝となるのは六世紀型の場合にのみ可能なのであった。

次に、同母姉妹についてみると、まず、仁明の同母姉妹は五人あったが、このとき生存していたのは正子ひとりである。しかるに、正子は廃太子恒貞の生母であり、仁明系皇統とは対立関係にあったから、女帝の候補者にはなりえない。次の文徳には同母姉妹が存在しない。さらに、清和の同母妹の儀子は幼年であるから、(3)清和に替わるべき意味がない。

このように点検してみると、女帝を立てようにも、その候補者としての資格を具えた人物は見つからないことがわかる。女帝が再現しなかったのは、かくのごとき偶然的、かつ消極的な理由によるのではなかろうか。女帝の伝統そのものは確かにまだ生命力を保っていた。皇太后順子の「臨朝」はその代役であろう。それは女帝に替わるせめてもの措置であったように思われる。

しかしながら、このとき幼帝が出現したことは、女帝の伝統を終焉に導く結果となった。一旦、幼帝の登場を経験してしまえば、その新儀は立派に未来の先例と認められるようになる。幼年の即位を憚る心理は急速に消滅していった。そうなれば、もはや女帝の存在理由は失われる。清和の即位によって、女帝の時代はその幕を降ろすこととなった。

二　惟喬擁立案の意味

a　清和の即位をめぐって、もう一つの問題を取り上げよう。世に流布された説によれば、文徳から清和への皇位継承は決してごく当然といえるものではなかったという。文徳は、実のところ、長子惟喬《これたか》

（生母は紀名虎女子）を皇位継承者に望んだのであったが、清和の外戚である藤原良房の権勢には抗しきれず、文徳はその望みを断念せざるをえなかった、天皇と貴族との確執のはてに天皇はその意思を貫くことができなかった、といわれる。

このような粗筋の話は、古来人口に膾炙されてきた。よく知られているのは『江談抄』や『大鏡』、『平家物語』に収録された説話であるが、さらに遡れば、既に十一世紀初頭には形を成していたらしい。例えば、藤原行成の日記は、文徳には惟喬を以て「皇統を嗣がしめんとの志」があったと記している(4)。この文言を額面通りに受け取れば、その意味するところ、直系は惟喬が担うことになろう。惟喬と清和とは互いに相容れない立場にあったことになる。『江談抄』以下の説話はこのような認識を基本線とし、その延長上に惟喬と清和との激しい皇位争いの話として成長を遂げていった。

この説話に接すれば、誰しもある種の心証を得ることができよう。印象的なのは天皇の意思が挫折するという点である。しかも、事は皇位継承問題である。かかる事態は天皇の権威の失墜といえるではないか、と解されることにもなろう。事実、この説話はかかる作用を及ぼすことによって、平安時代史や天皇制の研究にかなり根深い影響を与えてきたと思われる。

従来、平安時代政治史の叙述には、一つの決まった枠組みが用いられる傾向にあった。それは、平安時代に入って天皇の力が弱体化し、藤原氏の「専権」(5)が確立することになった、という類の見方である。この説話はこのような見方にとって、まさに好個の素材である。そもそも幼帝の登場という事象は、ともすれば、何かしら天皇の値打ちを下げたかのような感じを与えやすい。しかも、清和の即位は文徳の意思に反することであったという理解がこれに加われば、幼帝に関する評価はもはや固定化されよう。良房は幼帝をつくり出すことによって天皇を傀儡化した、ということになろう。かくして、平安時代においても、その政治史の基調に据えられるのは〝藤原氏の権力闘争〟史観である。政治史の叙述はもっぱら藤原氏の覇権への道として綴られることになる。

以上の通説については、次のような欠陥を指摘できるであろう。天皇は皇位継承問題に関して、他からの掣肘を全く受けることなく、自己の意思のみで決定することができたとみなすとすれば、それは甚だしい誤解である。やはり基本的には天皇と貴族との合意がなければならない。いかに天皇の意思とはいえ、それが貴族の合意を得ることのできないような無理なものであれば、実現が不可能となるのも当然である。そうなったからといって、天皇のあり方に変化が生まれた証拠と簡単に判断できるものではない。この事件を客観的にみれば、清和が直系を担うことが妥当であって、これをさしおいて惟喬を直系の地位に就けようとするのは、きわめて無理といわざるをえないであろう。文徳がもしそのような意図をもったとすれば、それは文徳の不徳を示す以外のものではない。その意思が妨げられたのは当り前といえようか。

この問題は以上のように論評することも可能であろう。しかし、私はここでさらに一歩を進め、この説話自体の再検討を試みたいと考える。それはこの説話のごときことであれば、文徳の考え方はあまりに非現実的であり、また、およそ天皇らしさに欠けることになり、それがこの説話に対する不審の念を呼ぶからである。はたしてその事実認識について、この説話に修正を加える余地はないのであろうか。

また、天皇制の固有の論理の働きを見出すことはできないのであろうか。

b　この事件に関する最も古く、最も基礎的な史料を読み直すことにしたい。それは次の『大鏡裏書』に引用された『吏部王記』（『重明親王日記』）逸文である。(6)

承平元年(九三一)九月四日、夕べに参議実頼(藤原)朝臣来たるなり。談じて古事に及ぶ。陳べて云はく、(イ)「文徳天皇最も惟喬《これたか》親王を愛す。時に太子(清和)は幼冲、帝(文徳)先づ暫く惟喬親王を立て、而して太子長壮の時、還りて洪基を継がしめむと欲す。(ロ)その時、先太政大臣(藤原良房)、太子の祖父と作《な》りて朝の重臣たり。帝憚りて未だ発《あらわ》さず。太政大臣これを憂ひ、太子をして辞譲せしめむと欲す。この時、藤原三仁天文を善くす。大臣を諫めて曰く、『懸象変事無し。必ず遂げざらむ』と。(ハ)爰に帝、信《まこと》(源)大臣を召す。清談良《や》や久し。乃ち命ずるに惟喬親王を立つるの趣を以てす。信大臣奏して云はく、『太子若し罪有らば、須らく廃《はい》［黜《ちゅつ》］すべし。更に還し立てざれ。若し罪無くば、亦他人を立つべからず。臣敢て詔を奉《うけたまわ》らず』と。帝甚だ悦ばず。事遂に変無し。幾ばくも無くして帝崩じ、太子位を続《つ》ぐ」と。

この記録は、藤原行成の日記よりさらに八十年程遡る。文徳の歿年から数えれば、七十年余りも隔たっているが、それでも事実関係の手懸りはこの記事に求めるほかはない。

目崎徳衛氏はこの史料を解釈され、文徳の意図は皇太子の交替にあったとみなされている。すなわち、死期を間近にした文徳は、清和を皇太子から降ろし、代わって惟喬を皇太子に立てようとしたといわれる。(7)この氏説はおそらく最も広く認められた解釈といえるであろう。史料の(ハ)の部分の源信《まこと》の発言において、皇太子を廃すべきかどうかが論じられていること、また(ロ)の部分に、良房が皇太子に「辞譲」をすすめようとしたとあること等、これらの記述を一見すれば、確かに皇太子の廃立をめぐる紛争が語られているかのようにも受け取れるであろう。

しかし、この解釈はもう一つの大切な箇所を読み落としているのではないかと私は思う。それは(イ)の部分である。文徳の意図、すなわち、(ハ)に云う「惟喬親王を立つるの趣」の内容を具体的に解説するのが(イ)である。(イ)こそが史料解釈の要めといえるのではなかろうか。

(イ)の内容にはきわめて興味をそそられるものがある。皇太子の清和はまだ幼年であった。そこで文徳は次のような皇位継承計画を立案したという。第一段階として、「先づ暫く」惟喬を立てる。次に第二段階として、清和が「長壮」に達したとき、清和に「洪基を継がしめ」る。つまり、文徳案によれば、惟喬も清和も両方ともに即位するのである。しかも、惟喬の在位は、清和が「長壮」に達するまでという期限が付けられている。「長壮の時」とは元服を一応の目安にする意味であろうから、清和が成人に達したとき、惟喬から清和へと譲位がなされることになろう。

文徳案の中味がこのようなものであるとすれば、惟喬と清和との天皇としての性格は、各々どのように捉えられることになろうか。両者の位置付けには明らかな差異がある。惟喬については「暫く」「立て」るとし、清和については「洪基を継がしめ」るという、この表現の使い分けに注目したい。すなわち、皇統をつくり、直系を担う役割は清和に与えられる。それに対し、惟喬は中継ぎの役割であろう。文徳の意図は、惟喬を一代限りの中継ぎ役の天皇として擁立することにあった、と解釈できるのである。

ちなみに惟喬が元服を加えたのは文徳の死去の前年であった。

以上のような解釈に立てば、通説のごとき皇太子の交替、廃立という事態はおよそ現実には起こりえないことになろう。清和が皇太子の地位から降りねばならない理由は何もない。惟喬天皇のもとで、清和はそのまま皇太子の地位に留まればよいのであって、それで何ら不都合はなかろう。

そこで問題は、以上の見通しが史料解釈上の障碍に遭わないのかどうかという点にある。はたしてこの『吏部王記』逸文の全体にわたって、如上の卑見を擁護し続けることができるであろうか。

c　まず第一に、惟喬の側からみよう。惟喬の立太子ということを確かに述べているような箇所があるならば、卑見は直ちに御破算になる。これについて点検すると、関係箇所はすべて、惟喬を単に「立」つとあるのみで、何れの地位に「立」てるのかは書かれていない。つまり、この記録のどこにも惟喬を皇太子に立てるとは明記されていない。天皇に立てるという解釈で、十分に筋は通っている。

第二に、清和についてはどうか。これは(ロ)と(ハ)の二つに分けて検討されねばならない。

まず、(ロ)の解釈から考えよう。良房は「太子をして辞譲せしめ」ようとしたとあるが、皇太子清和が一体何を「辞譲」するのか、という点が問題である。それを皇太子の地位とみなせば通説であるが、いまこれを否定してみよう。卑見によれば、清和が「辞譲」するものは皇位ということになる。惟喬擁立案を受容して、惟喬に皇位を譲るのである。本来は清和の即位が当然であるから、「辞譲」という言い方もふさわしいであろう。清和自身は皇太子に留まるということについても、(ロ)の内容との間に齟齬はない。但し、(ロ)にいうところによれば、良房は結局、惟喬擁立案に同意しなかったのであった。

次に、(ハ)の解釈に移ろう。卑見に基づけば、源信の発言の趣旨はどのように理解できるであろうか(8)。確かに信は清和か惟喬かという、二者択一を論じている。そこで、それが即、文徳の発案であろうとみなせば通説となる。しかし、視点を卑見に置き換えた場合はどうか。二者択一の論は信の独自の意見であると解されることになろう。文徳が提起したのは二者両立案であった。故に、信の二者択一の論は、それ自体、文徳案に対する反対意見であることになる。

一見すると、信の発言は文徳案と嚙み合ってはいないかのようにみえる。しかし、それは信の発言の中でも前半部分の、「太子若し罪有らば、須らく廃黜すべし」云々の台詞に気を取られ過ぎるためであろう。信の主張の眼目は、この台詞ではなく、むしろその後の「若し罪無くば、亦他人を立つべからず」の一句にこそあるとみるべきであろう。清和以外に天皇をつくってはならないという主張である。ここに信の文徳案に対する態度が明らかにされている。

信の発言は、その後半部分において文徳案との接点をもっていることになる。それでは前半部分にはどのような意味合いがあることになろうか。普通にはまず前半に反対意見としての理由が述べられているかとも予想されるが、この場合は別の見方が必要であろう。つまり、この前半の台詞は、文徳にその提案の撤回を迫ったものとみるべきである。

いっそのこと清和を廃してはどうか、と信は切り出した。惟喬の擁立を図ろうとするのは清和に何か罪があるからなのであろう、というわけである。勿論、文徳に清和を廃する考えなどあるはずもない。

それを見透かしているから、強硬な態度がとれるのである。信の発言は、諄々と理由を述べて文徳を説得しようとするものではない。脅迫めいた台詞によって、相手の意表を衝こうとするやり方である。信は頭から文徳案を潰そうと狙っている。そのためにいきなり二者択一の論をぶつけたのであった。(八)の筋立てを以上のごとく捉えてみたい。

この記録を微細にわたって検討したところではたしてどこまで有効か、問題ではあるが、以上によって、史料解釈としては一応の筋を通しえたように思われる。以下、卑見にそってこの事件を論評しておきたい。

d　文徳の立案は、皇位継承の慣行を十分に踏まえたものであったといえるであろう。清和を幼年のうちに即位させることは前例がないだけに、躊躇されるのが当然である。この懸念は女帝を立てることができれば最も無難に解決されたはずであるが、既に述べたごとく、女帝の資格を具えた候補者は存在しなかった。

女帝案が行き詰まれば、次に、女性に替えて、男性を中継ぎ役に充てる案が登場することになろう。この手順は理に適っている。傍系の即位は遠い過去の話として終わっていたのではない。八世紀においても、道鏡や光仁に傍系の性格を認めえたことは、先述の通りである。文徳の提案はこのようにきわめて伝統主義的である。その動機も方法も、その意味でまことに理解しやすい。しかも、文徳にとって惟喬は「最も」「愛す」る子であったとすれば、(9)実際に文徳がこのような皇位継承案を立てることは大いにありうるように思われる。

それでは、文徳と源信との対立はどのように評価されるべきであろうか。通説のごとき、信は良房の権勢に追従した、という類の見方には飽き足りないものを感じる。少し視点を変えてみよう。

両者の対立は一見深刻そうにみえる。しかし、実質的に両者の考え方にさほどの違いはない。二人の向いている方向は同じであり、基本的に両者とも清和を直系とする点において一致している。その上で、幼年の即位を避けるべきかどうかという問題が生じた。文徳は伝統に則り、惟喬中継ぎ案を立てたが、この提案の評価に関して、両者の意見が分かれたわけである。

文徳はこれで十分に清和の直系としての地位は守られると考えたのであろう。それに対し、信は強い危惧の念を抱いたと思われる。惟喬を天皇に立てた場合、清和の地位は将来にわたってはたして保障されるであろうか。その保障となるはずの中継ぎ役の天皇のために、清和の地位が脅かされるような危険性もあるのではないか。こうした不安も杞憂とばかりはいえないであろう。皇位継承に混乱を生む火種を残さないことが肝心であり、そのためには清和以外に天皇をつくるべきではない、というのが信の主張であろうと思われる。その結果、幼年の即位となることもやむをえないという意見であろう。文徳の方が楽観的で、むしろ、信の方が直系を維持することの困難を認識していたといえる。承和の変を具さに体験した者ゆえの見識であろうか。

このように両者の考え方の根差す土壌は、ともに同じく直系主義の価値観である。幼帝はその直系主義をより強硬に唱える意見によって生まれたのであった。かくみれば、次のような判断も許されるであろう。幼帝の出現は天皇制の固有の論理からいささかも逸脱するものではなかった、と。

過去をふりかえれば、未成年の者が直系を継ぐべき立場に置かれるということは、古くから繰り返されたことである。その場合に、六世紀には傍系の男帝を立てた。次に、七世紀から、女帝を立てる方法が採られた。この変化は傍系を排除する点において、直系主義の理念を強化したものと評価することができる。そして、幼帝の出現はさらに傍系の排除を徹底させた。この九世紀に至るまでの過程に、直系主義の理念は一貫して強まりをみせる傾向にあると認められるであろう。おそらくこの傾向性はこの後にも続くであろう。先走って言えば、その到達点に所謂「院政」があるのではないか、と私は考えている。これを以て結論としたい。

三　摂政制の成立

a　次に、考察すべき問題は摂政制である。これまで述べきたった卑見の赴くところ、天皇制の論理なるものに固執する立場からみれば、摂政制成立の意義はどのように捉えられるであろうか。この事象こそ〝藤原氏の権力闘争〟史観を生み続けてきた源泉である。この史観の支配に異議を申し立てるからには、この論点についても卑見なりの筋を通さなければならない。
摂政制に関する従前の議論を省みると、幾つかの納得しかねる点がある。
(一)　摂政制を成立せしめた動因は何か。これについて、専ら良房・基経の権力志向という説明が主流をなしていること。

(二) 天皇制と摂政制の関係について、この両者があたかも対立的関係にあるかのごとき発想がみられること。

(三) 藤原道長の時代（十一世紀初頭）に至る政治史が、専ら摂政・関白の地位の争奪戦を主題に叙述される傾向にあること。

差し当たってこの三点を抑えておこう。その上で、摂政制成立の意義について、多少の考察を加えてみたい。

b　まずはじめに、摂政制の成立経過について、その事実関係を一通り辿ってみよう。既に多数の論者によって多様な見解が出されており、とてもその研究史を網羅的に整理、紹介するゆとりはない。卑見の結論のみを提示するにとどめ、考察の範囲は藤原良房と基経の時期のみに限定する。

(1) 九世紀に限れば、用語は「摂政」と「摂政制」のみで十分である。「関白」の語を用いる必要はない。摂政と関白との分離がはかられるようになるのは、通説のごとく、十世紀に入って朱雀と藤原忠《ただ》平《ひら》のときである。九世紀においてはそうした分離の意識も実態も存在しない。

(2) 幼帝清和の即位（八五八年）に際し、良房が摂政に任じられたとの説が古来よりある。しかし、この説には史料上の確かな根拠はない。『三代実録』等の基本的史料には、全くそのような記事は見出されない。この説は『公卿補任』等の後世の文献にみられるが、『公卿補任』の良房・基経任摂政関係記事は全体に著しく信憑性を欠くものであり、[10]依拠することはできない。

この説が生まれた原因は、おそらく、清和譲位詔（八七六〈貞観十八〉年）の誤読にあるのではなかろうか。このとき、清和は基経を幼帝陽成の摂政に任じるが、この詔の一節に次のようにある。[11]

右大臣藤原朝臣（基経）は、内外の政《まつりごと》を取り持ちて勤め仕へ奉《まつ》ること、夙夜懈《あさよるおこた》らず。又、皇太子《ひつぎのみこ》（陽成）の舅氏《しゅうと》なり。その情操《こころばせ》を見るに、幼主（陽成）を寄託すべし。然れば則ち、少主の未だ万機を親《みずか》らせざるの間は、政《まつりごと》を摂《と》りて事を行はむこと、近く忠仁公（良房）の朕《わ》が身を保佐《ほさ》せるが如く、相扶《たす》け仕へ奉《まつ》るべし。

この「近く忠仁公の朕が身を保佐せるが如く」の文言を見て、清和の即位のときも良房は摂政に任じられたに違いない、とする解釈が生じたのではないかと想像される。勿論、この詔にはそのような具体的なことは何も述べられてはいないから、正しい解釈とはいえない。〔補注1〕この説は採用されるべきではないと判断する。

(3)　良房が摂政の任に就いたとされる確かな史料は『三代実録』貞観八（八六六）年八月十九日条である。このとき清和は既に二年半前に元服を加え、成人していた。[12]摂政の制が生まれた理由を特殊に幼帝の出現に結びつけて説明しようとする通念があるとすれば、それは白紙に戻されなければならない。

(4)　良房に関して注目されるのは、八五七（天安元）年二月の太政大臣就任である。[13]太政大臣は職員令に「一人に師範たり」と規定され、天皇（「一人」）の教導を任務とした。久しく任命されることのなかったこの官に、何故このとき良房が任じられたのか。文徳と良房の関係については後述するとして、いまはその翌年に文徳が死去し、幼帝清和の登場となることとの関連を見なければならない。太政大臣の任務に照らせば、それはまさに幼帝を補佐する者に相応しい官であるといえよう。文徳が自身の死後の体制づくりに思案を廻らしたことは、前節にも見た通りである。幼帝の即位も予想される中で、良房の太政大臣就任は、その事態に備えようとする意味も兼ねていたのではなかろうか。良房は太政大臣として幼帝清和を補佐したと考える。それで万全とみなされたのであれば、ことさらに摂政案が持ち出される必要はなかった。

(5)　八六六（貞観八）年に何故良房は摂政に任じられたのであろうか。良房はその二年前、八六四（貞観六）年の冬から大病を患い、禁中の直廬を退いて私邸にあり、そのため政務から離れる状態が続いていたらしい(14)。しかるに、この頃、貴族首脳部の対立抗争が激化し、この八六六年の春頃から深刻な様相を呈するようになる(15)。そこで良房が再び政界に復帰し、強い指導力を発揮して、事態の収拾をはかることが必要になった。良房の摂政就任はこのためのものであったと考えられる。

良房の抗表は、その与えられた任務について、「更に機務に預る」、「重ねて機密を掌る」、と表現している。この「機務」「機密」の語は、実際の用例からみると、政事の意味とさほどの違いもないようであり(16)、特に「摂政」なるが故と言えるような、特殊な任務を窺い知ることはできない。大臣として政務に携わる、という解釈の域に留まるように思われる。また、この抗表に対する勅答も、次のごとく、非常事態を解決するための措置であることを明らかにしている。

勅して曰く、廼《すなわ》ち災異荐《しき》りに臻《いた》り、内外騒然たり。須らく公の助理を頼み、且《かつ》つ謐《が》静を得べし。

事態はその一カ月後の九月に一応の解決をみた。いわゆる応天門の変である。このように、良房の摂政は臨時的な性格のもののようにみえるが、その任がいつまで継続したかを確認することはできない。その後、良房は歿年に至るまで出仕を続けたが、摂政に関する記事は全く見出されない。(17)

(6)　史料上、「摂政」の語が役職の名辞として使用されたことを確認できるのは、基経の事例である。(18)八七六（貞観十八）年、清和譲位詔において基経は幼帝陽成の摂政に任じられたが、これは幼帝摂政の確かな初例であるとともに、摂政の制度化もここに明確になったとみなすことができる。

(7)　この幼帝陽成の即位に際し、何故摂政制が成立したのであろうか。清和が自己の前例を用いるとすれば、基経は太政大臣に任命されて然るべきはずである。しかし、この前例が適用されなかったのは次の理由によるであろう。当時、基経は右大臣で四十一歳であるのに対し、上席の左大臣には源融《とおる》がおり、五十五歳で、基経より十四歳も年長であった。この時点で基経が太政大臣に昇進するためには、融を跳び越さねばならず、年齢からみても無理があろう。そこで清和譲位詔は次の二つの措置をとった。(19)

(i)　右大臣基経を摂政に任命する。

(ii)　左大臣融を〝休職〟の扱いとする。(20)

まことに変則的なやり方であるが、左大臣を差しおいて右大臣に特別待遇を与えるための、苦肉の策といえようか。幼帝を補佐する体制は何らかの形で必要であるから、摂政の職にその役割を付与したのである。これによって、摂政は役職としての自立化が促されることになった。

基経は四年間摂政の実績を積み、八八〇（元慶四）年に太政大臣に任じられる。それは上皇清和の死去の当日であり、清和の意思にもとづくという形をとっていた[21]。清和もまた太政大臣を任命することによって、死後の体制を万全なものにしようとしたのである。この経緯をみても、太政大臣こそ天皇を補佐する者に相応しい官職である、とみなされていたことが知られるであろう。それはこの任太政大臣詔にも語られている。

(8) 陽成は八八二（元慶六）年に元服を加え、成人する。それに伴い、基経は摂政の辞表を提出した[22]。しかし、その後、陽成の退位に至る突発事件が生じたため、基経の辞表は宙に浮いたまま、その職は陽成の在位中、存続する結果になったとみられる。そして陽成の退位とともに、摂政の職は自動的に停止された。

(9) 基経はこの後も、光孝と宇多の二代にわたって摂政に任じられる。基経はこれらの天皇と外戚関係にはなかったが、功臣として摂政に任じられた。摂政は外戚関係になくとも設置しうるものとなった。また、幼帝に限られないのは従前の通りである。

(10) 但し、光孝の事例について付言したい。『三代実録』元慶八（八八四）年六月五日条所載宣命を以て、これを太政大臣の職掌を定めたものと解釈する論者もいるが、それは誤りであり、任摂政の詔とみなすのが正しい。詔文に「摂政」の語は存在しないが、内容はまさしく摂政の権限を付与したものである。

「摂政」の語が見えないことには理由があった。それは基経の年齢が四十九歳であるのに対し、光孝は五十五歳であったからである。摂政の本旨からして、摂政に任じられる者は天皇より年長者であるべきであろう。「摂政」の語は明記しにくいため、故意に避けたものと思われる。この宣命が発布されるまでに一カ月間ほど、太政大臣の職掌をめぐる議論がなされたのも、この問題点を解消したいためであったと考えられる。「摂政」の称を用いずに、実質的にその権限を与えることが可能かどうか、その方途が模索されたのであろう。おそらくは太政大臣と摂政とを融合しようとする案があったのではなかろうか。もし、太政大臣の官は摂政の実務を付随する、というごとき法解釈が成り立てば、基経はことさらに摂政を称さずとも、太政大臣に在任することだけで摂政の権限を行使できることになる。しかしながら、この議論ははかばかしい成果を生まなかったらしい。宣命は歯切れも悪く、「仮使《かり》に職《つかさ》どる所無く有るべくとも」（かりに太政大臣には職掌が無いということであっても）と断った上で、特別の権限を与えることを述べており、つまりは、太政大臣の職掌の有無に関係なく、摂政の実質的な権限が与えられた、と解釈されるべきであろう。少なくとも、時人が基経を摂政とみなしていたことは確かである。また、この宣命が太政大臣の職掌を定めたものであるならば、それはこの後にも受け継がれるはずであろうが、そのような徴証は全く見出されない。

最後に、この光孝の元慶八年六月五日詔を引いて、摂政の権限内容を確認しておこう。

今日より官庁に坐《いま》して就きて万政を領《おさ》め行ひ、入りては朕《わ》が躬《み》を輔《たす》け、出でては百官を総《す》ぶべし。奏《もう》すべきの事、下すべきの事、必ず先づ諮《はか》り稟《う》けよ。

以上に、摂政制の成立経過を概観した。甚だ説明不足ではあるが、卑見を一通り示すことで、一応の目的は果されたであろう。次の本題に進むことにしたい。

c　摂政制の成立は、既に見たごとく、清和に関係が深い。そこで清和から話を始めるのが普通であろうが、実はそのようなやり方では、摂政制の性格と意義を十分に捉えることはできない。何故に摂政制は九世紀のこの時期から登場するのであろうか。この問題を解く鍵は文徳にあると私は思う。

八五〇（嘉祥三）年三月、仁明の死去した四日後に清和が誕生した。その八カ月後に文徳はこの清和を皇太子に立てる。こうして摂政制成立の要件は、文徳において初めて整ったのである。

その「初めて」というのは、次のような事情による。文徳の生母順子は藤原良房の同母妹であり、清和の生母明子は良房の女子であった。従って、文徳の皇統は良房の家系のみと排他的に結び付くことになった。この文徳によく似た条件をもつ天皇が、過去にただ一人だけ存在した。それは聖武である。聖武の生母（宮子）と皇后（光明子）はともに藤原不比等の女子である。文徳と良房の関係は、聖武と不比等の関係に等置されてよい。つまり、文徳は聖武の再来にも擬せられるであろう。聖武の死後百年にして、初めて、聖武の分身がこの世に現われることになった。ここに、文徳の注視されるべき理由がある。

しかし、文徳は単純な複製ではない。聖武との相違点が重要である。聖武にも光明子所生の男子があった。この男子も生後二カ月で皇太子に立てられたが、わずか二歳で死去している。それに対し、文徳の皇統は清和、陽成と続くことができた。文徳は聖武の挫折を繰り返さなかった。このことの意味は決定的に大きい。聖武の負った課題は、文徳によって初めて達成されたといえるのである。

前述したごとく、八世紀型の皇統形成原理は聖武によって創始される。その立論の中で、卑見は、「聖武が藤原氏に特別待遇を与え、これを〝選ばれた貴族〟に育てあげようと」し、「藤原氏を母とするものが直系の皇統を継承する、というべき新しい原理を、彼は創り出そうとした」と述べた（本書八三頁）。ここで「藤原氏」というのは、藤原不比等の家系を指す。この時代には、不比等の家系以外に「藤原氏」は存在しないから支障もなかったが、厳密に言えば、「藤原氏」の語は用いず、それに替えて「藤原不比等の家系」と表現するのが正しい。文徳の時代に引き寄せて論じるためには、そのような修正が必要である。文徳にとって意味があるのは「藤原氏」一般ではない。その中でも良房の家系のみであった。

八世紀型原理の特徴は、直系の条件として生母の血統を重視するところにある。この点に、形こそ違え、六世紀型との共通性が見出されるであろう。血統の価値は希少性にもとづくから、価値ある血統とは、常に選別の作用を受け、絶えず一つの家系のみに限定化されることによって、その権威を獲得することができる。そこに八世紀型原理の本性がある。価値ある血統は決して安易に実現したのではない。良房の家系がその初めての成功例であったが、それまでに既に百年に及ぶ時間が経過していた。その後も藤原道長の家系の成功に至るまで、常に選択と限定化の運動が続くことになる。しかし、そのような運動こそ八世紀型原理が生きていることの証拠であり、その生命力の発現にほかならない。

以上のごとく、良房の家系が〝選ばれた貴族〟に上昇できたことの理由は、良房の権力志向や権勢欲のみによっては説明できない。その動因は主に天皇制にある。天皇制が特別に価値付けられた家系が生まれることを要求したのであり、天皇制がこの家系に特別な価値を積極的に付与したのである。文徳と良房の関係はこの点に核心がある。それはそのまま清和・陽成と良房・基経の関係に継承され、また、外面的にも様々の形をとって姿を現わすことになった。

この特別の家系に対して、その象徴となるような特別待遇を与えるとすれば、最も効果を発揮するのは官職上の措置であろう。文徳が良房に与えた特別待遇は、彼を太政大臣に任じたことである。清和はこれに摂政の制を加えた。摂政の始まりは清和であって文徳ではない、ということを理由に、文徳を軽視してよいということにはならない。事の本質として重視すべき点は特別待遇を与えるというところにあり、その意味で摂政制は文徳の施策の延長上に位置付けられる(24)。特別待遇は太政大臣と摂政との二本立てとして捉えるべきであろう。

ただ、摂政の職には独自の利点があった。太政大臣は太政官制の中でその運用に制約を受けるのに対し、摂政の運用はかなり自由であるといえる。また、太政大臣の任は天皇が替わっても継続するのに対して、摂政の職は天皇が替われば自動的に停止される。次の新天皇のもとでも摂政の地位に就くためには、新たに任命される手続きを必要とする。摂政はその天皇一代だけのために置かれる。その点で、天皇との個人的な特別な結び付きを明瞭に表現できるという長所が具わっている。摂政制が発展を遂げ、重要視されるようになる要因は、このような事情によるのであろう。

前に、光孝と宇多の例をみて、摂政は外戚関係になくとも任命されるようになると述べた。このような事例が生まれた理由は、次の第六、第七の両章に論じた問題が関係している。それを参照すれば、今ここで次のように述べることにも納得がゆくであろう。

すなわち、天皇は光孝に替わっても、文徳系皇統の直系としての権威は依然として続いていた。それとともに、直系を生み出した特別の家系としての、基経の権威もまた継続していた。摂政の地位が外戚関係に依拠することはその通りであるが、それは単に天皇の外戚ということではなく、直系の外戚という意味である。直系主義の価値観が摂政制を律しているのである。

d　新井白石『読史余論』に代表されるように、古くから、清和・陽成の時期に天皇の力が衰退した、というごとき見方がかなり根強く続いてきた。しかし、それが誤解にすぎないことは、この時期にこそ直系継承が実現されたことを考慮しただけでも明らかとなろう。摂政制の成立はこの直系創出の達成と不可分の関係にある。

また、幼帝の登場ということも、天皇の値打ちを下げたかのように考える必要は全くない。むしろ、幼帝が続いたにもかかわらず、天皇制にはいささかの動揺もみられないことに注意を向けるべきであろう。幼帝の登場を可能にしたほどに天皇制は安定化したともいえるのではなかろうか。幼帝は直系の権威の証しである、というようにも考えてみたい。

さらにもう一点、次の問題にもふれておきたい。下って十世紀後半から十一世紀にかけて、摂政・関白の地位をめぐる権力闘争が激しく続いた。このことは政治史の主役の座が藤原氏にあるかのごとき印象を与えるかもしれない。『栄花物語』や『大鏡』はそのような描き方をしており、そうした理解は現在も平安時代史の通念になっているようにも見受けられる。しかし、以上に述べたことを踏まえれば、かかる通念にも反省が求められるであろう。

この時期の天皇制が一つの課題を抱えていたことを、従来は見落としがちであったように思われる。それは皇統が冷泉系と円融系に分裂したという問題である。この事態をいかに解消して直系化を達成するかということに、この時期の政治史の基調があった。つまり、基本にあるのは皇位継承問題である。しかるに一方、八世紀型であるが故の特徴として、特別の家系を選別するという運動がこれに関係することになる。その場合、皇位継承問題自体は生身の姿を現わさない。表面化するのは誰が特別の家系に認められるかということ、すなわち、摂政・関白の地位の争いである。それは、実のところ、皇位継承争いの代理戦争であると言えるであろう。

五十年間にわたるこの紛争の結果をみると、両統迭立の事態を解決し、皇統の一本化を達成することに大きな働きをした人物が藤原道長であった。道長の家系が摂関家として特別の地位を固めたことと、直系の皇統が確立したこととは、表裏一体の現象である。いわゆる道長の〝栄華〟なるものは、天皇制が直系の権威を回復したことにその実像があるのではないか。〔補注2〕

土田直鎮氏が、「実際の姿としては摂関は決して自己の一存で事を左右する慣例も実力もなかった（これは天皇も同様であるが）」と二十五年前に指摘されて以来、(25) 平安時代政治史はかなり冷静に分析されるようになったと思われる。しかし、いわゆる「摂関政治」なる通念は、まだまだ根強さを保っているのではなかろうか。以上は甚だ雑駁ではあるが、通念を批判する一つの視点になりうるのではないかと考え、付言したものである。

最後に摂政制の成立について再度まとめておこう。摂政制は八世紀型の皇統形成原理によって創り出された。それは皇統の形成に関わる特定の家系に対して与えられた特別待遇である。つまりは、直系の皇統が確立した結果、摂政制が生まれたのである。これらの事象を以て、八世紀型原理はここに完成に至った、とみなすことができるであろう。

注

（1）皇大夫人はこのとき欠員である。『文徳実録』斉衡元年四月庚辰条。『三代実録』貞観元年四月十八日条、同貞観二年四月廿五日条。

（2）藤原基経の貞観十八年十二月重抗表については、二種類の伝本がある。本文には『本朝文粋』巻四所収のものを掲載した。他の一本は『菅家文草』巻十所収のもので、同じ箇所を次に引用しよう。

臣謹みて故事を検《かんが》ふるに、皇帝の母は必ず尊位に升《のぼ》る。又前修を察《かんが》ふるに、幼主の代は大后臨朝す。陛下若し天下を宝重し、幼主を憂ひ思しめさば、則ち皇母尊位の後、乃ち臨朝の儀を許されよ。

この『菅家文草』本には、太上天皇に関わる記述は無く、「大后」（「皇母」）の「臨朝」のみに触れている。『三代実録』寛文十三年版本は、おそらく『菅家文草』に拠って、この辞表を補充したものであろう。何故二種類の伝本が存在するのか、その事情については卑見をもたない。

（3）『三代実録』貞観十八（八七六）年二月九日条（儀子始笄）。『日本紀略』元慶三（八七九）年閏十月五日条（儀子薨伝）。

(4)『権記』寛弘八（一〇一一）年五月二十七日条。「皇統」の語に注意されたい。

(5)新井白石『読史余論』。この書は惟喬と清和をめぐるこの説話に強い関心を寄せている。

(6)『大鏡（日本古典文学大系21）』（松村博司氏校注、一九六〇年、岩波書店）。『吏部王記（史料纂集）』（米田雄介・吉岡真之氏校訂、一九七四年、続群書類従完成会）。

(7)目崎徳衛氏「在原業平の歌人的形成」（同氏『平安文化史論』所収。一九六八年、桜楓社）。

(8)源信は清和の立太子に際して東宮傅に任じられており、文徳の諮問を受けるに相応しい立場にあった（『文徳実録』嘉祥三年十一月戊戌条、『三代実録』貞観九年二月廿二日条、同貞観十年閏十二月廿八日条）。

(9)清和の勅に文徳は惟喬を「鍾愛」したとある（『三代実録』貞観十六〈八七四〉年九月廿一日条）。

(10)竹内理三氏「摂政・関白」（同氏『律令制と貴族政権　第Ⅱ部』所収。一九五八年、御茶の水書房）。但し、竹内氏は清和即位とともに「摂政の実」が行われたであろうとする説を肯定されているが、卑見はこの説を採らない。理由は本文の(2)(3)(4)に述べたところに依る。

(11)『三代実録』貞観十八（八七六）年十一月廿九日条。

(12)『三代実録』貞観六（八六四）年正月戊子朔条。

(13)『文徳実録』天安元年二月丁亥条。このとき同時に、源信が左大臣に、藤原良相が右大臣に昇任した。以下、良房の太政大臣任命の位置付けについては、橋本義彦氏「太政大臣について」（『日本歴史』四一〇号、一九八二年七月）の見解に従う。

(14)『三代実録』貞観八年八月廿二日条所載良房抗表。この抗表によれば、良房は清和の成人にともない、引退を望んだが許されず、出仕を続けていたが（「直廬の外に出づるを許さず（中略）猶禁中に侍す」）、貞観六年冬の病患以来、体力、精神力ともに衰え、とても政務を勤めることはできなくなった、と言う。この病気によって直廬から退出したとは明記されていないが、次の一節によってそのことが推定される。

加以《しかのみならず》、長楽宮の御藥の事、夙夜思ひを剋《けず》り、私第を顧ること無し。

長楽宮、すなわち皇太后藤原明子はこの頃東宮に居住しており、禁中にはいない（『三代実録』貞観八年十一月十七日条）。従って、良房が明子の看病に専念したと言うからには、良房も禁中には居らず、また、政務にも携わってはいないことになる。「私第を顧ること無し」の文言は、一見、良房が直廬に留まっているかのごとき印象を与えるが、もしそうであれば、ここは「政事を顧ること無し」とでも言うべきであろう。良房が述べているのは、私邸に戻ったとはいっても、決して安住できる状態にはない、という趣旨である。なお、良房の病患については、『三代実録』貞観七年九月五日条にも見える。

(15)　『三代実録』貞観十（八六八）年閏十二月廿八日条（源信薨伝）。この記事によれば、源信と伴善男の対立は良房の発病の頃から顕著になり、八六六（貞観八）年春には信が監禁状態におかれる事件が起きる。このとき良房は事前に何も知らされず、事件を聞いて驚愕し、清和に事由を質したと記されているが、この良房の行動は彼が政務から離れていたことを示すであろう。また、応天門の火災もこの春閏三月十日であった（『三代実録』）。

(16)　『三代実録』貞観八年八月廿二日条、同月廿四日条。ここで「機務」と「機密」は同じ意味に用いられているから、「機密」についての『公式令集解』駅使至京条の論義が当てはまりにくいことは、すぐに察しがつこう。実際の用例も大体は、天皇の裁可を必要とする（故に重要な）政務の意味である。例えば、藤原良相（右大臣）の薨伝に「貞観の初め機務に専心す」とある如きである（『三代実録』貞観九年十月十日条)。蔵人所設置史料として知られる『類聚国史』弘仁元年三月十日条逸文に「機密の文書及び諸《もろ》ろの訴《うったえ》を掌る」とあるが、この「機密」の語もかかる意味に解釈すべきではなかろうか。

なお、良房抗表に「更に」「重ねて」の語があるが、これは貞観六年まで携わっていた任務に再び復帰する、の意味に解釈したい。

(17)『三代実録』貞観十二年二月七日条、貞観十三年四月十八日条、貞観十四年三月七日条、同年四月朔条等により、良房は八七二(貞観十四)年まで禁中の直廬に出仕したこと、発病によりこの年二月十五日に私邸に退出したことを知る。良房は九月二日に死去した。
『三代実録』貞観十四年八月廿五日条所載宣命に「国家《みかど》の鎮《しずめ》として天下の政を斉《ひと》しく導き侍《まし》ます太政大臣久しく病みて」云々とある。もし、良房の「摂政」をかかる理念的なものとみなすならば、それはこの八七二年まで継続したとみることもできるであろう。

(18)『文徳実録』斉衡三年七月癸卯条(藤原長良薨伝)に「第三子基経、今摂政右大臣なり」とあり、『文徳実録』序に「摂政右大臣臣基経」とある。『文徳実録』の完成した八七九(元慶三)年には、「摂政」が役職として存在したことが知られる。これ以前の用語例は「政を摂る」と動詞にも読め、名詞として安定しない。

(19)『三代実録』貞観十八(八七六)年十一月廿九日条。

(20)清和譲位詔が「朝務を仕へ奉《まつ》るに耐えず」とする源融の要請を承認し、陽成が融の辞表を不許可にすることによって、〝休職〟は陽成の在位中継続した。融が左大臣の職務に正式に復帰したのは光孝即位後である(『三代実録』元慶八(八八四)年五月廿九日条、同年六月十日条)。なお、それ以前に、融が陽成退位に伴う後継者選考会議や光孝即位行事に参加していることは、事の性格上当然である。

(21)『三代実録』元慶四（八八〇）年十二月四日条、同月十五日条。
(22) この問題については、次の第六章に論じた（本書二一三・二一四頁）。
(23)『三代実録』元慶八年五月九日条、同月廿九日条。
(24) 橋本義彦氏は「政治史的には良房の太政大臣任命にこそ人臣摂政制の出発点があったということができる」と指摘された（前掲注(13)論文）。
(25) 土田直鎮氏「摂関政治に関する二、三の疑問」（『日本史の研究』三三号、一九六一年五月。『論集日本歴史3　平安王朝』〈一九七六年、有精堂出版〉所収）。

〔補注〕
(1)「この詔にはそのような具体的なことは何も述べられてはいない」という書き方は杜撰であり、詔の解釈の説明が不十分である。「少主の未だ万機を親らせざるの間は」の文言と「近く忠仁公の朕が身を保佐せるが如く」の文言を結び付けて、「清和の即位のときも良房は摂政に任じられた」とする解釈について、卑見が何故それを採らないのか、説明が必要である。
まず、「近く忠仁公の朕が身を保佐せるが如く」の「近く」の語に注目したい。本文の（3）と（5）に述べたように、清和は成人して後、貞観八年に良房を摂政に任じた。この詔の貞観十八年の時点からみると、「近く」とは貞観八年の摂政任命を指すとみなすのが妥当であろう。つまり、清和はここで自身の成人後のことを摂政の前例として示したと解することができるのであるから、それを排して、清和即位の時点に想像をめぐらす必要はない。成人の天皇を補佐した摂政の役を、今度は未成人の天皇の補佐役に充てようとすることに、違和感はなかったということであろう。

それでは次に、なぜこの詔は、「陽成が未成人である間、基経は摂政に在職する」という言い方をしているのであろうか。まず基本的な見方として、陽成が成人する時点で基経は摂政を罷めなければならないのかといえば、そうではない。陽成が成人すれば基経は摂政の辞職を申し出るが、それは慰留され、引き続き在職する、ということが暗黙に了解されていると思われる（本書二一三・二一四頁）。この詔にとって、そのような当たり前のことは問題ではない。この詔が直面しているのは、幼主を敢えて登場させるための態勢作りという課題である。かつての清和が父の死という偶然によって幼帝となったのとは異なり、今の清和は譲位を実現するために、自らの意思で意図的に幼帝を造り出そうとしていた。摂政はその態勢作りの要であり（一九四頁の(7)）、そこで、摂政は幼帝のためにこそある、と主張することが必要になったわけである。詔が、幼帝のための摂政の任命、という趣旨になったのは、この事情によるであろう。摂政と幼帝をことさらに結び付ける考え方は、かかる清和譲位の特殊な情況の中で生まれることになったとみなしたい。

以上のように、この詔が幼主陽成と摂政基経を結び付けているからといって、その関係を幼主清和と良房に当てはめようとするのは妥当性に欠けると卑見は判断する。

(2)　十世紀後半～十一世紀初頭の時期については、本書の付論「村上天皇の死から藤原道長『望月の歌』まで」を参照されたい。筆者は「摂関政治」や「摂関期」などの語は使用しないことにしている。また、この十世紀後半～十一世紀初頭の時期を筆者は「不安定期」と捉えているが、それについては拙著『日本中世の朝廷・幕府体制』Ⅰ章（二〇〇七年、吉川弘文館）を参照されたい。

第六　光孝擁立問題の視角

一　陽成退位の事情

a　天皇制の歴史の上で、直系の皇統が跡絶《とだ》えて、傍系に皇統が移行するということは、しばしばみられる現象であった。しかし、直系の天皇が生存しながら、皇統が傍系に移行したことは滅多にない。その稀有の例が陽成の退位と光孝の即位であった。

八八四（元慶八）年二月、十七歳の陽成は突然退位する。仁明から陽成まで、皇位は四代にわたって父子一系に継承され、直系としてのその安定性は揺るぎなくみえた。従って、陽成の退位も異常であるなら、代わって即位したのが光孝であるということは、なおさらに異常の感を与える。光孝はこのとき五十五歳、仁明の男子として皇族の長老格ではあったが、皇位に即く望みなどには既に無縁のはずであった。その光孝がにわかに擁立され、三年後にはその男子宇多が即位することによって、光孝系皇統が成立したのである。しかもこの間、直系の陽成は現に太上天皇として生存しており、八十二歳の長寿を全うした。

光孝はもともと傍系の存在にすぎない。この傍系が何故直系にとってかわり、皇統を形成することになったのであろうか。十分考察に値する問題であろう。

ところで、この事件については、既に六十数年以前に、すぐれた研究が発表されている。和田英松の「藤原基経の廃立」[1]「藤原基経阿衡に就て」[2]という二編の論文である。ともに比較的短文ながら、主要な論点や史料はほとんど網羅されており、その洞察も鋭く、この事件を解明するための基礎をつくることにほぼ成功しているといってよい。この先駆的業績を継承することが基本であろうと考えるが、近時の傾向としては、必ずしもこの和田論文が正当、かつ正確に評価されているとは言い難いようにも感じられる。勿論、和田論文にも幾つかの欠陥を見出すことができる。しかし、それは和田論文の論旨をより精密化する方向で解決できる場合もあり、そうすることによって、和田論文の鋭い着眼の数々が、一層生かされることにもなるであろう。以下の考察はこの方向で進めることにしたい。

b　陽成が退位するに至った理由について、和田英松「藤原基経の廃立」は宮中に起きた殺人事件が原因であると明解に断じている。すなわち、『三代実録』元慶七（八八三）年十一月十日癸酉条に次の記事がある。

散位従五位下源朝臣蔭《かげる》の男益《まさる》、殿上《てんじょう》に侍し、猝然《そつぜん》として格殺せらる。禁省《きんしょう》事を秘し、外人知ること無し。益は帝(陽成)の乳母従五位下紀朝臣全子の所生なり。

これによると、この日、源益《まさる》なる人物が殿上《てんじょう》において格殺されるという事件が発生した。被害者は陽成の乳母所生であるというから、陽成の側近に日常侍していたに違いない。『三代実録』はその犯人が誰であるかを記さず、事件が極秘に伏せられたことを伝えている。この書き方といい、事件発生の場所といい、この殺人に陽成自身が深く関わっていることは明らかである、と和田は説く。さらに、『尊卑分脈』や『玉葉』(3)の記事を挙げて、その傍証としている。

この和田説はこのまま承認されるべきである。陽成の単独犯行か、共犯者もいたのかどうか、などの詳しい情況を正確に知ることはできないが、『三代実録』の記事がこの殺人を陽成の犯行であると語っていることは確かであろう。論者の中には、なお犯人は不明であるとし、陽成と事件との関係について意見を保留するという慎重な態度をとる人もいるが、この場合、そうした慎重さはむしろ誤りであるといってよい。何故なら、国史という文献の性格上、もし陽成が潔白であるならば、いやしくも天皇に殺人犯の容疑がかかるような記事の書き方をするはずがないからである。陽成に対する疑惑が生まれざるをえないように書かれているというだけで、根拠は十分とすべきであろう。和田の判断は史料の解釈として正しいと考える。

陽成は翌八八四(元慶八)年二月四日に退位し、太上天皇となる。『三代実録』の同日条によれば、

是より先に、天皇(陽成)手書し、太政大臣(基経)に送呈して曰く、「朕《われ》近く身病数《しばし》ば発《おこ》り、動《やや》もすれば多く疲れ頓《たう》る。社稷事重く、神器守り叵《かた》し。願ふ所は速かに此の位を遜《さ》らむ」と。宸筆再び呈す。旨在るところ[忤《さから》]ひ難し。

とあり、病悩を譲位の理由とし、陽成がみずから望んだという形で事は進められたが、和田はこの記事を「表面の事」として、正確には藤原基経による「廃位」であったと説いている。すなわち、殺人事件

の発生が十一月十日、

それから一週間ばかりを経て、同月十六日に至り、基経が俄に参内して、庸猥群少の輩を駈逐して、大に宮中を廓清したのである。（中略）宮中の廓清と同時に、廃位を行うたもので、それから、翌（元慶）八年の二月四日までに、皇嗣の撰定を議したものではあるまいか。

この和田の見通しは、概ね正しいと認められる。和田が「宮中の廓清」と表現している事件は、陽成の近辺に粛清を加えたものであり、[4] その意味は陽成を謹慎させる処置であるとみなすことができる。それは陽成の退位に関して、貴族の合意が固まったことを示すであろう。

但し、「廃位を行うた」の一句は紛らわしい。「退位の方針を決めた」とでも表現する方が無難であろう。和田が言わんとしたのは、陽成の退位が陽成の自発的意思によるものではなく、基経等貴族の決定によるものであったということであり、その意味で「廃位」と言う。この和田の見解に異議はないが、「廃位」の語は淳仁・安徳・仲恭・後醍醐の例などを連想させる懸念がある。これらの例は皇位継承権を否定する措置を伴うものであるが、陽成にそのような措置がとられた形跡は全くない。[5] この点を分別する必要があることに注意しておきたい。

兎も角も、陽成の退位は、公式には病悩による自発的な譲位というたてまえであった。先の殺人事件についても、陽成の犯行であるという事実は公表されなかった。それならば、殺人事件の記事そのものが抹消されてもよさそうなものであるが、そこに『三代実録』編修陣のある種の意図を諒解することもできるように思われる。陽成に対する疑惑が生まれざるをえないような書き方は、多分に故意のなせる業であろう。天皇の犯罪を読者に悟らせようとしたものではなかろうか。陽成の退位にそれなりの重大な理由があったのでなければ、光孝系皇統は不法な簒奪者とも言われかねないことになる。宇多、醍醐の皇位継承を正当化するためには、この事件が陽成退位の真因であることを、暗黙のうちに周知させることも必要であったに違いない。

以上のごとく、陽成退位の原因はこの殺人事件にあったとみて間違いないであろう。天皇が殺人を犯すとは前代未聞の不祥事であり、貴族がいかに強い衝撃を受けたか、想像するに難くない。陽成がそのまま在位することは許されないという点において、彼らの意見は一致したであろう。以後、光孝の擁立が決まるまで陽成は在位していたが、朝廷の儀式は中止されることも多く、陽成の出席も闕きがちであった。

c　陽成退位の事情を以上のように見定めれば、その退位は予期せざる突然の出来事であったことになる。陽成については、後世の文献に芳しからざる風聞が様々に伝えられているので、その退位の理由を天皇としての資質に欠けるところがあったという点に求めようとする説もあるが、認め難い。それらの悪評はほぼ退位後に生まれたものであって、在位中にどのような評価があったかについては、確実な史料は何もない。たとえ悪評が事実であったとしても、それは副次的な理由となるにすぎないであろう。もし、殺人事件さえ起きなかったならば、退位は問題にもならなかったと思われる。

このことに関連して、藤原基経は以前から陽成との関係が悪かったとする説がある。その根拠は基経の辞摂政上表にある。和田もこの説を唱え、次のように述べた。

三代実録によると、元慶六年正月天皇が御元服あらせられたので、形式として摂政の辞表を奉呈したのであるが、翌七年八月に至りては、辞表を上り、累月政務を執らなかつたのである。（中略）天皇の未だ、年少でゐらせられたのに乗じて、不良の徒が親近せられ、為に基経が疏遠せらるゝに至り、摂政を辞する事としたのであらう。

およそ、日本の朝廷の性格からして、「不良の徒」によって摂政の地位が左右されることはありえないように私には思われるのだが、少なくとも、この「不良の徒」に辞表の原因があるとする史料上の根拠があるわけではない。和田は基経の辞表は二回あったとし、初度は形式的であるが、二度目は実質的なものとみて、その違いが生じたのは陽成と基経との関係が悪化したためであろうと推測した。卑見はこの考え方を採らない。

まず、基経の言によれば、彼は八八二（元慶六）年十二月二十六日にも陽成に辞意を表明したと述べている。[6]よって、確かめられるだけでも基経の辞意表明は三度あり、八八二年の正月と十二月、及び翌八八三年八月と、ほぼ十カ月前後の期間をおいて定期的になされている。

次に、摂政を辞する理由はどうか。そもそも基経の摂政の性格をみると、清和譲位詔に「少主の未だ万機を親らせざるの間は、政を摂りて事を行はむこと」の文言があるごとく（本書一九二頁）、基経は陽成が成人に至るまでという期限付きで、摂政に任じられた。従って、陽成の元服が辞意の理由となるのは当然であって、初度の辞表に「摂政を罷め、帝、万機を親らせられむことを請ふ」[7]とある通りである。

それは陽成の元服と同時に必ず辞職する、という意味ではない。「万機を親ら」することに支障があるかどうかという基準によるのであるから、成人後も摂政を続けるということで構わない。その間、摂政継続の手続きが完了するまで、基経としては辞意にこだわり続けねばならないことになる。八八三年八月の辞表提出後、基経が政務から離れたということは、辞意が固まった証拠と解することもできなくはないが、その場合は、陽成も成人から一カ年半を経て、そろそろ摂政辞職の条件が整う頃、という判断に基づくものであって、何か別の事態（例えば、陽成と基経との関係悪化など）を想像する必要はない。しかし、一般に、辞意の撤回が予定されている辞表の場合でも、一応政務から離れる形をとる例が多いので、基経の実際の予定がどうであったかは不明とすべきであろう。その結果が出る前に、天皇の殺人という非常事態が発生したため、基経は否応なしに再び政務に復帰せざるをえないこととなった。摂政辞職問題は自然消滅し、基経の摂政の地位はそのまま継続となった。

基経の辞表の問題は、以上のような見方で十分に説明がつくと思われる。これを含めて、陽成の退位が八八三年十一月以前に既に検討され始めていたかにみなす諸説には、いずれも確かな根拠を認めることはできない。

如上の結論として、再度次の点を確認しておきたい。陽成の退位は、事前に予期されたものでは全くなかった。直系の天皇が突然退位せざるをえないことになるとは、誰も予想しえない事態であった。この点を入念に確認したいと思うのは、このことを背景に置くことによってはじめて、光孝系皇統の成立に絡まる様々の問題点に一通りの説明をつけることができるように思われるからである。この結論をふまえて、次に、光孝擁立の事情について検討を進めよう。

二　天皇光孝の性格

a　光孝はいかなる理由、いかなる事情で即位したのであろうか。本章の課題はこの問題にある。陽成に替わる天皇として登場したのが光孝であったということについては、誰しも何故か、と問わずにはおれない気持になるであろう。それは光孝という人物の条件があまりに陽成とは掛け離れているからである。本章の冒頭にも述べたが、陽成の十七歳に対して、光孝は既に五十五歳の高齢であった。しかも光孝は陽成の祖父（文徳）の異母弟、すなわち従祖祖父に当たる。随分と遠く隔たった世代にまで遡ったものである。

光孝が皇族の長老格であったことは確かで、その女子は斎宮にも選ばれていた。しかし、普通、長老であるかどうかは、皇位継承の資格に関係をもたない。皇位継承権は何よりも血統の価値によって決まるものであり、年齢階梯に基づく長老の地位とは原理が異なっている。光孝は血統からみて、明らかに傍系の位置にある。しかも、現在の直系である陽成との距離はあまりにも遠い。光孝に皇位継承の資格はほとんど認められない。

陽成に替わるべき天皇は、できる限り陽成と共通の条件をより多く具えてこそ、ふさわしいと言えるであろう。例えば、陽成の同母弟の貞保《さだやす》や、基経の女子（藤原佳珠子）の所生子である貞辰《さだとき》などは、そ

第11図

の最も有力な候補者となるはずである。それがごく普通の考え方であろうと思われるが、なぜか貞保も貞辰も、その他清和の男子は誰も選ばれなかった。この場合、この普通の考え方は通用しなかったらしい。

公表されたところによると、光孝擁立の理由は常の有り様に反していた。光孝が長老であるということがその理由とされたのである。陽成退位の宣命に次の如く云う。(8)

一品行式部卿親王(光孝)は諸親王《みこたち》の中に貫首にも御坐《おわしま》す。又前代に太子《ひつぎのみこ》無き時には、此くの如き老徳を立て奉《まつ》るの例《ためし》在り。加以《しかのみならず》、御齢《おんよわい》も長《た》け給ひ、(中略)四朝《よつのみかど》に佐《たす》け仕へ給ひて、政《まつりごと》の道をも熟《し》り給へり。

光孝の擁立については、何か特殊な事情があるに違いない。

b　光孝については、次のような問題点もある。従来、あまり注意されなかったことであるが、『三代実録』にはどこにも光孝の立太子に関する記事が見当たらない。『三代実録』による限り、光孝は立太子の手続きをふむことなく、天皇に即位したとみなさざるをえず、おそらくはそのように判断してよいように思われる。〔補注1〕

前記の長老的性格から、光孝は光仁に擬えられるが、しかし、光仁の場合は皇太子に立ったあとに即位した。皇太子に立つことがないままに即位する例は、この時代においてはきわめて稀少であり、平安時代を通しても、のちに後白河の例があるにすぎない。

光孝は何故皇太子の地位を経なかったのであろうか。もし年齢に理由があるとすれば、つまり、十七歳の天皇の皇太子が五十五歳ではおかしいということであれば、それはそれなりの工夫もありうるであろう。たとえば、陽成の退位を先に終えた後に、光孝の立太子があればよいのであって、実際にも二月四日に立太子を行うことも、やろうとすれば十分可能であったと思われる。立太子を望みながらできなかったとは考えられない。つまり、立太子の手続きは意図的に省かれた、という見方が成り立つ可能性が強く感じられる。もしそうであるならば、光孝については皇太子の地位を経る必要はない、或いは、皇太子の地位を経ることは好ましくない、というような何かの判断が働いたのであろうか。興味深い問題である。

c　光孝の天皇としての性格を見究める上で、さらにもう一つの注目すべき事実がある。光孝は即位の二カ月後、八八四（元慶八）年四月十三日に次の勅を発布した(9)。

勅して曰く、朕《われ》庸菲の資を以て、謬りて大横の繇《よう》に膺《あた》る。（中略）今有《も》つ所の男女、皆［藩］に居る時に生まるるなり。（中略）漢の明帝言有り、「我が子と先帝の子と等しきに当たらず」と。聖なるかなの言なり。宜しく同じく朝臣《あそん》の姓《かばね》を賜るべし。景風の吹くを煩はす勿れ。是れ朕《わ》が一身の閨《けい》閫《こん》の事のみ。後王の法たらむことを欲せず。

この勅は光孝の男女子全員に賜姓し、臣籍に下そうとしたものである（但し、斎宮と斎院の二女子のみは除外）。この勅に基づき、男女子がそろって源朝臣として編戸されたことは、『三代実録』同年六月二日条などに知ることができる。後に天皇に即位する宇多も、このとき源朝臣定省《さだみ》という一人の貴族の身分となった。

皇子が賜姓の措置を受けるということは、皇位継承権が自動的に消滅することを意味する。この勅に限ってこの通則が当てはまらないとは考えにくい。従って、この勅が布告された結果は、光孝の子孫全員が原則として皇位継承権を否認されることになるであろう。頗る重大事といわねばならない。

この勅の文章自体は、皇位継承について直接に言及してはいない。しかし、この決定がほかに類例をみない特異なものであるということについては、十分に自覚されていた。『漢書』から「我が子と先帝の子と等しきに当たらず」の文言を引用したり、「是れ朕が一身の閨闥の事のみ。後王の法たらむことを欲せず」と述べている件りに、それは明らかであろう。皇子女の賜姓は既に数代にわたって実績があり、何ら珍しいことではない。賜姓の措置というだけのことであれば、このような発言は必要なかったはずである。前例との相違は、賜姓が男女子全員を対象にするものであったという一点にある。この点を自覚する故の発言であろう。

かくみれば、この決定に携わった人々は、この勅によって皇位継承候補者が消滅する事態になるということを明瞭に自覚していた、と推定できるように思われる。そして、さらに一歩を進めれば、自覚的にかかる特異な措置がとられたからには、皇位継承候補者を消滅させることにこそ、この勅の目的があったのではないかとみなすべきことになろう。

d　この勅について、和田英松の見解を聞こう。彼は次のように述べている。

さりながらそれについて、こゝに一つの疑点がある。元来光孝天皇は、皇親中の首班で、衆望を得給ひて、帝王の器を備へられ、登極あらせられたのであるから、其御子孫が、皇嗣と定まり給ふべきに、践祚の後二ケ月ばかりすると、皇子皇女二十九人に、源朝臣の姓を賜うて、悉く臣籍に下されたのである。抑々何故に、此の如く皇子皇女達を皇親から除かれたものであらうか、（中略）他日再び皇嗣の選定に就きて、群議を凝すやうの事の起らぬとはいはれない。然るに、皇子をば悉く臣籍に下されたのは、何か理由のある事であらう。（中略）畢竟、この事は、天皇の叡慮より出でたのではなく、基経に憚るところがあつた故で、基経が天皇を迎へる時、何か黙契があつたものではあるまいか。或は基経の外孫なる貞辰親王が、相当の御年齢に達せられた時、皇位を譲られようといふ御約束でもあつたものであらうか、もしもさうであつたとすれば、光孝天皇は、所謂中継のために立てられたもので、陽成天皇を廃したのも、これから起つたもの、やうにも推定する事が出来る。それとも、基経が、女を後宮に入れて、其御腹の皇子をば、皇嗣とすべき意でもあつたものであらうか。

以上の和田説には、卓見もあれば謬見もあり、玉石混淆である。謬見に対する批判も加えつつ、まず、その卓見をみよう。

光孝は何故男女子すべてを臣籍に下したのか。和田はこの問いに対する解答として、二つの案を提示している。引用文に見る通りであるが、要するに、光孝の男子が皇位継承者になる場合と、ならない場合との、二つの方向に和田は目配りした。彼はこの二つの方向が史料解釈としてともに成り立つとみなしたらしく、両案を示したまま、どちらか一方に絞るということはしていない。はたして両案ともに成り立つと認められるであろうか。

前述したごとく、この勅によって光孝の男子はすべて皇位継承権を否定されたと解すれば、光孝の次の皇位継承者は、当然に光孝の子孫以外の人物であることになる。和田説のごとく、その候補者を貞辰に特定できるかどうかは兎も角として、考え方の筋としてはこの方向には無理がなく、納得しやすい。

それに対し、光孝の男子が皇位を継承する、という想定はどうであろうか。この勅はかかる解釈の余地を残しているのであろうか。仮りにそれがありうるとすれば、和田の説くごとく、光孝の即位後に誕生する男子にその可能性を託す以外になかろう。かかる意図が全くないとは言い切れない。しかし、まだ生まれてもいない男子に皇嗣の期待をかけ、そのために現存する男子を予めすべて捨て去るというのでは、何とも頼りにならない話である。すなわち、それがこの勅の主旨であるとは到底容認できないように思われる。つまり、残されている余地は、万一今後に男子が誕生した場合に、その男子については或いは皇位継承権が否定されないということもありうるかもしれない、という程度の仮想的な事態にすぎないであろう。

なお、和田は基経の女子が光孝の妻に配されたのではないかと想像しているが、全くその証拠はない(10)。

このような想像を持ち込むべきではなかろう。

以上のごとく、この勅によって導かれるであろう当面の事態は、一つの方向のみに絞ることができる。光孝はこの勅において、自己の子孫が皇位継承の資格をもたないことをみずから宣言した。皇位は他の血統の人物が継ぐことにならざるをえない。この勅は即位からわずか二カ月後に布告された。おそらく光孝が即位した時点において、この勅の主旨は合意をみていたのであろう。つまり光孝は、元来このような条件に拘束された天皇であったといえるのではなかろうか。

このように考え進めたとき、あらためて和田の文章の中に鋭い指摘があることに気付く。

光孝天皇は、所謂中継のために立てられた

まわりの文脈から切り離した上で、この一句こそ和田の卓見であると認めたい。光孝は一代限りの天皇になるはずである。とすれば、「中継」の語こそ、まさしく光孝の天皇としての性格を言い当てた表現であると思われる。

e　光孝について、ここに一つの見通しが得られた。光孝は一代限りの、中継ぎ役の天皇である。すなわち、光孝はあくまでも傍系にすぎない。彼について指摘した幾つかの特徴は、この見解に符合するであろう。高齢であること、皇位継承資格に乏しいこと、長老であるが故の即位であること、等々、これらの特徴は傍系の天皇にこそふさわしい。そして、皇太子に立つことなく即位したことも、光孝がはじめからかかる性格の天皇として擁立されたとすれば、十分に納得がゆくであろう。

皇太子は歴とした皇嗣たるものの地位である。それはその場凌ぎの中継ぎ役に立てられた者にはふさわしくない。皇太子に立つことは、かかる性格を曖昧にしてしまう危険があろう。光孝が立太子しなかったことは、やはり、意図的な措置であったと考えるべきである。

しかも、このような方策は、いま突然に発案されたものではない。これも天皇制の伝統である。六、七世紀における傍系の天皇も、『日本書紀』には立太子の記事を欠く例が多い（宣化・用明・崇峻・舒明・孝徳）。傍系は立太子がないとする認識が、『日本書紀』の構想に存在するとみなしえよう。但し、その認識がどれ程過去に遡って存在したかは不明としても、当面、『日本書紀』編修時に既にかかる認識が存在していたと言うことができれば十分である。また、さらに確実な事例として女帝がある。孝謙を除いて、他の女帝にはすべて立太子がなかった。女帝も一代限りの中継ぎ役であるところに、光孝と女帝との相通じる性格を認めることができる(11)。

このように議論を進めてみると、よく似た議論が前にもあったという感想が浮かぶ。清和即位前の惟喬擁立案である（本書第五章二節）。惟喬も、もし即位していたならば、立太子を経ない天皇となるはずであった。惟喬擁立案も、光孝擁立案も、同じものの考え方、同じ発想の枠組みの中にある。

従って、前回と同じく今回の事態においても、本命としては女帝擁立案が考慮されるべきであろう。前回、この案が実現しなかったのは候補者難によると推測したが（本書一八〇・一八一頁）、今回はどうであろうか。事情はやはり同様である。正子（仁明同母妹）も儀子（清和同母妹）もともに死去し(12)、女帝の条件に適う皇女は生存していない。今回もまた女帝はその登場の好機を逸した。前回は幼帝の出現を許し、今回は男帝による中継ぎ役の再現を許した。女帝の時代の終焉はこれを以て確定する。

f　ところで、論旨はいささか錯雑することになるが、ここで再び元慶八年四月十三日勅の検討に還ることにしたい。この勅との関わりにおいて、和田説についてはまだ幾つかの論点が残されていた。卑見にとって納得しがたい部分を批評しておくことが必要であろう。実のところ、和田は光孝の天皇としての性格を究明しようとして、この勅の問題に言及したのではない。彼は別の関心からその解釈を提示したのであって、それを私は自分の関心に引きつけて読み替えてみた。従って、多少紙幅を費すことになっても、以下に彼我の相違を弁別しておきたい。

和田説の特徴は、その論文の題名にも示されている如く、「基経の廃立」という思考の枠組みが全体を支配していることにある。それが和田の問題関心である。裏返して言えば、彼は天皇のあり方に対する関心が薄い。光孝の天皇としての性格如何という問題は、和田にとって今更あらためて論じる必要もないことであった。引用文にも「衆望を得給ひて」云々と述べている通り、天皇に即位した以上、その子孫が皇位を継承するのは当然のこととされている。この考え方が自明の前提としてあるために、この勅に接したときも、その特異な内容は、和田にとって光孝に対する見方を反省する材料とはならなかった。また、光孝に立太子がないという問題に気付けば、発想を転換するきっかけとなったかもしれないが、この問題も見過ごされたらしい。彼は自己の関心の赴く方向にそって、この勅を解釈することになった。

和田論文の目的は、基経の功罪を見究めることにおかれている。「基経が光孝天皇を立てたのは、公平無私ともいうて不可はない」かどうか、和田はこの点に関心を寄せ、これを論文の主題にした。このような問題の立て方そのものに、既に重大な欠陥がある。まず、天皇の「廃立」が基経個人の力によって左右されたかのような理解がある。この先入見はまことに根強い。ここにも〝藤原氏の権力闘争〟史観が牢固としてあり、それが基経に対する過大評価を生み出している。また、「無私」とか「至公」というような、君臣関係についての特殊な価値観念に災されていることも明らかであろう。

ともあれ、和田は、基経が貞保や貞辰を立てずに光孝を擁立したと評価して、「公平無私ともいうて不可はないやうにも思はれる」と、一応の感想を述べたのち、「さりながらそれについて、こゝに一つの疑点がある」として、この勅の問題を提起する。引用文はこのような文脈の中に始まっている。そこで、何故に光孝の男子は悉く臣籍に付けられたのか、それは基経の意思とみる以外にないと和田は判断する。光孝は「基経に憚るところがあつた故」にこの勅を発布した、というわけである。天皇が基経の意思によって自己の子孫の皇位継承権を放棄せざるをえなかったとすれば、基経に対する評価は一変せざるをえない。

さればこれによつても、基経の挙措は、至公無私といはれない事は明である。

これが和田の最終的な結論となった。勅の解釈についても、和田は基経の意図を推し測り、基経の個人的利害がいかに反映されているかという見方から、その二つの解釈を考案した。光孝を「中継」とみなしたのも、光孝の本来的性格として捉えたのではなく、基経の意思によって歪められた姿として捉えていた。和田の考察は、あくまでも「基経の廃立」という思考の枠組みの中に収まり、そこから一歩も出ようとするものではない。

それでは、和田説の成否は如何。和田説の難点の第一は、皇位継承の行く末について、何ら明確な見通しが得られないことにある。もし、この勅が基経の意思を反映したものであるならば、その発布された時点において、皇位継承者には貞保か貞辰の線で結着がつけられていてもよさそうなものであろう。しかし、結局そうしたこともないままに、四年後の光孝の臨終に至り、宇多の立太子と即位に行き着いた。この勅を出させる程の力をもっていたとしたならば、基経は何故貞保や貞辰の立太子を実現できなかったのか。この疑問に和田の解答はない。「貞辰親王が相当の御年齢に達せられた時、皇位を譲られようといふ御約束」云々と述べているところをみると、或いは、幼年であることに障碍があったとみなしたのであろうか。しかし、これは是認できない。既に、清和、陽成と幼帝が二代も続いていた。貞保や貞辰の擁立をはかるのであれば、即位にしろ、立太子にしろ、今更彼らの成人を待つ必要は全くないはずである。

しかも、光孝は「衆望」によって、当然に皇統をつくるべき天皇として即位したのだと言う。それならば、この勅の決定はかかる「衆望」に反することになるわけであるが、貴族の合意もなしにこのような決定がはたして行えるものであろうか。ここに第二の難点がある。和田は全体の合意はないとみなしたらしく、光孝と基経との間の「黙契」であろうかとしている。しかし、この二人の裏取り引きとしてすまされるかどうか、それにしてはこの勅の内容は頗る重い。貴族の合意を無視することがいかにして可能であったのか、この点についても和田の説明はない。

難点の第三に、そもそも次のような疑問もある。もし、基経が自己の利益に則して皇位継承問題の解決をはかろうとするのであれば、はたしてこの勅のごとき措置は必要であろうか。常識的にはその必要があるとは考えられない。このような措置をとらなければ、基経の意図が果されないということは全くない。多数の者が皇位継承権を保持し共存することはごく普通の状態であって、それを拒否することの方がはるかに不自然である。光孝の男子が皇位継承権を保持して当然とすれば、その当然の権利を奪うことは激しい摩擦を招くことにもなろう。その結果は基経の立場を悪化させ、かえって基経の意図の実現をむずかしくすることにもなるのではないか。和田説はこの点の反省を欠いている。和田説によれば、基経は不必要にして危険度の高い策謀を強行したということになろう。もっとも、それ故に基経はその意図の実現に失敗したともいえるかもしれないが、それにしては、この後も基経の地位に何らの変化も動揺もないことが不可解ではなかろうか。やはり、和田説には基本的に無理がある。

和田説の欠陥の根源を辿れば、「基経の廃立」という思考の枠組みに行き当たるであろう。この枠組みに支配されると、政治史の叙述は基経を中心に権力闘争の様相を描くことで満足しうることになるから、あたかも権謀術数がすべてであるかのごとき錯覚も生まれ、個々の局面の場当たり的解釈を繋ぎ合わせるという仕立て方にもなるのではあるまいか。和田論文は政治過程全体の統一的把握に成功していないと思う。また〝藤原氏の権力闘争〟史観の常として、合意の形成という政治の基本的要素は忘却されがちになる。基経のように公卿の首座にある者は、個人的利害をむき出しにした行動はむしろとりにくいのであって、貴族の合意にそって行動しなければ、首座の地位にふさわしい人材という評価を保つこともできないであろう。基経の立場からみれば、いかに自己の利害に適うように全体の合意をつくることができるかというところに、彼の課題があると思われる。つまりは、合意というものは特定人物の個人的利害でつくられるものではない。それは全体に認められた価値観に支えられるものであろう。その価値観として、天皇制の固有の論理が存在することを忘れてはならないと私は思う。

以上で、和田説の批判に区切りをつけたい。光孝の子孫の皇位継承権が否認されたことは、全体の合意に基づいていたとみなすべきであろう。このことを確認して、再び光孝に関する諸問題の検討に戻ろう。

三　陽成退位式の特徴

a　以上に天皇光孝の性格に関する一つの見通しを述べた。次はこの卑見の成否を検証するために、いくつかの問題に検討を加えなければならない。一つに、光孝の擁立に至った理由と、その傍系たることの意味を考えることが必要であり、いま一つに、陽成から光孝への皇位継承の儀式における特徴を明らかにする必要がある。前者は後に回し、まず後者の問題から取り上げよう。

八八四（元慶八）年二月四日の皇位継承の儀式は、独特の方式を用いて挙行された。[13] それは次の点である。この日、陽成は内裏の綾綺殿から出て、二条院に移る。そこに会集した文武百官の前で、退位を告げる宣命が読み上げられた。この時点において、光孝は二条院に同席せず、東二条宮にいた。

譲位の儀式次第については、貞観年間の撰とされる『儀式』[14]巻五の「譲国儀」の項に規定がある。それによれば、天皇は内裏を出て別宮に移り、そこに皇太子も同座して、譲位式をおこなうことになっている。清和が譲位したときの儀式次第は、この『儀式』の規定に正確に則るものであった。この陽成の場合、最初に二条院に移ったことは『儀式』の規定に適うが、光孝がこれに同座していない点が規定と異なるのであり、注意されるところである[15]。このために儀式は二条院で完了されなかった。引き続き舞台は東二条宮に移る。親王公卿は神璽神器を捧持して二条院から東二条宮に赴き、そこで光孝に即位を要請した。光孝は辞退の素振りを見せるも、結局これを容れる。翌五日には親王公卿を率いて東宮に移ったが、新天皇が最後に東宮に入ることは、『儀式』の規定に合う。つまり、この日の儀式は、陽成と光孝が遂に同座することがなかったという点に、独自の特徴を捉えることができる。

何故このような方式が採られたのであろうか。その理由は光孝が立太子を経ていないことに関係するであろう。『儀式』の「譲国儀」の規定は皇太子を対象にしたものであるから、皇太子ではない光孝の場合、この規定には必ずしも拘束されなくともよい。この日の儀式は、『儀式』に則らないことによって、光孝が皇太子ではないという事実を衆人の眼前に浮き出させた。それはこの儀式が正規の譲位とは異なると自覚されていることの証拠であろう。陽成から光孝への皇位継承ははたして「譲位」であったのかどうか、ということが問題のようである[16]。

陽成と光孝が居所を異にしたままこの儀式を行った結果、直接に皇位を譲るという手続きは甚だ曖昧になった。光孝の践祚は、親王公卿の要請に応じる、という形式を採っている。それはこの二月四日の儀式ばかりではない。光孝は二月二十三日に即位式を挙げるが、その折の宣命にも、陽成の譲位については全く触れることなく、「百辟卿士の楽推の請ひに」よって即位するに至った旨を語っている。(17) これら一連の事象は決して偶然のことではなく、ある一定の方針にそって、全体にわたりかなり用意周到に計画されているとみなすべきであろう。

b　ところで、ここに一つの問題がある。陽成退位の二月四日宣命をみると、そこに後継者問題が述べられており、次の天皇として光孝が指名されている。これによればやはり譲位に違いないではないか、と反駁されそうであるが、実のところ、この宣命自体かなりの難物である。定型に外れる点が多く、解釈に迷わされる。そこで、この宣命全体をどのように理解すべきか、検討を加え、その中で問題の論点にも触れることにしよう。次がその宣命である。(18)

(イ)現神《あきつみかみ》と大八洲《おおやしま》御宇《あめのしたしらす》日本根子《やまとねこ》天皇《すめら》が御命《おおみこと》らまと宣《の》りたまふ御命《おおみこと》を親王等《みこたち》王等《おおきみたち》臣等《おみたち》百官人《もものつかさびと》天下公民衆《あめのしたのおおみたからもろもろ》聞き給へと宣《の》る。(ロ)食国《おすくに》の政《まつりごと》を永遠《とわ》に聞こし食《め》すべきを、御病《おんやまい》時々発《おこ》ること有りて、万機滞ること久しく成りぬ。天神地祇《あまつかみくにつかみ》の祭をも闕き怠ること有りなむかと危《あやぶ》み畏《かし》こまり念《おも》ほして、天皇《すめら》が位を譲り遜《さ》り給ひて、別宮《ことみや》に遷り御坐《おわしま》しぬと宣《の》りたまふ御命《おおみこと》を、(ハ)親王等《みこたち》大臣等《おおおみたち》聞き給へ(と)詔《みことのり》を承《うけたまわ》りて、(ニ)恐《かしこ》み畏《かしこ》くも国典《くにののり》に准《なぞら》へて、太上天皇の尊号を進《たてまつ》る。又(ホ)皇位《あまつひつぎ》は一日も曠《か》くべからず。一品行式部卿(光孝)親王は諸親王《みこたち》の中に貫首にも御坐《おわしま》す。又前代に太子《ひつぎのみこ》無き時には、此くの如き老徳を立て奉《まつ》るの例《ためし》在り。加以《しかのみならず》、御齢《おんよわい》も長《た》け給ひ、御心も正しく直《なお》く慈《いつくし》み厚く慎み深く御坐《おわしま》して、四朝《よつのみかど》に佐《たす》け仕へ給ひて、政《まつりごと》の道をも熟《し》り給へり。百官人天下公民《もものつかさびとあめのしたのおおみたから》までに謳歌し帰する所咸《みな》異望無し。故是《かれここ》に以て天皇《すめら》が璽綬《みしるし》を奉《たてまつ》りて、天日継《あまつひつぎ》の位に定め奉《まつ》らくを、(ヘ)親王等《みこたち》王等《おおきみたち》臣等《おみたち》百《もも》官人天下公民衆《つかさびとあめのしたのおおみたからもろもろ》聞き給へと宣《の》る。

全文を(イ)から(ヘ)までの六個に区切る。宣命の内容は、(ロ)の陽成の退位、(ニ)の陽成の尊号、(ホ)の光孝の指名の三点から構成されているが、これらの文脈をどのように捉えるかは、いささか難解である。

まず第一に、(イ)と(ヘ)について宣命の定型と比較すると、(イ)については、普通「聞き食へと宣る」とあるところを「聞き給へと宣る」とする（(ヘ)も同様）点が気になる程度であって、ほぼ問題はないが、締め括りとなる(ヘ)については、不審な点がある。定型としては、(ヘ)の頭に、(イ)と同じく「と宣りたまふ御命を」の文言があるべきであろう。この「御命」の語によって、天皇の言葉であることを明確にした上で、衆人に呼びかけるのだが、(ヘ)は肝心なこの文言を欠いているために、(ホ)及びそれ以前の部分が陽成の意思を表現したものとはたして確実にいえるのかどうか、読み様によっては異なる解釈も許されるような余地を生み出している。

第二に、(ハ)について注目したい。この部分の解釈が、宣命全体の理解を左右する鍵となるであろう。まず、(ロ)からの続き方をみれば、「と宣りたまふ御命を……聞き給へ」とあって、(イ)と同じ文型であり、明らかに陽成から「親王等大臣等」に呼びかける形である。この呼びかけの対象には、(イ)や(ヘ)にあるような「王等臣等百官人天下公民」は含まれていない。そして問題は、その次に「詔を承りて」とある点がまことに異様である。この「承」る主体は「親王等大臣等」とみなさざるをえず、「詔」とは(ロ)の部分そのものを指すとしか捉え様がない[19]。つまり、文脈としては、この(ハ)において主客の転倒が起き、陽成の呼びかけの客体であった「親王等大臣等」が、行為の主体に変化している。

しかも、譲位宣命であれば、(ロ)の部分がこの宣命の眼目であって当然のように思われるが、その引き続く文章に、この(ロ)を「承」るという表現が登場するとはどうしたことであろうか。この問題点は(ニ)を見ればさらに一層はっきりする。(ニ)における行為の主体も明らかに「親王等大臣等」であり、ここに主客の転換が確定されたといえるであろう。それとともに看過しえないのはその内容である。(ロ)の退位の表明と、(ニ)の尊号の進呈とは、実は、同時的に、或いは相互無関係的にありうるような事柄ではない。退位の表明が先にあり、それを公卿等が諒承した後でなければ、尊号の進呈にまで事は運ばない。

そうした見方に基づいてこの宣命を読み直してみると、それなりに筋の通る解釈が得られるのではなかろうか。まず、(ロ)に言う退位の表明（(ハ)の「聞き給へ」の文言までがこれに含まれる）は、既に陽成が二条院に移る以前になされていたと理解することができる。その態度表明を受けたのは、「親王等大臣等」とあるように、朝廷の最高首脳部に限られており、彼らがこれを諒承して退位を決めたのも、二条院に移る以前であったことになろう。よって、この二月四日の二条院における儀式は、あたかも太上天皇の尊号の進呈式のごとき様相を見せている。この宣命はかかる経過をそのままに語っており、その点、常の譲位における宣命とは甚だ趣旨が異なるのであった。(ロ)の部分も、二条院に会集した衆人に直接語りかけたものではない。彼らには、「親王等大臣等」の伝聞として告知されたにすぎない。

以上の見方を裏付ける記事が『三代実録』にある。同書によれば、二月四日以前に既に二度にわたって、陽成は退位の意向を藤原基経に表明したという（本書二一〇頁）。この記事と宣命の内容とは符合している。すなわち、これが陽成の退位に至る経過であった、というよりも、これが陽成退位の手続きに関する方針であった、ということなのであろう。

かくして、最後に㈭が残されている。次の天皇に光孝を指名した、この行為の主体は誰なのであろうか。如上の結果からみて、㈡に引き続き、㈭のおいても、行為の主体は「親王等大臣等」であるとみなすことが最も妥当であろう。光孝に対して「御坐す」「立て奉る」「定め奉る」等の尊敬表現が用いられていることも、臣下の立場にふさわしい。

但し、尊敬表現だけについていえば、行為の主体を陽成とみなすことも可能である。長老に対し、年少者として敬語を用いることも十分にありえるからである。しかし、一方、前述したように、㈭から㈬への繫ぎ方に疑問がある。この㈭が陽成の意思と行為を述べたものであるならば、やはり〝天日継の位に定め奉ると宣りたまふ御命を（以下㈬）〟ということき、通常の文章となるべきであろう。このような肝心のところで定型から外れ、「御命」の語が削除されたということは、故意の働きによることを示すものではなかろうか。この点に、㈭の行為の主体は「親王等大臣等」である、との主張があるように感じられる。[20] これを差し当たり一つの結論としたい。

c　光孝擁立の問題にそって、この宣命を今しばらく検討しよう。次のような点が注目される。

第一に、この宣命の文章にあるごとく、光孝の擁立は皇太子としてではなく、天皇としてであった。それは「天皇が璽綬を奉りて、天日継の位に定め奉らく」の一節（ホ）に明らかである。

第二に、陽成は貴族によって太上天皇の尊号を進呈されたが、これは異例である。通常の譲位の場合は、この尊号は受禅した新天皇によって進上される。この点においても、この度の措置は型破りであり、通常の意味における譲位とは異なることが示されている。まず、陽成の退位が先に完了され、彼は太上天皇の地位に納められたのであった。しかる後、貴族によって光孝擁立の手続きが始まったのであり、これによって、陽成と光孝との間に譲位と受禅の直接的関係が結ばれることはなかったのである。この点にも光孝擁立のあり方は一貫した方針に貫かれている。

第三に、この宣命の性格をどのように捉えるかという問題がある。以上の検討結果によれば、この宣命の主体をなすものは天皇陽成の意思ではなく、貴族の意思であった。しかも、その表現形態は陽成の宣命にほかならないということは、どのように解釈されることになろうか。この特徴をそのまま素直にみれば、要するに、貴族の意思表明を陽成が紹介するという形式であることになろう。何とも変則的であり、不可解であるとの印象は拭われないが、むしろ、そこにこそ積極的な意味があることを理解すべきではなかろうか。

この貴族の意思表明は、何故それ自身独立しなかったのであろうか。何故陽成の宣命という形式の中に取り込まれたのであろうか。ここに皇位継承という問題の特殊な性格が考慮されなければならないと考える。一般論として、皇位継承は貴族の合意なしに行えるものではないが、貴族の合意のみで行えるものでもない。天皇の意思を無視することができないのは勿論のこと、天皇の意思こそが何よりも重視される。光孝の擁立はあまりに異例の事態であったため、一般論はそのまま通用せず、貴族の合意が前面に出されることを要したが、さりとはいえ、貴族の合意という形のみで事が済まされてはたしてよいものかどうか、不安が醸し出されたとしても当然といえよう。事が皇位継承であれば、貴族の合意は、やはり何らかの形で、天皇の意思の覆を纏うことが必要である。

そこで考案されたのが、貴族の意思表明を宣命の形式を以て紹介するという方法であった。光孝の指名は陽成の意思とは関係がないにもかかわらず、しかし、何かしら陽成の賛意があるかのごとき印象も与えるような、そうした摑みどころのなさにこそ、意図されたものがあるように思われる。そこには天皇の意思と貴族の合意との調和というバランスが働いている。この宣命の不可解な形にこそ、実は作者の苦心の跡があると認められるであろう。

四　光孝の擁立に至る経過

a　光孝を傍系とみなすについて、二つの疑問がある。一つは、彼の男子である宇多が即位したことであるが、この問題は次章において論じたい。二つには、光孝を傍系とすれば直系は誰か、また、何故傍系を必要としたのか、という問題がある。歴史上、傍系は直系の身代わりの役目を果していた。光孝も誰かの身代わりとなったのであろうか。また、清和以後、幼帝の出現によって、傍系の存在理由は失われたのではなかったか。かかる情況でなお傍系が登場する理由とは何か。これらの疑問について考えなければならない。

そこで次に、光孝の擁立経過について、少し詳しく検討したいと思う。陽成退位の方針が決められたのは、おそらく十一月半ばである。それから翌年二月初めまで、後継者の選考をめぐってどのような動きがあったであろうか。その事情が明らかになれば、光孝擁立の意味も多少ははっきりするであろう。これについては和田英松の見解がある。引用は次のごとく長文にわたるが、この和田説の再検討を通して卑見を提示することにしたい。

当時皇子の数頗る多く、現存せられた方が、嵯峨天皇より、清和天皇に至る、五代の皇子が三十人ばかりもゐらせられた、この中、(イ)源氏の姓を賜はつたのが十五人で、其他は、皆親王宣下のあつたのである。其御名は左の如くである。

嵯峨天皇の皇子秀良親王御年六十八
淳和天皇の皇子恒〔貞〕明親王御年六十
仁明天皇の皇子時康親王（光孝）御年五十五　国康親王
文徳天皇の皇子惟喬親王御年四十一
清和天皇の皇子貞固親王　貞元親王　貞平親王　貞保親王御年十一　貞純親王　貞辰親王御年七
貞数親王　貞真親王　貞頼親王

(ロ)親王十五人の中より、皇嗣を定むるに、御系統の上よりする時は、陽成天皇の御弟でゐらせらる、清和天皇の皇子九人の中より撰ぶべきもの、やうである。殊に貞保親王は、陽成天皇の同母弟で、基経とは叔姪の関係がある。また貞辰親王は、基経の女佳珠子の生むところで、基経の外孫である。然るにこの二皇子のみならず、他の七皇子をも推選しなかつたのは、如何なる故であらうか、其理由は明でないが、(ハ)或はいづれも幼少でゐらせられた故ではあるまいか。基経が私情をすて、、これを推選しなかつたのは所謂「至公無私」であらうか。(ニ)然らば、それより遡つて、文徳皇子仁明皇子の中より選ぶかといふに、(ホ)恒貞親王伝によると、これをもさし置いて、傍系にあたる淳和天皇の皇子恒貞親王を迎へようとしたのである。(ヘ)恒貞親王は、仁明天皇の御代太子の位を廃せられ、後出家して仏門に入らせられたから、其御辞退なさるべきは明瞭である。それにも拘はらず、これを立てようとしたのは、素より親王が賢明な方である故でもあらう。なほ玉葉にのせてある清原頼業の談話や、古事談に、(ト)皇嗣選定の際、左大臣源融が、近き皇胤を尋ぬれば、融等も侍るはといふた事をのせてある。(チ)融は嵯峨天皇の皇子であるが、既に姓を賜はつて、臣籍に下つて居たから、問題にはならなかつたのである。この源融の言と、恒貞親王を推選した様子とを以て推考すると、(リ)近代に近き皇胤よりも、古き御代に近き皇胤より選ぶべき事としたのではあるまいか。嵯峨天皇の皇子秀良親王は、最も古き御代に近き皇胤で、年歯も最も高い方であるから、第一にこの親王を迎へ、次に恒貞親王に及むだものと思はれる、果して恒貞親王が辞退せられたから、仁明天皇の皇子の中、賢明の聞え高く、文徳皇后の親しく重むぜられた、時康親王（光孝）を立てたのであらう。詔書には、光孝天皇を迎へて立てた理由が記してあるが、右の如き順序によつて、推選したものと思はれる。

以上の和田説については、多々欠点もあるとはいえ、その見識の豊かさに学ぶべきものがあろう。和田は皇位継承の資格と序列について思考し、以て光孝の占める位置を見定めようとしている。このような関心のあり方に、和田のすぐれた感覚をみることができるのではなかろうか。

b　和田はまず皇位継承の資格について論じ、その基準は親王宣下にあるとする。(イ)のごとく、賜姓者は資格を認められない。このことは(チ)にも述べられている。こうして和田は親王十五人（但し名簿は十四人）を有資格者として数え上げた。[21]しかし、ここに修正すべき第一点がある。

一般論としては、皇位継承資格が失われる条件は賜姓のみではない。もう一つの条件に出家がある。和田自身も(ヘ)に述べる通り、親王であっても出家入道した場合は、当然に皇位の望みは断ち切られるものとみなされていた。この時点において、恒貞（淳和子）、国康（仁明子）、惟喬（文徳子）の三人は既に出家しているから、有資格者の名簿からは一応この三人を削除すべきである。和田が出家人を有資格者の中に加えたのは、(ホ)にあるように、恒貞が擁立の候補者になったことを伝える史料があるためと思われるが、そのような個別の事例に流されて、原則を崩してはならない。原則は原則として立てることによって、個々の事例についても、その評価が明確になるであろう。

和田は次に、有資格者の中での皇位継承順位について論じる。その道筋は、最初に(ロ)の案を立て、次いでこれに代えて、(リ)の結論に至っているが、ここにも修正すべき点が大小幾つか存在する。

<table>
<tr><td colspan="2"></td><td>陽成</td><td>清和</td><td>文徳</td><td>仁明</td><td>嵯峨</td></tr>
<tr><td rowspan="4">有資格者</td><td>直系天皇の同母兄弟</td><td>①</td><td>②</td><td>③</td><td>④</td><td>⑤</td></tr>
<tr><td>直系天皇の異母兄弟</td><td>⑥</td><td>⑦</td><td>⑧</td><td>⑨</td><td>⑩</td></tr>
<tr><td></td><td>淳和</td><td>平城</td><td colspan="3" rowspan="2"></td></tr>
<tr><td>傍系天皇の男子</td><td>⑪</td><td>⑫</td></tr>
<tr><td colspan="2">無資格者</td><td colspan="5">賜姓者，出家人</td></tr>
</table>

①　貞保

④　秀良

⑥　貞辰，貞固等８人
（但し，貞辰の順位は①に繰り上がる可能性あり）

⑦　惟恒

⑧　光孝，本康

＊　②③⑤⑨⑩⑪⑫は該当者無し

その一つは（ロ）についてである。和田は皇位継承の順位を決めるために、まず原則的一般論として（ロ）を立て、清和の男子が最も順位が高く、文徳、仁明と遡るほど順位が低下するのではないかと想定した。（ロ）とともに（ニ）にこの考え方がみられるが、これは正しいと認められる。しかし、一般論として通用するためには、さらにもう一歩、組み立て方を綿密にすることが必要であろう。和田説に欠けているのは、直系と傍系を区別するという視点である。但し、和田にもこの視点の萌芽はあり、淳和を「傍系」とする発言もあるのではあるが（ホ）、それは順位の決め方に影響を与えていない。また、清和の男子については、貞保・貞辰の二人と他の男子とを区別しているが、それは単に基経との血縁関係からみてどうか、という見方に制約されたものであるため、文徳以前については、そのような関心を向けることもなかった。

直系主義の見方に立てば、皇位継承順位にも直系と傍系の区別がつけられるべきことになろう。この区別は二つの段階に適用される。まず一つには、嵯峨系皇統と淳和・平城との区別があり、前者が直系、後者が傍系である。次に二つには、嵯峨系の子孫内部における直系と傍系の区別がある。天皇の同母兄弟が直系の血統に繋がるのに対し、異母兄弟は傍系である。直系が傍系に優位することはいうまでもない。かかる原則が順位を決定する上での第一の基準になると考える。そして、和田の立てた原則(ロ)が第二の基準となるであろう。この二つを複合させれば、皇位継承順位は前頁の表のようにまとめることができる。

このような結果をみれば、大いに注目されるのは光孝（⑧）の位置である。現実には彼の皇位継承順位は最下位にあったことになる。この想定が成り立つとすれば、光孝の擁立は決して穏当とはいえないのであり、むしろ異常の趣があろう。何らかの特殊な事情なくしては、かかる事態は起こりえない。

c　次に検討されるべき問題は、和田論文も大いに注目していることであるが、恒貞に関する一件である。『三代実録』には光孝以外の擁立運動については何も記されていない。しかし、他の史料によると、光孝は唯一の候補者でもなく、最初から名を挙げられていたわけでもなかった。彼以前に候補者として登場したのは恒貞であり、恒貞の擁立運動が不成功に終って、その後に光孝に出番が回ったという。この史料がもし信頼に足るものであれば、まことに興味深い事実である。

そこで、まずその史料の信憑性を確かめよう。この伝承には二種の史料がある。その一は『恒貞親王伝』、その二は『扶桑略記』である。

(a)　『恒貞親王伝』（『続群書類従』伝部巻第百九十）

初めに元慶《がんぎょう》の末、天子（陽成）陽成院に遜《さ》る。時に太政大臣昭宣公（基経）、心を親王（恒貞）に属《つな》ぎ、左大臣源融・右大臣源多を率ゐて楽推の志を陳ぶ。親王悲しみ泣きて云はく、「内経に王位を厭ひて仏道に帰する者、勝《あ》げて数ふべからず。未だ沙門を謝《や》めて世栄を貪る者有らず。此れ蓋《けだ》し修行の邪縁なり」と。乃ち斎《とき》を薦《すす》めざること三四箇日、将に滅度に入らむとす。是《これ》に由《よ》り、更に仁和天皇(光孝)を迎へ奉る。

(β)『扶桑略記』第廿（元慶八年二月四日条）

亭子親王伝に［云］はく、時に摂政(マヽ)太政大臣、心を先春宮坊(マヽ)恒貞親王〈往年入道す。法名は恒寂。〉に属《つな》ぎ、右大臣左近衛(マヽ)大将源朝臣(マヽ)多等(マヽ)を率ゐて楽推の志を陳ぶ。是に於いて親王悲しみて泣く(マヽ)。内経に王位を厭ひて仏道に帰する者、勝《あ》げて数ふべからず。未だ沙門を謝《や》めて世に栄ふる(マヽ)者有らず。此れ善き(マヽ)修行の邪縁なり。乃ち斎湌(マヽ)を薦《すす》めざること三日(マヽ)、将に入滅(マヽ)せむとす。是《これ》に由《よ》り、即日(マヽ)更に議して(マヽ)一品式部卿時康(光孝)親王を迎へ、神璽を授く。〈已上の伝の文、紀納言作る。〉

この(α)も(β)も、それぞれ片方だけをみたのでは、信頼度に欠けるものがあろう。(α)はその成立年代や作者がわからない。片や(β)は文章に疑問がある。全体に(α)とそっくりの文章ではあるが、源融の名が抜けるなど、若干の相違があり、人名官職の表記はいささか仰々しさに過ぎる。特に「先春宮坊恒貞親王〈往年入道す。法名は恒寂。〉」の一句は、『伝』の原文に似つかわしくない。『伝』の主人公たる者に、かかる箇所でその経歴説明を付記する必要はないはずであるから、(β)は『伝』の忠実な引用とは思われない。『扶桑略記』編者が読者の便宜を計って、引用文を理解しやすいものとするために手を加えた、とみるべきであろう。「先春宮坊」の語も、『扶桑略記』編者の好みであるらしい[22]。このように(β)には『扶桑略記』編者による加筆の跡が認められる。

ところで、和田英松『本朝書籍目録考証』は、(α)の『恒貞親王伝』と(β)に引く『亭子親王伝』とは同一の文献であろうと説いている。もしこの和田説が正しければ、この史料の信頼度はにわかに高まることになろう。それぞれ両方の長所を生かすことによって、その互いの短所を解消できるからである。(α)の記述は自然であり、文章上の疑点はない。そして一方、(β)には貴重な記述が存在する。「已上の伝の文、紀納言作る」という『扶桑略記』編者の注文である。これによれば、この伝記の作者は紀長谷雄であったことになる。

(α)と(β)の文章はごく似ているから、(β)の引用する原文は(α)自体か、或いは、(α)とごく近い関係にある、と認めることは容易であろう。但し、その際に気になる点があるとすれば、それは書名である。何故(α)と(β)とで書名が異なるのであろうか。

これは次のように説明できるであろう。まず(α)については、現存の『恒貞親王伝』の写本は首部を闕いており、従ってその原名を正確に知ることはできない。『恒貞親王伝』なる書名は後人の付けたものであるとみなすこともできる。それは『後拾遺往生伝』所収の亭子親王伝を参照することによって、確証が得られる。他方、『亭子親王伝』なる書名については、十分に根拠があると認められる。それは『後拾遺往生伝』所収の伝と(α)『恒貞親王伝』とを参照すると、前者は後者をもとに作られていること、しかも、後者のかなり忠実な抄出文であることが明らかである[23]。すなわち、(α)『恒貞親王伝』の闕紙の部分は、『後拾遺往生伝』所収の伝によって、その内容の一部を補うことができることになる。そこで、『後拾遺往生伝』所収の伝の冒頭の書き出しに注目しよう。それは次のようになっている。

亭子親王諱恒貞（小字カ）は淳和天皇の第二子なり。

(α)『恒貞親王伝』の、今は闕紙となっているその書き出しは、おそらくこれと同文であったとみなしてよい。つまり、この(α)『伝』において、恒貞は主に「亭子親王」と呼ばれていたのであり、故に書名の原題も『亭子親王伝』であった可能性が最も高いであろう。恒貞が「亭子親王」と呼ばれた理由については、『後拾遺往生伝』に「即ち淳和院東亭子に住す。故に亭子親王と号す」とある（この箇所も(α)『恒貞親王伝』の闕紙の部分に当たり、故に現存の(α)にはこの記述がない）。

以上によって、(α)『恒貞親王伝』の原名は『亭子親王伝』であったとみなすことができるであろう。つまり、(β)に引用された文献は(α)に一致すると推定して、ほぼ誤りないと思われる。そうなれば、前述のごとく、この『伝』の作者は紀長谷雄であるといえることになる[24]。長谷雄は八五一（仁寿元）年の生まれであるから、陽成退位の八八四年には三十四歳であった。この事件には長谷雄も多大の関心を寄せたに違いなく、事件の経過についても十分に確実な情報を知りえたはずである。それは彼の実体験の時代である。作者が紀長谷雄であるとなれば、この(α)の史料の少なくともこの事件に関する記述については、十分に高い信頼性を認めることができるであろう。

d　史料についてさして疑問をはさむ余地もない以上は、恒貞擁立運動の存在を事実と認定し、その意味をあらためて考え直さねばならない。この時点において恒貞に皇位の話がもちあがるとは、およそ常識的には考えられないことである。

第一に、恒貞は承和の変（八四二年）において、廃太子に処された人物である。彼の皇位継承権はこのとき公けに否定された。

第二に、この政変によって嵯峨系は直系としての地位を確立し、既に四代四十年余の実績を固めてきた。それと表裏の関係で、淳和系の傍系化も既に確定済みである。

第三に、恒貞は既に出家の身であり、みずからも皇位の望みを断った。しかも、(a)『恒貞親王伝』によると、彼の男子もそろって出家したために、恒貞の血統は絶えることになった。

これだけ不適格な条件が揃いながら、なおかつ、彼の擁立をはかる動きが起きたとすれば、それはいかなる理由によるものであろうか。これは光孝の擁立を絡めて、その事情を推量する以外にないであろう。恒貞は光孝よりも先に候補者にあがったという。皇位継承の資格に劣るということでいえば、そもそも光孝がそうした人物であったが、しかし、恒貞に較べれば、まだしも光孝の方が資格は上であろう。この恒貞と光孝との位置関係が重要である。考え直してみれば、恒貞の登場によって、この皇位継承問題をめぐる情況の特殊性が一層鮮明にされたといえる。

前に表にもまとめたように（本書二三八頁）、皇位継承順位をみれば、光孝は有資格者の中で最下位にあった。しかし、恒貞はそれより下というよりも、無資格者の位置、つまり、そもそも皇位継承候補の対象になりえない、順位のつけようのない、いわば埒外の位置にいた。このように皇位継承資格に欠ける点においては、恒貞は他の誰よりも最も徹底している。となれば、この条件こそ恒貞に白羽の矢が立った理由と考えられはしないであろうか。

このような見方をとれば、源融《とおる》の一件についても納得がゆくであろう。和田説の(ト)(チ)に紹介されているが、出典は『大鏡』にある。このとき融はみずから皇位を望んで立候補したが、基経の反対にあい、実現には至らなかったという。この伝承はこの記事だけを読むといかにも作り物めいており、半信半疑にならざるをえないが、しかし、恒貞擁立運動を事実とおさえれば、この融の自薦運動も大いにありえることのように思われる。

融は賜姓者として、恒貞と同じく埒外の集団に属した。しかるに、この度の皇位継承問題ばかりは資格の劣るものほど好条件とされ、実際に恒貞の擁立がはかられる事態となってみれば、賜姓者であることがむしろ有利な条件に転ずるようにも思われてくる。恒貞擁立案が失敗した段階においては、嵯峨系の子孫の中から誰かを選ばねばならない。嵯峨の男子である融は、世代としても最も遠くにあり、確かに恒貞に代わる候補者に浮上してもおかしくはないといえよう。融にこのような自己主張があったとしても不思議はない。『大鏡』の記事はかかる視点から生かせるであろう(25)。

以上によって、光孝擁立の事情はかなり明瞭に把握できる。擁立の一番手は恒貞であり、三カ条も不適格な条件を具えていたことがその理由であろう。このような人物を求めることが次期天皇を選定するための方針であったと考えられる。やはり、光孝は皇位継承資格に最も劣るが故に擁立された、と判断されなくてはならない。

かかる方針が立てられたことの意味は、一代限りの天皇を選ぶためであった、ということも十分に明らかであろう。選ばれた天皇が無事に一代限りで終わるためには、もともと皇位継承権を主張しえないような人物を選んでおけば安全である。確かに恒貞こそ全くそれに相応しい。しかし、光孝でもよいのである。光孝が即位した時点においては、彼は一代限りで終わるものと誰もがみなしたであろう。

e　和田説をふり返ってみると、彼は皇位継承順位の基準として、最初(ロ)を立て、次にこれに代えて(リ)を立てることになった。しかし、(ロ)と(リ)は世代と年齢によって階梯を設けるという同じ考え方の上に成り立っており、その順位の決め方の方向が逆なだけである。前述のごとく、(ロ)は基準とするには欠陥があり、通用しがたいものであれば、(リ)もまた有効性を伴わないであろう。

(リ)が成り立つためには、和田も言うように、秀良がその候補者の筆頭に置かれねばならない。しかし、秀良が擁立の候補に挙げられたという徴証は全く見出されず、この想定は無理といわざるをえない。年齢階梯的な基準のみでは、皇位継承を律する原理とはなりえないのである。

如上の結果として、先に提示した皇位継承順位に関する私案（本書二三八頁）は、その有効性を確認しえたと判断する。恒貞や光孝の擁立運動を説明するに当たって、大筋において私案に矛盾は生まれなかった。私案は、誰が順位が高いかという判定にも、誰が順位が低いか、資格に乏しいかという判定にも、その両方の使用に耐ええたように思われる。

そこで残された問題は、何故一代限りの天皇が擁立されたのか、に煮詰まった。この天皇は誰かの身代わりとなったのであろうか。しかし、事態の推移をどこから見ても、直系が確定していたかのごとき兆しは一向に現われない。これは光孝の三年余にわたる在位期間を通してもいえることである。

この時期においては、もし直系が確定されれば、その直系がすぐに立太子し、即位するはずであり、一代限りの傍系は必要とされないであろう。和田は(ハ)において、幼少であることが即位の妨げになるかのようにみなしているが、それは過去の時代の話である。仮りに一歩譲って、幼帝を避けることになったとしても、立太子はなされて然るべきではなかろうか。光孝のもとで、貞保も貞辰も、誰も皇太子には立たなかった。彼らは誰も後継者としての合意を獲得するに至らなかったとみなさざるをえない。理由は不明である。彼らに何らかの難点があったのかもしれないし、陽成の意思に関係することかもしれない。しかし、兎も角もこのような事態が藤原基経にとって、まことに望ましからざるものであることは明らかであろう。基経は貞保や貞辰という絶好の人材を擁しながら、合意をとりまとめることができなかった。このことに基経の政治力の決定的な限界をみるならば、それは基経の評価についての反省を促すことになろうかと思われる。

以上のごとく、あらゆる情況は直系の存在について否定的である。直系を担うべき人物は未だ確定していない、と判断されるのではなかろうか。つまり、直系不在の事態が生まれ、その解決が困難となったため、当面、傍系を立てることとなったのではなかろうか。この仮説に基づいて、全体を捉え直してみよう。

f　以上のまとめとして、八八三年十一月から翌年二月までの事件の経過に、多少とも見通しを立ててみようと思う。もとよりその子細を語る史料はごく限られており、肝心な点ほど、ただ推量に頼るしかない。以下にその卑見を述べよう。

陽成が殺人事件を起こしたとき、この青天の霹靂ともいえる衝撃は貴族を狼狽させたに違いない。まず、陽成をいかに処遇するかという問題が協議され、その結論は、事件を秘匿したまま、陽成を穏便に退位させる、という線に落ち着いた。ここまでに一週間ほどが費されたらしい。

そこで、問題は次に移る。天皇の後継者を選定しなければならない。そのための協議や工作はすぐに始まったであろう。しかるに、それは意外に難航することになった。その年内に決めることができなかったばかりか、新年に入っても一向に結着をみなかった〔補注2〕。後継者が決まらない間は陽成の在位が続くことになり、朝廷の儀式にも支障をきたしていた。このような状態を徒らに長引かせるわけにはゆかない。おのずから時間の限度があった。

おそらく正月も半ばの頃であろうか(26)、混迷した事態を打開するために、一つの収拾案が出されたと推測される。それは次のような内容を骨子としていたはずである。

(i) 正式の後継者を選定する作業は、この際一旦中止する。
(ii) 当面、それにかえて、正式の後継者の候補には推挙されなかった人物を選んで、皇位に即ける。
(iii) この天皇は一代限りである。従って、一代限りに相応しい条件を具える人物が選ばれなければならない。
(iv) この天皇のもとで、あらためて正式の後継者を選定する作業を再開する。
(v) この天皇は、正式の後継者が即位するまでの中継ぎの役割を果す。

貴族はこのような収拾案によってまとまり、恒貞の擁立が合意される。しかし、それは恒貞の固辞によって、また暗礁にのりあげた。源融の自薦運動も潰れたのち、次に、光孝の擁立が合意される。その実現がなったときは、既に二月に入っていた。

以上が約三カ月間にわたった騒動の顚末である。この筋書きには、私の想像が多分に盛り込まれている。特に、〝正式の後継者を選定する作業〟なるものは、史料上に全くその姿を現わさない。正式の後継者とは直系を担う人物のことである。史料のないことを語るべきではないが、しかし、これが皇位継承問題の中心にあったと想定しなければ、光孝の擁立に至る意味を捉えきることはできないのではなかろうか。光孝に何故一代限りという条件が付随されたのか、この疑問を解くためには、必ずやかかる想定が必要になると確信する。

最後に今一度、光孝即位の時点における情況を確認しよう。次の二点をふまえて、次章に進むことにしたい。

㈠　直系の継承者は未決定の状態にあったこと。

㈡　光孝自身は依然として傍系の立場にあったこと。

注

（1）　和田英松「藤原基経の廃立」（『中央史壇』二巻五号、一九二一年五月）。本章に引く和田説は専らこの論文による。

(2) 和田英松「藤原基経阿衡に就て」(『中央史壇』十二巻四号、一九二六年四月)。
(3) 『玉葉』承安二年十一月廿日条。
(4) 『三代実録』元慶七年十一月十六日条。
(5) 第三章注(32)参照。陽成の場合は、実際問題として、退位の時点において未だ彼には男子がなく、従って、彼の子孫の皇位継承権については、不問に付されてもよい状態にあった。陽成の長子は八九〇(寛平二)年に誕生するが、既に宇多の即位した後であり、皇位継承問題は一応決着済みとなっている。陽成の子孫は、その処遇が現実の問題となる機会を得ないままに、おのずと皇位継承権から遠ざかってしまったと解するのが妥当ではなかろうか。〔補注3〕
(6) 『三代実録』元慶七年八月十二日条。
(7) 『三代実録』元慶六年正月廿五日条。
(8) 『三代実録』陽成天皇元慶八年二月四日条。
(9) 『三代実録』元慶八年四月十三日条。
(10) 光孝女御藤原佳美子(『三代実録』元慶八年六月廿日条)を和田は基経の女子ではないかと言うが、その理由は、佳美子の名が基経女子佳珠子に似て姉妹の如くみえる、ということでしかない。
(11) 立太子を欠く例として、後白河の場合をみると、近衛の死去後、鳥羽が後継者に選定したのは二条(後白河の長子)であり、その皇位継承のために、取り敢えず先に父の後白河を即位させた(龍粛「後白河院の治世についての論争」〈同氏『平安時代』所収、一九六二年、春秋社〉)。つまり、後白河もまたいわば中継ぎ役に等しく、立太子のないことに符合する。このとき二条への中継ぎ役に、近衛の同母姉八条院暲子内親王を立てるという女帝案もあったと伝えられることは興味深い。女帝の登場する機会はまだありえたのである。

なお、後白河については、あたかも権謀術数にたけた老獪な政治家とみなす誤解が一部にあるが、彼は元々天皇たるべき資質に欠ける無能無見識な人物であった、とする評価の方が当たっているであろう（貫達人氏「後白河院と源平二氏」〈『日本人物史大系一　古代』所収、一九六一年、朝倉書店〉。永井路子氏「後白河法皇」〈同氏『源頼朝の世界』所収、一九七九年、中央公論社〉）。

(12)『三代実録』元慶三（八七九）年三月廿三日条、同年閏十月五日条。

(13)『三代実録』陽成天皇元慶八年二月四日条、光孝天皇元慶八年二月四日条及び同月五日条。

(14)『神道大系　儀式・内裏式』（渡辺直彦氏校注、一九八〇年、神道大系編纂会）。

(15)井上光貞氏『日本古代の王権と祭祀』（一九八四年、東京大学出版会）九八頁にこの点の指摘がある。但し、井上氏は光孝を「皇太子」とされている。

(16)『儀式』の規定との相違は固関使の発遣についても見られる。『儀式』によれば、固関使は譲位式の前三日に発遣することになっており、清和譲位の際はその前日に発遣された（『三代実録』貞観十八年十一月廿八日条）。しかるに此の度は、固関使の発遣は二月五日であり、光孝の践祚に伴って行われている。

また、『儀式』によれば、鈴印鑰は譲位式の最後に新天皇のもとに届けられ、そののち新天皇は東宮に帰還することになっているが、これについても、四日は鈴印鑰を内裏に留め置いており、五日になって東宮に届けられた（『三代実録』元慶八年二月五日条）。

(17)『三代実録』元慶八年二月廿三日条。また、この光孝の宣命においては、即位宣命の定型文言である「（天智天皇の）初め賜ひ定め賜へる法のまにまに」の最後の部分が「法なり」とされており、「まにまに」とはなっていない。つまり、光孝の即位が天智の「法」に則るものであると明言することを意図的に避けたとみるべきであろう。

(18)『新訂増補国史大系5　類聚国史(前篇)』(一九三三年、吉川弘文館)一五二頁の校訂文に拠る。この宣命に関しては、『三代実録』の写本よりも『類聚国史』の版本の方が良質であるように感じられる。

(19)『三代実録』の写本は「詔」字が「給」字になっているが(…給へ(と)承《う》け給はりて、恐み…)、文意の解釈に変わりはない。

(20)和田英松もこの宣命を解釈して、「天皇遜位の事は、陽成天皇よりの給はせられたのであるが、次に太上天皇の尊号を上つる事と、皇嗣を定められた事は、別の方の言辞である」と述べている。但しこれに続けて、「其の主を掲げてないから明でないが、蓋し摂政が、下したものと見るより外には、解すべきやうのないものである」と言うのは不可解であり、基経中心の見方の悪影響であろう。

(21)和田の名簿には本康(仁明子)と惟恒(文徳子)の二人が漏れており、これを補う必要がある。

(22)『扶桑略記』元慶五年十月十三日条(高丘)、長久二年八月十六日条(敦明)。

(23)『後拾遺往生伝』(『往生伝・法華験記〈日本思想大系7〉』所収。一九七四年、岩波書店)巻上(第十三段)の亭子親王の伝(γ)と、(α)『恒貞親王伝』とを対照した結果は、次表のごとくまとめられる。説明すると、まず、(α)と(γ)とで記事の重なり合う箇所があり、その部分を比較すると、(γ)は(α)の抄出文であることがわかる(ⅡとⅣ)。次に、(γ)の残りの部分、即ち(α)に存在しない記事の部分は、丁度、(α)の闕紙の箇所にすべて該当している(α)には首部、中間部、尾部の三カ所に闕紙がある)。故に(γ)の全文(Ⅰ~Ⅴ)は(α)の完本の抄出文に違いない、と推定できる。

なお、(α)の中間部闕紙の次の文章の書き出しは、「陵辺焉大覚寺者（下略）」となっている。この「陵辺焉」の三字は明らかに(γ)の結尾の「陵辺矣」に一致するから、一見不審であるが、これはおそらく、現存(α)の祖本に錯簡があったと解するべきであろう。つまり、祖本の最後の一紙が紛れて中間部に混入し、それを書写した際に「陵辺焉」の三字が次紙に送られ、そしてその写本の中間部を闕落した結果が現存の(α)である、という順序で考えれば、一応の説明になろうか。

	(γ)後拾遺往生伝（亭子親王伝）	(α)恒貞親王伝の記事の有無	説　明
Ⅰ	亭子親王諱恒貞……天皇勅日	無	(α)の首部闕紙
Ⅱ	昔天平末……脱重負豈不可乎	有	(γ)は(α)の抄出文
Ⅲ	即住淳和院……皆施入大覚寺	無	(α)の中間部闕紙
Ⅳ	夫大覚寺者……皆落髪為僧矣	有	(γ)は(α)の抄出文
Ⅴ	親王性無……葬于太后陵辺矣	無	(α)の尾部闕紙

(24)　所功氏「『恒貞親王伝』撰者考」（『皇学館論叢』二巻一号、一九六九年二月）は『伝』の撰者を三善清行とされるが、『扶桑略記』編者注文を否定する論拠も、三善清行であらねばならぬとする論拠も、ともに乏しいように思われる。

(25)　『大鏡』は源融が「ちかき皇胤をたづねば融らもはべるは」と発言したと伝えるが、事実としては、融は「近き皇胤」ではなく、遠き皇胤である。融はおそらく、遠き皇胤であることを理由に立候補したはずであるが、それは『大鏡』の作者の理解力を越えるであろう。

(26)　『恒貞親王伝』に恒貞は擁立を固辞して「三四箇日」、即ち十二日間、絶食したとあることにより、擁立運動が二週間程続いたとみて、逆算してこのように推定した。

〔補注〕

（1）『左経記』長元元年七月十九日条に「小松帝《光孝》皇太子に立たず」とある。

（2）補注（3）に述べたごとく、陽成の長男源清蔭は陽成退位の元慶八（八八四）年に誕生したが、原版はこの点を見落としたため、以上の光孝擁立問題の分析では清蔭の誕生に触れていない。そこで今、この点を取り上げ、本書の分析との関係を検討して、卑見を補足したい。

陽成退位・光孝即位は二月四日である。清蔭の誕生が二月以降である場合は、陽成は男子がいない状態で退位したことになるので、本書の叙述はそのまま通用するといえよう。それでは次に、清蔭の誕生が正月である場合はどうか。陽成の長男が生まれたことによって、光孝の天皇としての性格について、あるいは光孝擁立の意味について、本書の論旨とは異なる別の見方、論点が必要となるであろうか。卑見はその必要があるとは考えない。清蔭が誕生しても情況に変化は生じないとみる。その理由は第一に、清蔭は直系の後継者となりうる人物ではないからである。清蔭の生母は紀氏といわれ、直系の資格に欠けている。従って、清蔭が登場しても、直系の継承者が決まらないという情況は変わらないのである。そして第二に、生まれたての乳児が傍系の役割を担うことはできないからである。清蔭のような立場の者には傍系の天皇に立つという役割もあるが、それにはある程度の年齢に達することが条件になろう。生まれたばかりの乳児が恒貞や光孝に代わりうるわけはない。以上のように、たとい清蔭の誕生が正月であったとしても、それは情況に何らの影響も与えなかったと考えられる。光孝の擁立は清蔭の存在を顧慮することなく進められたとみるべきであろう。よって、本書の論旨に修正等の必要はないと判断したい。なお、次章（第七）の補注（1）も参照されたい。

（3）　注(5)に「陽成の長子は八九〇（寛平二）年に誕生する」と述べたのは事実誤認である。八九〇年誕生は元良親王であり、陽成の長男である源清蔭は八八四（元慶八）年に誕生した（『公卿補任』『一代要記』）。元慶八年は陽成退位・光孝即位の年である。よって、この事実誤認に基づいて記述した注(5)を撤回する。その上で、原版が八八〇年代を通して陽成には男子がなかったとする誤った認識を持ちつつ光孝・宇多両天皇擁立問題を分析していることに関し、かかる事実誤認を正すことによってその分析内容に影響が及ぶかどうか、修正が必要となるかどうかを検討し、その結論を、光孝擁立問題についてはは本章の補注(2)に、宇多擁立問題についてはは次章（第七）の補注(1)(二九六〜二九八頁)に述べた。

第七　宇多「院政」論

一　宇多即位の事情

a　光孝は三カ年半在位して、八八七（仁和三）年に死去するが、その皇位を継いだのは光孝の男子、宇多であった。このことは、前章に述べた話の道筋が突如跡切《とぎ》れてしまうような印象を与えるかもしれない。宇多の即位という結果からみれば、光孝を一代限りとした判断にも誤りがあるのではないか、という疑問も生まれよう。しかし、私は宇多の即位という事実をふまえたうえで、なお、光孝は一代限りのはずであったと主張したい。この話の道筋の上に宇多を登場させてみると、宇多という人物の人となりや、彼の様々の行状の意味が、よりよく理解できるように思われる。一言でいえば、宇多はまことに天皇らしからぬ天皇である。彼の行動様式は何かにつけて型破りであり、それ故に個性的ではあるが、その裏返しとして、彼ほど貴族と対立した天皇も珍しい。宇多のそうした特異な性格に興味を抱くとき、彼の鬱屈した心理の何たるかに想いを廻らすことにもなろう。

b　『三代実録』によると、光孝の死去する四日前、八月二十二日の日付を以て藤原基経以下公卿連名の上奏があり、立太子が要請された。これを受けて二十五日に光孝の詔が出され、宇多が皇太子に指名される。宇多は光孝の第七子で二十一歳、前述したごとく、父光孝の即位後に源朝臣の姓を与えられていたが、このときその臣姓を削られて親王となり、翌二十六日に皇太子に立つ。光孝はこの日の午前十時頃（巳二刻）に死去し、皇太子は即日践祚した。まことにあわただしい数日間であった。

宇多の擁立は、かくの如く、光孝の臨終の間際に一気に実現された。この切迫ぶりをみても、事ここに至るまで、かなりの紆余曲折を経たであろうことが推測されよう。その間の事情を伝える史料として、わずかにあるのは菅原道真《すがわらのみちざね》の「奉昭宣公書」(1)（八八八年）である。これは、いわゆる阿衡《あこう》事件の際に基経に宛てて執筆されたもので、まだこの時期には宇多と道真の間に特殊な結び付きは生まれていないから、その記述には十分の客観性を認めることができるであろうと思われる。その一節に次のようにある。

閭里に言ひて曰く、「先皇（光孝）、今上（宇多）を立て、太子に為さんと欲するは数《しばし》ばなり。而るに大府（太政大臣）（基経）奉行を務めず」と。その間の小事、人皆これを聞く。（中略）この事、街談巷語に出づと雖も、或いは万分の一採用すべきか。（中略）又聞く、去年、先皇晏駕の朝、今上承嗣の夕、功は漏剋《ろうこく》に成り、議は須臾《しゅゆ》に定む。貴府の持重に因縁し、傍人の言を出だす有ること无し。宜しきかな、先皇の顧託に寄するなり。

和田英松は、この史料もふまえた上で、次のように論じている。「藤原基経阿衡に就て」(2)から引用しよう。

然らば基経は、始より宇多天皇に心を寄せて居つたものであらうか、（中略）宇多天皇ばかりでなく、他の皇子をも、皇嗣とする意志のなかつた事は明である。（中略）光孝天皇は、屢宇多帝を皇太子に立てんと思食されたけれど、基経が命を奉じないのであつた。それが崩御の前に至りて推薦したのは、何か理由がなくてはならぬ。蓋し基経が、始命を奉じなかつたのは、他に皇嗣を求めて居た為であらう。然るに予期に反して、他に推薦すべき皇嗣なく、事旦夕に逼つたから、已を得ず宇多天皇を薦めたものである。

以上の和田の解釈は、話の筋として概ね妥当と認められるが、基本的に修正されねばならないのは、捉え方が光孝と基経の二人の関係のみに限られている点である。二人の行動は、貴族全体の動向の中に位置づけられることが必要であろう。

第一に、光孝の男子を「皇嗣とする意志のなかつた事」は、基経の個人的意思の問題ではない。それは全体の合意に基づく方針であった。基経の行動もこの合意が背景にあると捉えるべきである。光孝の宇多擁立案はその合意の本来の趣旨に反するものであるから、基経がこれに同意しないとしても当然といえよう。

第二に、基経が「他に皇嗣を求め」たのは事実としても、それは基経の個人行動ではない。公卿全体の合議によって正式の皇位継承者を選定する作業が進められていた、と推定されるのであり、「他に皇嗣を求め」ることはその選定作業の基本方針であったと考えられる。

第三に、「他に推薦すべき皇嗣なく」ということは、従って、基経の個人的な推薦ではなく、この公卿による選定会議が遂に最後まで候補者を決定することができなかった、という事態として捉えられねばならない。

陽成の突然の退位により、烈しい衝撃と混乱がもたらされたとしても、何故その後継者の決定がかくまで難航したのか、まことに不審である。兎も角も光孝を担ぎ出して急場を凌ぎ、時間的余裕をもってこの課題に取り組んだはずであるが、しかし、三カ年を経過しても、解決の目処は一向に立たなかったらしい。その理由は不明とせざるをえないが、この混迷によって、はじめて宇多擁立案の登場する道が開かれた、ということは間違いなかろう。全く「予期に反し」たことであった。

後継者選びが不調を続けたことによって、思わぬ方向に情況は変化した。光孝は傍系から直系に変身する可能性をつかむことができた。いかに一代限りの合意があったとしても、膠着した事態を目の前にすれば、光孝が自己の子孫に皇位を継がせたいという希望をもつようになるのも当然といえよう。それが天皇の意思として示されれば、無視しがたい重みをもつことにもなろう。

「奉昭宣公書」によれば、宇多の擁立については、最後まで根強い反対論があったらしい。「傍人の言を出だす有ること无し」とあるように、基経はその反対意見を抑え込んで、光孝の「顧託」に応えたという(3)。この史料に云うところをみても、光孝の死期を迎えた時点でのかなりきわどい決断であったようである。宇多の擁立は基経個人にとって何ら望ましいことであるはずはない。彼があくまでも基本方針を楯に光孝の意に従わなかったならば、宇多の即位はありえなかったであろう。しかし、基経が最終的に宇多擁立案を支持したというところに、彼の微妙な立場がうかがわれるように思われる。

基経にしても、もし後継者選びについて好転の兆しが感じられたならば、宇多擁立案を呑むことにはならなかったであろう。しかし、貴族の合議によって候補者を決めることができない以上、宇多擁立案のみが唯一の現実性ある解決案として浮上することになる。基経にも貴族全般にも不満はあるが、しかし、この案を潰せば、光孝死後の皇位継承問題はどのようになるか、混迷の深まるであろうことがはっきりしているのであれば、基経は公卿の首座にある者の責任として、宇多擁立案で収拾をはかろうと決断せざるをえなかったのではなかろうか。宇多の即位事情を以上のように推測してみたい〔補注1〕。

c　かくして宇多は即位し、事実上、後継者の地位を得た。しかし、それについて貴族の合意があるとは言い難い。彼は前途多難な情況に置かれていた。一旦は臣籍にあったという経歴をもつ天皇は、史上宇多のみである。皇位継承権を放棄したにもかかわらず、一転して皇位に即《つ》いたとなれば、天皇としての権威が具わるはずもない。太上天皇陽成から「当代は家人にはあらずや」(4)と蔑まれることもありうるような立場に、確かに宇多はいたのであった。

そのような感情は、基経のみならず、貴族全体にわだかまっていたであろう。そして、そのことを宇多自身が意識しないはずはない。しかも、宇多はなかなかの自信家で、我の強い性格であったらしい。若さも手伝って、天皇としての自負のみが表立ったとすれば、貴族のそうした感情を逆撫ですることにもなろう。即位の翌年に起きた阿衡事件は、いわばその竹篦《しっぺい》返しであったともいえるのではなかろうか。

阿衡事件については和田論文に詳しく、的確な指摘もある。事件の顚末は諸先学の論文や概説書に譲って、いまは立ち入らずにおきたい。和田論文は、基経の意図するところは将来の皇位継承問題にあったとしている。この事件で失脚した橘広相《ひろみ》は、宇多の舅であった。広相の女子には当時既に宇多の第二子、斉中《ときなか》が生まれている。基経は広相を追い落とすことによって、斉中の皇位継承権を牽制したのではないか、とする和田の見解はおそらく妥当であろう。この説を認めた上で、事件の別の側面にも目を向けてみたい。

この事件には不可思議な面がある。一見して、双方ともにいかにも大人気なく意地の張り合いに終始した、という印象を受ける。事は基経を摂政に任じる勅文に発していたが、実のところ、基経が摂政に就任するというそのこと自体については、宇多も基経も貴族等にも、誰にも異存はなかった。争点は「阿衡」なる語義の詮索に過ぎない。このあまりに詰まらぬ些細な争点をめぐって、何故後世の語り草にもなるような拗れた事態が生まれたのか。

ここに注意したいのは、貴族の大勢が一貫して基経を支持し続けたことである。この事件には基経の利害のみでは割り切れない側面がある。事件の実情は、宇多に対する貴族の嫌がらせともいえるような様相を帯びており、貴族の結束の固さの前に、宇多は遂に屈服せざるをえなかった。つまりは、これは貴族が宇多に売った喧嘩のための喧嘩である。争点に重要な意味があってもなくてもよいのであり、彼らの胸に鬱積していたものが発散できれば、それでよいのであった。貴族らは宇多に一太刀浴びせて溜飲を下げたであろうが、宇多にとってはまことに屈辱的な経験であった。阿衡事件が起きた要因には、宇多の擁立に絡まる感情的なしこりに根差す面があると理解したい。

宇多はこれ以後、表面的には基経との協調をはかりながら、隠忍自重の日々を送る。その基経も八九一（寛平三）年に死去し、宇多は自立的活動を始めたが、彼の行動は常の天皇と異なり、貴族との融和に背を向ける傾向があった。これも即位当初に孤立と屈辱を味わわされたことの後遺症といえようか。あれもこれも父光孝から相続した負の遺産である。その即位をめぐる特殊な事情がすべての出発点であろう。彼はそもそも自分が天皇としての権威に欠けることを強く自覚していたと思われる。しかも、阿衡事件によって、その事実を否応無しに思い知らされた。ここに彼の行動原理がつくられた。宇多は直系を担うものにふさわしい権威を、天皇としての真の権威を、みずからつくり出さねばならない。彼は彼なりの方法で、この課題に立ち向かうことになった。

二　醍醐即位をめぐる基本方針

a

宇多の長子醍醐は、藤原北家とはいえ傍流の高藤《たかふじ》の女子（胤子）の所生であった。宇多はこの醍醐を八九三（寛平五）年に皇太子に立て、次いで八九七（寛平九）年七月三日に譲位する。醍醐はこの日、十三歳にして元服を加えるとともに、即日受禅した。皇太子の元服と譲位とが一体化され、儀式としては連続的に執り行われたのであり、きわめて珍しい例である。このことにはどのような意味があるのであろうか。

十三歳という年齢も元服にはいささか早目であろう。この頃の天皇の元服年齢は十四歳と十五歳に集中している。稀に十六歳のこともある。十三歳は淳和の一例があるとはいえ、やはり通例とはいえない。

特に急ぐ場合は十三歳、ということなのであろう。

あれこれ考え合わせると、それなりの意味が籠められているらしい。宇多は醍醐の一日も早い元服と、一刻も早い譲位を待ち望んでいたかのように感じられる。そこに宇多の心情が率直に表現されているようにも思われる。宇多はこの譲位によってどのような体制をつくろうと意図したか、次の三つの論点について検討を加えよう。

㈠　醍醐に関する婚姻政策

㈡　醍醐の立太子から即位に至る経過

㈢　人事政策

㈠を検討した後、㈡と㈢については、一つの問題にまとめて叙述したい。

b　まず、㈠の婚姻政策であるが、これに関して宇多の施した方策は、きわめて特色あるものであった。

第12図

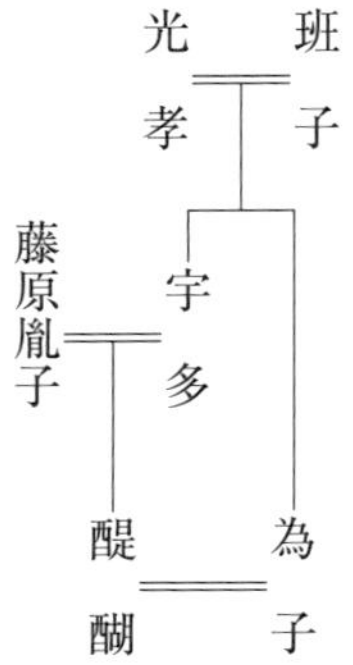

醍醐が元服、受禅したその夜の副臥《そいぶし》の女性を為子《ためこ》という。為子は光孝の女子、宇多の同母妹であった。彼女はそのまま醍醐の妃に立てられるが、二年後、出産に際して死去している。(5) そのため、所生子は残されていない。

この近親結婚は、おそらく宇多の皇位継承構想より出たもの

ではないかと予想されるが、その予想を裏付ける史料がある。半世紀ほど後に、藤原師輔《もろすけ》は次のような証言を日記に残した。(6)

> 但し、延喜の初め、皇太子〈保明〉〔三〕四年十一月晦日に降誕し、明年正月に至り、公卿上表するなり。幼稚の皇子、表の例無しと雖も、此般に至りては頗る内謀有りと云々。その故は、延喜天皇(醍醐)始めて元服を加ふるの夜、東院后(班子女王)の御女《おんむすめ》の妃内親王(為子)幷に今の太皇大后(藤原穏子)、共に参入せんと欲す。而るに法皇(宇多)、母后(班子)の命を承り、中宮(穏子)の参入を停めらるるなり。その後、彼の妃内親王、幾ばくならずして産に依りて薨ず。その時、彼の東院后宮、浮説を〔聞〕きて云はく、「中宮の母氏の冤霊《えんりょう》に依りて、この妖《わざわい》有り」と云々。これに因り、重ねて「中宮の参入を停めらるべし」と云々。而るに故贈太政大臣時平、左右《そう》を廻らして参入せしむるなり。法皇、怒気有りと雖も、事已に成れるなり。遏《とど》め給ふ能はず。大后、幾程も経ず、男皇子(保明)を産む。延喜天皇、旧例を存ずと雖も、法皇の命を恐るるがため、敢てその儀に及ばす。贈太政大臣、この気色を見て、相議して上表するなり。この事、文簿に見えず。
> 又相知るの人乏しと雖も、昔より側《ほのか》に伝承する所なり。

この藤原嫡流家の伝承によれば、宇多は藤原穏子の入内《じゅだい》に一貫して反対し、妨害し続けたという。事実、穏子が女御《にょうご》の地位を認められたのは、為子の死後、しかも、菅原道真の失脚後であった。(7)この頃の宇多と醍醐の関係や道真失脚事件の意味などについては、また後に触れることにしたいが、少なくとも、師

第13図

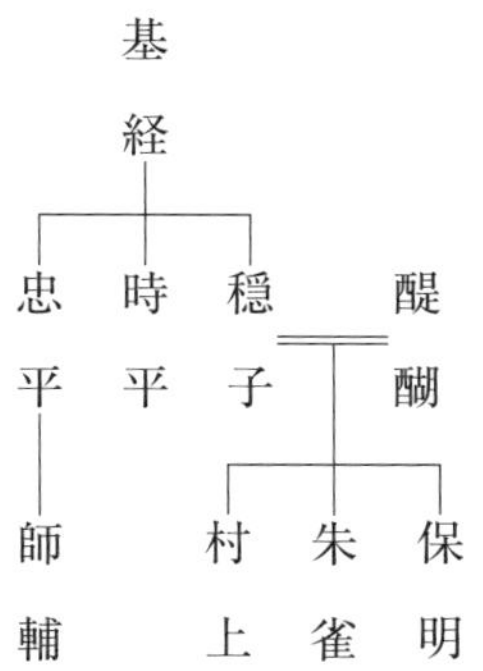

輔によれば、保明の立太子は宇多の意向に反することとして、醍醐や貴族に理解されていたという。宇多の婚姻政策は、為子の立妃という方針だけではなく、穏子の入内を拒絶するというもう一つの方針があり、この二つが表裏一体の組み合わせになっていた。このように解すれば、為子立妃の意味はきわめて鮮明になるであろう。

ここに、例の皇統形成の二つの原理が想起されよう。皇女為子の立妃は六世紀型であり、穏子の入内は八世紀型である。この場面において、六世紀型と八世紀型は相容れない敵対的関係に立った。すなわち、この二つを敵対させることが宇多の婚姻政策であったと捉えることができる。為子の死によって宇多の企図は成功をみなかったが、しかし、六世紀型の価値観はなお根強い生命力を秘めていた。この点にこれからもなお注意を払うべきであろう。

宇多はなぜ六世紀型を拠り所として、八世紀型を拒絶しようとするのか。一つには、宇多に反貴族の感情、特に反基経の感情があったためであろう。これは阿衡事件などを考慮すれば当然のことであり、宇多にこのような感情があることは従来も指摘されている。これが穏子の入内を拒絶した主要な理由であろうことに間違いはないが、これに加えて、もう一つの事情も考えられる。

それは、前代の直系との対抗意識である。宇多は、陽成・貞保・貞辰らが生存しているという環境の中で、自己の皇統をつくらねばならなかった。宇多がその日記に陽成の「悪主」ぶりを書き立てていることは、この対抗意識の現れである。この前代の直系と較べられると、彼はみずからの劣位を自覚せざるをえない。それではいかにして自己の皇統の権威を高め、優位をかちとることができるか。そこで宇多は敢えて六世紀型を選択したのであろう。前代の直系は、八世紀型を特徴としていた。八世紀型を拒絶しようとしたことは、宇多にとっては、前代の直系の権威を否認する意味に通じていたのではないかと思われる(8)。

c　次に、㈡と㈢の論点に検討を進めたい。醍醐の立太子は宇多が即位してから六年を経た後であった（八九三〈寛平五〉年四月二日）。このように立太子が遅れたのは、通説のごとく、基経との関係であろう。宇多は即位後、基経の女子（温子）を妻としたから、この温子に所生子を得れば、有力な皇位継承者となるはずであった。宇多にも八世紀型の路はありえたのであり、最初から八世紀型を排斥できるような立場にあったわけではない。即位後四年目に基経が死去し、かつ、依然として温子に所生子がなかったことによって、八世紀型の路を棄てることが現実的に可能になったといえる。

醍醐の立太子と即位をめぐる事情については、『寛平遺誡(9)』に次の著名な一節がある。

右大将菅原朝臣(道真)はこれ鴻儒なり。又、深く政事を知れり。朕《われ》（宇多）選びて博士と為し、多く諫正を受く。仍て不次《ふじ》に登用し、以てその功に答ふ。しかのみならず、朕前年、東宮(醍醐)に立てし日、只菅原朝臣一人とこの事を論じ定む。（中略）その時、共に相議する者、一人も無し。又、東宮初めて立てし後、未だ二年を経ざるに、朕譲位の意《こころ》有り。朕この意を以て密々に菅原朝臣に語らふ。而るに菅原朝臣申して云はく、「かくの如き大事は自ずから天の時有り。忽《いるかせ》にすべからず。早まるべからず」と云々。仍て或いは封事を上《たてまつ》り、或いは直言を吐きて、朕《わ》が言に順はず。又又正論なり。

今年(八九七年)に至り、菅原朝臣に告ぐるに、朕が志必ず果たすべきの状を以てす。菅原朝臣更に申す所無く、事々に奉行す。七月に至りて行ふべきの儀、人の口に云々《つつや》きぬ。殆《ほとほ》とその事を延引せむと欲するに至りて、菅原朝臣申して云はく、「大事は再挙ならず。事留めば、則ち変生《しょう》ぜむ」と云々。遂に朕が意をして石の如く転《かわ》らざらしむ。惣じてこれを言へば、菅原朝臣は朕の忠臣のみに非ず。新君(醍醐)の功臣ならむや。人の功は忘るべからず。新君慎め云々。

ここで宇多が述べていることの意味は頗る重大である。『寛平遺誡』は宇多が譲位に当たって醍醐に与えたといわれるが、かくのごとく異色の書である。天皇というものは、貴族の一人一人についてこのように評価をつけ、それを公けにするというようなことは行わないのが普通であろう。この書に限らず、宇多の日記もまた、天皇らしからぬ異色の内容である。それは感情の起伏に富み、個人的見解が頻繁に述べられているから、読者にとってはおもしろい。これに較べれば、醍醐や村上の日記には、何一つそうした意味でのおもしろさがない。醍醐や村上の主要な関心は専ら儀式をととのえることに向けられている。しかし、どちらが天皇の日記に相応しいかと問えば、醍醐・村上の方であることはいうまでもない。醍醐・村上のような天皇らしい天皇であれば、『寛平遺誡』のごとき内容の書を残すことは、おそらくありえないであろう。天皇らしい天皇ほど没個性的である。直系の権威を保持している天皇は、一般的にいって、その存在が目立たない。歴史上よく目立つ天皇は、天皇としての権威に欠ける存在である、とほぼ言い切ることができるように思われる。

この『寛平遺誡』の一節は、宇多自身が道真に対する篤い信頼を語ったものとして古来有名である。

道真は、基経の没年（八九一年）に蔵人頭《くろうどのとう》に登用されて以来、異例の昇進を遂げ、この醍醐即位の時点（八九七年）においては正三位権大納言《ごんのだいなごん》にまで進んでいた。既に五十三歳であった。このとき、基経の後継者である時平は二十六歳で大納言にあり、道真はこの時平に次ぐ地位を占めたわけである。この『寛平遺誡』は、宇多と道真との運命共同体ともいうべき密接な関係をあまりにも率直に語っている。道真を重用するにしても、宇多の態度に節度が欠けていたことは、この引用文を見ても大方の察しはつくであろう。これでは宇多と道真に対する反発が強まり、貴族の離反を招く結果になるのも当然であろう。

たとえば、醍醐の立太子は道真一人のみに相談した、と宇多は言う。他の貴族は一切誰も関与させなかったことを強調しているが、皇太子がこのような手続きで選定されて、はたしてよいものであろうか。藤原師輔は先の引用文の続きで、立太子の決行について「只だ聖断に在り」と述べている。それは天皇の独自の権限であり、臣下の口を差し挟むべきことではないと言うのであるが、師輔がこのように言明したとき、天皇（村上）と彼との間には、誰を皇太子に立てるのかという点については、冷泉を立てることで既に合意が成立していた、という事情を忘れてはならないだろう。(10) 天皇は貴族の合意を配慮しつつ、皇太子を決定すべきものなのである。従って、問題は天皇の相談相手が一人か多数かということにあるのではない。一人でも構わないが、その相談相手は貴族の合意を代弁しうる人物、或いは、貴族の合意の形成に決定的な影響力をもつ人物であることが必要である。村上の場合は、師輔がそのような立場にあった。しかるに、道真ははたしてそのような立場にあったであろうか。否と答えるほかはないとすれば、宇多のやり方は重大な問題を孕まざるをえないであろう。宇多の態度が貴族の合意の獲得に背を向けているると述べたのは、以上のごとき事象を幾つも指摘できるからである。

こうして宇多は、立太子から即位に至るまで、醍醐の「功臣」は道真一人であることを強調する。しかし、この「功臣」は宇多によってつくられた「功臣」である。おそらくそれは宇多の意図的な行為としか思われない。この自己のやり方が重大な問題を孕みはしないかという懸念に、宇多が無自覚のはずはない。そのような危険は十分承知の上で、敢えて挑戦した気配がある。それは宇多にとって、いかなる意義があったのであろうか。

d　その問題に関連して、『寛平遺誡』の次の内容に注意を払いたい。宇多は醍醐の立太子からさほどの間を置かず（おそらく八九四年か）、譲位を計画したが、道真の反対論を聞いて中止したという。そしてこの八九七年に至って、宇多と道真は譲位の計画を推進したが、貴族に反対論が出たらしい。宇多は延期も覚悟したが、今度は道真が決行を主張して宇多を励まし、遂に醍醐の即位が実現したというのである。

これを見ると、一つに、宇多はできる限り早期に譲位をしたいという意思をもっていたことがわかる。宇多が譲位を望むのは、仏門に入る目的もあったであろうが、主には醍醐の即位を一刻も早く実現して、自己の皇統の成立を見届けたい、という動機があったと思われる。これに対して、貴族に反対論や不満がくすぶったであろうことも、即位以来の経過や、この後の為子と穏子をめぐる経緯をみれば、十分に推測できることである。

そして、さらに気になるのは、宇多が醍醐の立太子のすぐ後に譲位を計画したとき、道真がこれに反対したという点である。それは何故であろうか。急がず「天の時」を待つとはいかなる意味であろうか。何故に宇多はそれを「正論」と評価したのであろうか。問題はさらに尾を引く。この文脈は、続いて八九七年に至り、道真も譲位に賛成したという話になるのであるから、道真の言う「天の時」に相応しい条件は、八九七年に整ったことになろう。その条件とは何であろうか。

e　以上、主に『寛平遺誡』について、諸々の問題点を列挙した。醍醐の即位に至る経過や道真の登用に関しては数々の疑問があり、解答も様々にありうるだろうが、私は私なりの見通しを立ててみたいと思う。次にその卑見を述べよう。

視点をかえて、醍醐の即位にまつわる一つの特徴を重視したい。それは、この醍醐の即位に際して摂政が任じられなかった、という点である。既に確実なところでは、陽成以来宇多までの三代にわたって、即位に伴い摂政を任じる伝統がつくられていた。これから以後も、天皇の即位時には常に摂政（又は関白）が任命されている。その例外は、平安、鎌倉時代を通しても、この醍醐のほかにはわずかに三条（一〇一一年即位）の一例があるにすぎない。この事実は、摂政不任が決して無作為の結果ではないことを示している。

そこで、一つの想定が成り立つ。この摂政不任の現象は、宇多の意図的な政策によるものではなかろうか、と。このような仮説を立てたとき、諸々の問題点の間に何らかの脈絡が見えはしないか。もし、それらすべてに一つの筋を通すことができれば、この仮説の有効性も認められることになろう。

まず、醍醐の即位が八九七年まで延ばされた問題について考えよう。何故「天の時」は八九七年であったのか。そこで思い当たるのは、譲位がまさに元服の当日であったことである。元服こそが譲位の条件ではなかったか。理由は摂政制との関係にある。即位だけのことであれば、元服以前であっても支障のあろうはずはない。既に幼帝の実績がある。宇多も一旦はこれに倣おうとし、次いで思い止どまったわけである。それは元服以前の幼年の即位となれば、摂政を任じることが当然視されていたためではなかろうか。清和がその譲位詔において、基経を幼帝陽成の摂政に任じた前例には重みがあり、これを無視することはいかにも不自然であったろう。この問題を指摘し、元服を待つべしとするのが道真の意見であったとすれば、宇多がこれを「正論」と評価する所以《ゆえん》も了解できるであろう。

f　摂政を任じないままに済ませるためには、どのような方策が必要になるのか。幼年の即位を避けることはその一つに違いないが、それだけでは十分とはいえない。光孝・宇多の例をみれば明らかである。天皇の側の条件を整えるとともに、摂政に任じられる側に対する方策も必要となろう。

摂政に任じられる人物にはどのような条件が具わるべきものであろうか。一応、次の三点が考えられる。

①　天皇の外戚であること。

②　天皇の即位を実現することに寄与した功労者であること。

③　貴族を統率する指導的地位にあること。

この三点はすべて具わらねばならないというものではない。清和と陽成の摂政（良房と基経）の場合は三点すべて具わっていたといえるが、光孝と宇多の摂政（基経）の場合には、①の条件は欠けていた。摂政は①の条件を欠いたとしても、②と③が揃えば置かれるべきものとされたのであり、この点に注意を要する。

それでは醍醐の場合はどうであろうか。まず①についてみると、醍醐の外戚は藤原高藤であるが、彼に対する周囲の評価は意外に低い。『寛平遺誡』にも次の一節があったと伝えられている。(11)

別《こと》に外戚に大器の寄すべき無き事を嗟《なげ》く。

宇多は、高藤やその長子定国を摂政の器ではない、とみなしたようである。彼らには②と③の条件が認められなかった。

次に、②の条件はどうか。再び『寛平遺誡』前掲引用文（本書二六五・二六六頁）に立ち帰ろう。ここで宇多が述べていることには、頗る重要な意味が籠められていたのである。②の条件に当てはまる人物は道真である。ここに『寛平遺誡』の眼目があろう。もし摂政を任じるとすれば、道真を措いてほかにはない、と宇多は言いたげにみえる。しかし、道真にも摂政の資格は不十分であった。彼は③の条件を具えていない。

この③の条件をもつのは、藤原時平《ときひら》である。『寛平遺誡』において時平は道真の前に登場しており、時平が首席、道真は次席という序列は、宇多自身の認めるところであった。時平の評価は次のように記されている。[12]

> 左大将藤原朝臣(時平)は功臣(基経)の後なり。その年は少《わか》しと雖も、已に政理に熟《くわ》し。先年、女の事にして失《あやま》てる所有り。朕《われ》(宇多)早《つと》に忘却し、心に置かず。朕去《い》ぬる春より激励を加へ、公事を勤めしむ。又、已に第一の臣たり。能《よ》く顧問に備へてその輔道に従へよ。新君(醍醐)慎め。

時平は、「功臣」基経の後継者として「第一の臣」である。もし、宇多が貴族との協調を基本方針に置き、醍醐の立太子と即位を貴族との合意によって進めていたならば、おそらく時平は②の条件も獲得して、摂政の資格を具えることになったのではなかろうか。宇多が②の条件を道真に与えたことは、明らかな意図があるとみなすべきである。それによって、時平は摂政の地位に就く可能性を遮断された。そこに宇多の狙いがあったことは明らかである。

このように、摂政の三条件は三人の人物に分有され、誰もが資格に欠ける状態を現出した。これが宇多の方策である。『寛平遺誡』をめぐる諸々の問題は、このように解くことができる。摂政不任を宇多の基本政策であるとした仮説は、十分に有効性をもつと認められるであろう。

g　摂政制は八世紀型の皇統形成原理によって生み出された。「摂政」の家系の成立と直系の皇統の成立とは、一体的な関係にあった。宇多はこれを否定しようとしたのである。穏子の入内を拒絶するからには、時平を摂政に認めては筋が通らない。八世紀型の原理を退けてしまえば、摂政制も無用の長物にすぎない。宇多の態度には一貫性がある。

宇多は、自己の皇統をつくるための拠り所を六世紀型の原理に求めた。それを戦略の基礎とし、前代の直系の権威に全面的に挑戦した。そこに宇多の個性を見出すことができよう。

歴史上、傍系出身の天皇が新たに直系の権威を獲得しようと試みるとき、概ね前代の直系の権威に寄りかかり、その権威の継承をはかるのが普通である。それが可能ならば、最も安全で効率のよい方法であろう。宇多のような例はむしろ珍しい。彼にとって、そのような方法が絶対に不可能であったとまで決め付けることはできないにしても、かなりむずかしい立場にあったことは理解できるであろう。現に前代の直系が生存していること、宇多自身の権威があまりに劣弱であること、そして、宇多の心に陽成や基経や貴族等に対する強い反感が秘められていたであろうことなど、これらの条件に縛られて、宇多には前代の直系の権威を受容するゆとりはなかったと考えられる。このため、宇多のやり方にはかなりの強引さが目立つことになる。貴族社会の秩序や価値観との間に摩擦を生む傾向を免れることができない。宇多にとって最大の弱点は貴族との関係にあった。

三　時平・道真二頭体制の性格

a　以上の結論を維持するために、もう一つ、検討を省くことのできない論点がある。いささか冗長に過ぎることになるが、次にそれを付け加えておきたい。

如上の人事政策は、時平と道真の二頭体制をもたらした。しかも、宇多が譲位に際して発布した詔が原因となって、この二頭体制は制度化をみることにもなった。宇多の譲位詔は、完全な形では伝えられていないが、『菅家文草』(A)と『日本紀略』(B)によってその概略を知ることができる。次にこの譲位詔に検討を加え、その制度化の実態を探ってみよう。

(A)『菅家文草』巻第九

太上天皇(宇多)に上《たてまつ》る、諸納言等をして共に外記に参らしめむことを請《こ》ふの状

右、臣某《それがし》(道真)、謹みて去ぬる寛平九年(八九七)七月三日の譲位の詔命を検ずるに曰く、「大納言藤原朝(時平)臣・権大納言菅原朝臣(道真)等、奏《もう》すべき請ふべきの事、且《かつ》つその趣を誨《おし》へてこれを奏しこれを請ひ、宣《の》ぶべき行ふべきの政《まつりごと》、その道を誤つこと無くこれを宣べこれを行へ」てへり。而るに諸納言等、疑ひを持ちておもへらく、「奏請宣行《そうしょうせんぎょう》、両臣に非ざるよりは更に勤むべからざらむ」と。臣、再三詔旨云々を反覆するに、奏請の人は指す所を称すと雖も、尋常の務めは諸卿を止むること無し。しかのみならず、臣の業は文書に有り。閑を伺ひ以て伝授せむと欲す。身は木石に非ざるも、暇に寄せて摂治せむと思ふ。藤原朝臣、独り自ら政に従はば、何ぞ毎日頻参の役に堪へむ。伏して願ふらくは、太上皇陛下、去年の詔命の意を述べ、今日の申請の誠を察《かんが》み、諸納言等に宣喩して、相共に外記に参らしめむことを。然れば則ち、庶務繁多なるも暫く擁滞無く、群臣激励して倶に恪勤を致さむ。(中略)

昌泰元年(八九八)九月四日

権大納言(中略)菅原(道真)

重ねて太上天皇に上る、諸納言の疑ふ所を決するの状

臣某（道真）謹みて言《もう》す。伏して今月十八日の勅旨を奉《うけたまわ》るに、諸納言の疑ふ所は一朝に氷解し、譲位の詔の指す攸《ところ》は千載に日《ひにひ》に明なり。臣素より性劣ると雖も、丹誠最も深し。奏請宣行、忠を尽し、敢えて廻避せず。（中略）

昌泰元年九月十九日

(B)『日本紀略』（醍醐天皇）

（寛平）九年七月三日丙子。卯の二刻、清涼殿に於て元服を加ふ。年十三。午の三刻、太上皇、天祚を紫［宸］殿に譲る。伝国の詔命に云はく、「春宮大夫藤原朝臣・権大夫菅原朝臣、少主の未だ長《た》けざるの間は、一日万機の政、奏すべき請ふべきの事、宣ぶべき行ふべき」（マヽ）と云々。

(A)(B)それぞれ傍線を付けた部分が、詔文の引用に当たる。(A)(B)相補ってみれば、詔の原文にどれ程忠実であるかは問題もあるが、一応、次のような文章を復原できることになる。

大納言藤原朝臣・権大納言菅原朝臣等、少主の未だ長けざるの間は、一日万機の政、奏すべき請ふべきの事、且つその趣を誨へてこれを奏しこれを請ひ、宣ぶべき行ふべきの政、その道を誤つこと無くこれを宣べこれを行へ。

この詔は、時平・道真等にいかなる権限を与えたのであろうか。古来、その権限を内覧とみなす見解があった。『愚管抄』にこの時平・道真の二人内覧説があることは有名であるが、現今においても内覧説は大方の支持を受けているように思われる。(13) 内覧説の起源はかなり古くに遡るようである。たとえば、

一〇一一（寛弘八）年、藤原道長に内覧宣旨が下ったとき、藤原行成はそのことを「奏請宣行の勅命を蒙る」と日記に記した。(14)これなども(A)にみえる「奏請宣行」に通じる表現であり、行成の書き方は、宇多譲位詔を内覧の初例とみなす考え方に基づいているとも解釈できるのではなかろうか。しかし、いかに古人の説とはいえ、所詮は一説の域を出るものではない。独自に詔文を再検討することが必要であろう。

いわゆる内覧とは、天皇に奏覧すべき文書を前以て閲読し、奏覧の許否を決することのできる権限を有する地位である。実質的には関白の職権に等しいとされている。もし、宇多の譲位詔によって時平と道真がこの内覧の地位に就いたと認められるならば、それは卑見にとって明らかな矛盾となる。摂政不任の方針の存在を主張した如上の卑見は、ここで大きく根本から揺らぐことになろう。内覧説がはたして成り立つのかどうか、詔文の解釈を試みることにしよう。

b　まず第一の問題は、「少主の未だ長けざるの間」の文言である。これを読めば、直ちに連想されるのは清和の譲位詔であろう。清和は陽成に譲位する際、基経を摂政に任じたが、その詔には、

然れば則ち、少主の未だ万機を親《みずか》らせざるの間は、政《まつりごと》を摂《と》りて事を行はむこと、（一九二頁）

とあった。このよく似た二つの文言が重なり合えば、宇多の詔の云わんとするところもまた摂政の任にあるのではないか、とみられることになろう。「少主」には摂政が置かれるとする通念が、内覧説を支える一つの柱になっているように感じられる。

しかし、ここでまた直ちに明らかとなるように、同じ「少主」と言われても、陽成と醍醐とでは立場が全く異なっていた。陽成はそのとき未だ元服以前であったから、清和詔の「少主」とはその意味を指し示している。一方の醍醐は既に元服を済ましていた。従って、宇多詔に云う「少主」が清和詔のそれと同じ意味であるわけはない。宇多詔はただ一般的な意味で、年齢の若さを強調して「少主」と云ったにすぎない。故に、その次の「未だ長けざるの間」の文言についても、清和詔の如き「未だ万機を親らせざるの間」の意味に解してならないことは明らかであろう。醍醐は「万機を親ら」するのであって、このことを踏まえた上で、時平・道真等に付与された権限の内容を考えねばならない。

まずはとりあえず、「少主」云々の文言から摂政を連想することは的を射ていない、といえるであろう。

c　次に、第二の問題として、「奏請宣行」の権限について検討しよう。詔文は、「奏請」については「且つその趣を誨へ」と云い、「宣行」については「その道を誤つこと無く」と云うが、これは要するに、その実務に手落ちがないようにという注意を与えたものである。全体の趣旨は次の如くになろうか。新天皇の醍醐は元服を加えたとはいっても、年齢はまだきわめて若い。万機をとりおこなうことにはなるが、政事に習熟することもすぐにはむずかしいであろう。思慮分別の長じるまで、時平や道真等は十分に輔佐をしなければならない。醍醐に奏請を行うときは、その内容をよく説明して、醍醐が正確に理解できるようにせよ。また醍醐の命として宣行を行うときも、疎漏、誤謬のないように十分気を付けねばならない。

このように理解してみると、そもそもこの詔文のどこに何らかでも新しい権限に関する規定といえるような内容があるのか、疑わしくなる。この詔は「奏請宣行」を担当する者の心構えを説いているにすぎない。それでは「奏請宣行」とは何かが問題になるが、既に先学によって、これを上卿《しょうけい》とみなす見解が示されている。(15)確かにここに述べられていることからみれば、それは上卿の実務にほかならないであろう。

内覧説を採る論者は、この詔の趣旨と、光孝や宇多が基経を摂政に任じた詔の趣旨との間に、大異はないという見解を示している。しかし、卑見は両者の内容には大異があるとみる。光孝や宇多の任摂政詔(16)には、

奏《もう》すべきの事、下すべきの事、必ず先づ諮《はか》り稟《う》けよ。（一九六頁）

とあり、その意味は、「奏」（奏請に等しい）「下」（宣行に等しい）の担当者が、事案を前以て基経に報告し、その指揮を受けるということである。「奏」「下」の担当者とは上卿にほかならない。また、基経に付与された「諮稟」の権限は、まさしく内覧のそれに異なるところがない。この点に摂政の職務の実質があることになろう。

しかるに、それに較べて、宇多譲位詔はどうであろうか。ここには「諮稟」の語も、その同義語もない。大異ありとする所以である。宇多譲位詔の中に内覧の権限らしきものを見付けることは、全く無理といわねばならないであろう。

「奏請宣行」とは上卿の実務を指すらしいと述べたが、これに関わって、既に先学によって次の注目すべき事実が指摘されている[17]。すなわち、宇多譲位後の太政官発給文書（官符、官牒、宣旨）を調べると、その上卿（宣者）は時平と道真の二人のみに限られており、この状態は道真の失脚（九〇一〈延喜元〉年正月）までの三カ年半の間、一つの例外もなく続いている。上卿の任務は多くの公卿に分担されるのが普通であるから、この現象は明らかに特異であり、必ずや何か特別の事情があるに違いない。その事実を説明するのが、(A)にほかならないであろう。つまり、(A)によって「奏請宣行」の担当者は時平と道真の二人に限定されることになったのであるから、「奏請宣行」とは上卿の実務内容を示す用語であったとすれば、すべて辻褄が合うことになる。

d　但し、(A)の解釈については、なお多少の論ずべきことがある。従来の大方の解釈は、宇多譲位詔は時平と道真の二人だけを指名することにその意図があったとし、そのことが諸納言の反抗を招いたとみなしているようである。しかし、この詔の趣旨が本来そのようなところにあったかどうかは疑問である。詔文には、時平と道真の名を並べた後に、「等」字も付けられている。実質的に二頭体制がつくられていたため、公卿の代表者として二人の名を挙げてみただけのことかもしれない。

事の経過からみれば、それが意味のある指名ではないかと言い出したのは諸納言の方である。彼らはその見解を疑問の形で提起した。詔によれば、上卿の要員は二人のみに限定されるとしなければならないのではないか、自分達はいかなる立場なのか、上卿を務めてもよいのかどうか、明確にならなければ政事にも参加しにくいではないか。このような諸納言の意見は、詔文に難癖をつけたものには違いないが、その言い分も無視しがたいことになろう。

道真もこの意見を聞いて、初めてそのような解釈の仕方に気付いたということらしい。そう言われて詔を読み直してみると、確かにそのような読み方も成り立ちそうだと彼も同感したので、詔文がそうならばそのままに、上卿は時平と道真の二人だけが担当することにして、他の公卿は上卿の責任をもたず、合議の構成員として政事に参加することにしてはどうか、道真はそのように意見をとりまとめ、宇多の許可を得ることとなった。(A)の内容は以上のように読み取れる。その語るところ、この措置は明らかに妥協策とみるべきであり、おそらく道真の意見に依るものであろう。道真の判断を推測すれば、諸納言の意見が難癖にも類する点に、例の「阿衡」事件にも似た雰囲気を察したのではなかろうか。まともに反論して、また詰まらぬ紛争を起こすような愚は避ける方が賢明ではないか、ということのように思われる。

ともあれ、(A)の語るところによれば、上卿要員二人制ともいうべきこの制度は、事の成り行きでたまたま生まれたのであって、宇多譲位詔の本来の主旨ではなかった。これが問題化したのが、詔の発布後一年も経ってからであったということも、以上の卑見に合致するであろう。

こうして、(A)の昌泰元（八九八）年九月十八日勅によって、上卿要員二人制は制度化されたが、それ以前も上卿は時平と道真の二人で担当していたようであり、実態としてさほどの変化もなかったと思われる。さらに、道真の失脚後は上卿の要員に源光《ひかる》が補充されたらしく、この新しい二人制は九〇八（延喜八）年頃まで続いたようである。[18] 光に道真の代役が務まったという点をみても、この制度にはそれ程の重要性があるとも思われない。

以上の結論として、この問題は摂政不任の方針が貫かれたことと何ら矛盾するものではないことを確認した。

四 「院政」の理念

a 以上によって、宇多の様々な方策がいかなる特徴をもつのか、その輪郭がほぼ浮かび上がってきたように思われる。そこで、さらに視点を高所に据え、全体の鳥瞰を試みよう。宇多は天皇としての統治について、どのような構想を抱いていたのか、なお見るべき問題がある。

その手懸かりに、八九七（寛平九）年七月三日の譲位の儀式に注目したい。それはこの儀式がいかにも宇多らしく演出されているからである。この譲位は宇多の皇統が確かに成立したことを告げる記念すべき式典であった。従って、その儀式次第も自己の皇統に相応しい内容であらねばならない、と宇多が考えるのは当然である。また、それは式典として、貴族との交歓の場でもあった。貴族もみずからその場に参加し、各自の役割を演技し、全員の共同体験がつくられる。宇多が自己の皇統の権威を貴族に認めさせるための、またとない機会でもあったわけである。

b　この譲位式に宇多がどのような演出を行ったかを点検してみよう。宇多の工夫の眼目は、会場を紫宸殿に設定したことにある。このことは実に様々の効果を生み出している。

第一に、『儀式』[19]との関係がある。前章にも述べたごとく、『儀式』によれば、譲位式は内裏の外において行われるべき規定である。『儀式』は清和在位時代に編修され、清和の譲位と陽成の退位はこの規定に則り、内裏の外においてその儀式を行った。従って、宇多がこの前例を踏襲しないということ自身が、既に一つの意味をなしていよう。『儀式』の規定が無視されることによって、前代の直系の権威もまた、公然と無視されたといえるであろう。

第二に、宇多は内裏の外に退出しなかったのであるが、この行動にはそれなりの意味が認められる。彼はこの日の昼、清涼殿から紫宸殿に移って譲位式を挙げ、その終了後は弘徽殿に入った[20]。終始、内裏の中に留まり続けたわけである。このことは、宇多の治世が何ら終焉してはいない、という印象を与えることにならないであろうか。『儀式』の如く最初に天皇が内裏から退出してしまうのでは、いかにも引退式めいている。宇多のやり方は、譲位はしても引退はしない、という意思表明のように感じられる。

第三に、紫宸殿という場所の生み出す効果がある。紫宸殿は内裏の中枢に位置する建物であり、日常的に頻繁に朝儀の行われる場所であった。『儀式』の如く内裏外において行われる規定に較べると、紫宸殿の場はより権威主義的な色彩を強めるであろう。この場において宇多が主催した譲位式には、天皇宇多の統治行為としての性格がより明瞭に発現されるであろう。

第四に、醍醐の行動にも注目すべき特徴が生まれている。醍醐はこの日の朝、東宮を出て、昼に清涼殿において元服を加え、引き続き紫宸殿において受禅、その儀式の終了とともに再び清涼殿に戻った。(21)受禅した新天皇は東宮に帰還するのが『儀式』の規定であるが、それに対して、醍醐は直ちに天皇としての日常生活を開始した。清涼殿からみれば、宇多を送り出した後、二時間程で新主の醍醐を迎え入れる。つまり、人物は入れ替わっても、清涼殿における天皇の生活は、間断なく継続したのであった。『儀式』の規定が明らかに長期の中断を生むことと対比すれば、この点の相違は興味深い。天皇にとって清涼殿における生活が切れ目なく営まれるということは、統治の不変を象徴することになりはしないであろうか。宇多の治世は醍醐を身代わりとして、なお継続することになるのではないか。このような演出によって、宇多は父子一体の観念を強調しようとしたのであろうと思われる。

以上のように、この譲位の儀式には明らかに宇多独特の天皇制の理念が色濃く滲んでいる。宇多は、彼自身の立場が従来の天皇のあり方とはかなり異なるものとなるであろうことを、朝廷全体に示そうとしたのであろう。宇多の意図するところを一言でいえば、太上天皇としての統治、と表現できるのではあるまいか。太上天皇宇多は、天皇醍醐の上に立って君臨しようとしたのではなかったか。

c　この太上天皇としての統治という視点から、全体を振り返ってみよう。今まで述べてきた諸々の論点は、この視野の中にすべて包含されると考えられる。

宇多は譲位の後も、婚姻政策と人事政策に強い執着を示した。それは縷々述べたごとく、皇位継承問題に直接連動していた。太上天皇としての統治は、まず何よりも、皇位継承の主導権を掌握することにその核心がある、とみなすことができるであろう。

宇多は、道真を重用し、摂政不任の方針を立てることによって、皇位継承計画の実現をはかった。宇多の構想の中に捉え直せば、摂政不任の方針の意味も納得しやすくなろう。問題は、摂政に替えて何が用意されるのか、ということにある。摂政制の果した機能はどのような仕組みの中に吸収されるのか。摂政制を消し去るためには、この点の見通しが示されねばならない。

その答えは、第一に、政事に関する貴族の集団的補佐体制である。これは宇多の譲位詔に示された（本書二七五頁）。実際には時平と道真の二頭体制がつくられる。

第二に、天皇の教導に関しては、宇多自身がその役割を担った。それを示すのが『寛平遺誡』にほかならない。

前に『寛平遺誡』を異色の書であると述べたが、その異色たる所以がこの書の成立事情にあることは、もはや見やすいであろう。この書は、まず第一に、太上天皇宇多の施政方針論であるという点に特徴がある。天皇なればこそ書くことのできる性格のものといえようが、実際にこのような類のものを書いた天皇がそれ以前にもいたとは伝えられていない。また、この書の第二の特徴は、天皇のための生活指導書という点にある。これは従来、摂政がその責任を担っていた分野であるが、宇多はこの書を著わして、彼自身が醍醐の教導役であることを明確にした。『寛平遺誡』は太上天皇の統治のための理念と実質をまとめた書といえるであろう。

以上に関係して想起される史料に、八七六（貞観十八）年の藤原基経抗表がある（本書一七八頁）。そ

こには、

太上天皇の在世に、未だ臣下の摂政を聞かず。

の一節があった。注意すべきことに、この表文の作者は菅原道真である。ここに現われた理念が道真自身のものであったとすれば、それが宇多にも継承され、彼の構想に影響を及ぼしたという事情を、或いは推測してよいかもしれない。(22)

d　太上天皇の統治として、史上に名高いのは白河の例である。白河の治世を所謂「院政」と称するならば、宇多の場合も「院政」と称されてよい。白河から二世紀も遡るのであるから、様々の形態上、或いは情況上の相違があるのは当然であるが、基本的な要素には何ら異なるところがない。宇多を「院政」の先蹤として位置づけたい。

但し、「院政」の概念については、論者によって考え方は様々に異なるようである。そこで、卑見の考え方を述べておくことも必要であろう。「院政」の基本的課題は皇位継承の問題にある。すなわち、「院政」には直系の皇統をつくることに強い執念を燃やすという特徴がある。そもそも天皇であれば、誰しも皇位継承に強い関心を寄せることは共通しているから、その意味で「院政」なる形態は天皇制の本質に由来するものであり、いささかも逸脱したものではない。それでは何故、白河の例がことさらに「院政」の代表に挙げられるのかといえば、白河にとって皇位継承問題には大きな障碍があったにもかかわらず、彼はその困難を克服して希望通りに皇位継承を実現し、太上天皇白河の意思の発現が強く印象づけられる結果になったためである。同じような条件と実績が鳥羽、後白河と積み重ねられ[23]、一つの時代相ともみられるようになったが、平安時代においては特別の制度的実態があったわけではない。

よくみかける議論に、「院政」の本質を国政に関係づけようとする類のものがある。たとえば、「院政」というと、太上天皇が国政全般に直接関与する体制であらねばならないかのようにみなす論者もあるが、それは錯覚であろう。国政の運営（政事）は、原則として在位の天皇と貴族の担うべきことであり、「院政」にとって、その原則はそのまま存続して構わないこと、むしろ、存続されねばならないことである。皇位継承を自己の意思によって実現するのが「院政」であるから、在位の天皇はあくまでも天皇の役割を十全に果さねばならない。それが「院政」の権威を高めることになる。院（太上天皇）が国政に関与せざるをえないような事態もまま起きることになるのではあるが、それは本来、院にとって望ましいことではない。およそ天皇というものは皇位継承問題にこそ関心は強いが、また、朝儀を整えることにも関心を示すが、国政一般にはさほどの関心をもたないのが普通である[24]。

或いは、孝謙や平城の例に「院政」の祖型を求めようとする見方がある。彼らが譲位後も天皇の領域に踏み込み、国政に関与する動きをみせたことを評価しようとするのであるが、これはいささか筋違いといえようか。この場合、皇位継承は彼らの意思や希望に合致していない。彼ら太上天皇と在位の天皇とは対立関係にあった。彼らがこのような動きをみせたのは、天皇の在位を無意味なものにしようと意図したためである。つまり、これらの例においては、「院政」は実現されていない。「院政」に似て非なるものを以て、「院政」の祖型とするわけにはゆかないであろう〔補注2〕。

皇位継承が自己の意思に合致した場合であっても、たとえば、清和の例を「院政」とは呼ばない。その皇位継承には何らの障碍もなく、清和はことさらに自己の意思を誇示する必要もなかったからである。こうしてみると、やはり、「院政」と呼びうる最初の例は宇多であることになろう。〔補注3〕ただし、宇多にみられた摂政不任の方針などは、白河等には見られないように、宇多独自の問題であって、「院政」の要件には入らない。このような相違があるのは、宇多と白河とではその直面した障碍の内容が異なっていたことによる。

太上天皇としての統治とは、以上述べたような内容のものである。卑見の「院政」観については、皇位継承の問題のみに歪曲したという批難もありえようが、卑見は「院政」に限らず、天皇制にそれ以上の過大な期待はもたない。現代の政治に馴染んだ感覚からはいかに遠くかけ離れていようとも、それが天皇制の属性であり、古代政治史の実像なのではなかろうか。

五　「院政」の挫折

a

如何にして直系としての権威をつくるか。以上に宇多の努力の跡を辿ってみた。次に、その結末を見届けねばならない。結論を言えば、光孝系皇統は確かに直系の権威を獲得するに至る。しかし、それは宇多の「院政」の成果ではなかった。宇多の「院政」はその歩みを始めてまもなく、破局を迎えたのである。まず、この事情を概観してみよう。

「院政」が挫折に至る端緒は、婚姻政策の失敗である。宇多の婚姻政策の要めは為子の入内にあったが、彼女は醍醐の妃に立った二年後、八九九年に死去している。その後の情況については、既述のごとく、藤原穏子の入内をめぐって対立関係が発生した。それは基本的に宇多と醍醐との対立であると認めることができるように思われる。宇多は為子の死後も、穏子の入内にあくまで反対したが、醍醐はこのとき初めて、父の意思に逆らう行動をみせた。前に紹介した藤原師輔の証言（本書二六三頁）は、時平の策謀によって穏子の入内が成功したと説いているが、それは勿論、醍醐の意向に適うものであったとみなすべきことであって、醍醐自身が穏子の入内を希望しなければ、時平の策謀なるものの働く余地が生まれるはずもない。この問題が皇位継承問題にも決定的な影響を与えたことは、師輔の証言にも見た通りである。

かくして、ここに父子一体の観念に亀裂が生じ、醍醐に父から自立する傾向が現われたことは、情況に決定的な転換をもたらす画期となった。

b　醍醐と穏子との婚姻がいつ実現したか、正確には知りえないが、穏子が女御とされたのは九〇一（延喜元）年三月であるから、婚姻の成立もその頃とみてよいように思われる。そうなると、当然注目されるのは、その直前、同年正月に起きた菅原道真失脚事件であろう。この事件によって、宇多の影響力が全面的に減退したことは明らかである。穏子の入内も、この力関係の変化によってはじめて可能となったとみられる。とすれば、次のような見方も成り立とう。すなわち、穏子入内問題こそが道真失脚事件の主たる原因ではなかったか。

政変が起きるまで、時平と道真の二頭体制は順調に続いているかにみえた。しかるに、正月二十五日、道真は突如右大臣を罷免され、大宰府に左遷される。実質的に流刑の処分であり、彼はそのまま二年後に彼の地に客死した。この処断を発表した醍醐の宣命は、彼の罪状について、皇位継承問題に関わりがあると主張している。すなわち、次のごとく、彼は天皇の「廃立」を謀ったというのである。

而るに右大臣菅原朝臣、寒［門］より俄かに大臣に上り収まり給へり。而るに止足の分を知らず、専権の心有り。佞諂の情を以て、前上皇(宇多)の御意《みこころ》を欺き惑はす。然るを上皇の御情《みこころ》を恐れ慎《まで》(マ)て奉行し、敢へて御情を恕《おもいや》ること无くして、廃立を行ひて、父子の慈《いつくし》みを離間し、兄弟の愛《いつくし》みを淑《マこ》破せんと欲す。詞《ことば》は辞《いな》び順はして心は逆《さから》ふ。これ皆天下知る所なり。宜しく大臣の位に居《お》くべからず。

この宣命(25)は、道真一人に罪を負わせつつ、事件の核心をかなり明瞭に語っている。天皇の「廃立」は宇多の意思ではないとしながらも、道真は宇多を「欺き惑は」したとして、宇多が「廃立」問題に無関係ではないことを匂わせている。さらに重視されるのは、「父子の慈みを離間し」の一句である。ここに宇多と醍醐との対立関係が隠されていない。二人を「離間」する問題といえば、「廃立」の一件しかないわけであろう。文脈もそのようになっている。

それでは、この「廃立」とは具体的にどのようなことか。醍醐に替えて、誰を立てるというのか。「兄弟の愛みを」云々とあるように、宣命はそれを醍醐の兄弟であるとする。この人物は宇多の第三子、斉世《ときよ》であろうというのが古来の定説である。斉世は道真とも姻戚関係にあったが、この事件の直後、二

第14図

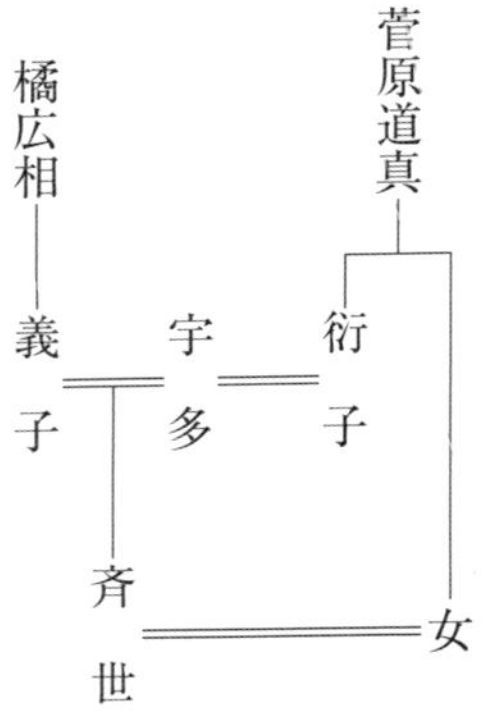

月二日に出家を遂げた。(26) 彼が事件の渦中にあったことは間違いない。

　このように、醍醐の宣命は、事件を宇多と道真による斉世擁立計画として描き出している。これをどのように評価するかとなると、全面的に宣命の主張を認めるものから、全くの冤罪として道真を弁護するものまで、諸説紛々として定まらない。政変に関する良質の史料は、醍醐側の一方的主張しか残されていないのであるから、所詮、いわゆる真相なるものを追究しようとしても限界があろう。政局の動向全般の中に、事件の位置づけを見定めることが肝要と思われる。

　冤罪説を唱える論者は、宇多や道真にとって、醍醐を退位させねばならないような理由はない、と判断するようである。宣命の主張するような斉世擁立計画は、はたして現実性をもたなかったのかどうか、この情況認識に争点がある。卑見はこのような計画がもし実際にあったとしても、何ら不自然なことではないと考える。穏子入内問題を重視し、これを政局の焦点とみるからである。宇多の立場からすれば、この問題で醍醐との間に対立が生まれたことは、彼の皇位継承構想を根柢から揺がすことになった。宇多の「院政」は、父子一体の観念を基礎に、宇多が皇位継承の主導権を掌握することによって成立していた。この問題に「院政」の浮沈がかかったのであった。

　かかる段階に至れば、穏子の入内に反対するにしても、ただ単に反対を唱えるのみでは成功は覚束無い。宇多にはその対案が必要となろう。醍醐があくまで宇多の意思に逆らうとなれば、いっそ思い切って醍醐を退位させることが現実的な解決策となるのではなかろうか。斉世に父子一体と皇統形成の望みをかけようという方向に動き出したとしても、それは大いにありうることのように思われる。

少なくとも醍醐側はそのような認識をもった。醍醐側としても、事態は座視しえないものとなった。政変は極秘裏に計画され、見事に成功を収める。

この政変は宇多にとって、予期せぬ突然の出来事であったらしい。彼が道真の失脚を知ったのは事後のことであった。驚いた彼は、急遽、醍醐に面会しようと内裏にかけつける。しかるに内裏の門は警備も固く閉ざされ、宇多は内裏の中に入ることを拒絶される。彼は仕方なく、門前（建春門ヵ）に草座《そうざ》を敷き、そこに坐り続けた。それは「終日」であったとも、「通夜」とも伝えられるが、結局、宇多は醍醐に会うことができないまま、空しく帰還せざるをえなかった(27)。まことに異様な光景である。門の内と外との息詰まるような緊張の中で、醍醐と貴族との結束は遂に崩れることなく、宇多に対して断乎たる態度を貫き通した(28)。こうして宇多の「院政」は幕を降ろしたのであった。

c　光孝系皇統は醍醐によって安定化をみる。すなわち、直系が確立される。その方式には八世紀型が採用された。醍醐は穏子所生の保明（崇象）を九〇四（延喜四）年、皇太子に立てる。師輔の証言にもあったごとく、宇多に対抗して、貴族の上表の手続きがとられた（本書二六三頁）。

醍醐の後、皇位は朱雀・村上の兄弟に継承されたが、これは保明多びその遺児慶頼が相次いで死去し

第15図

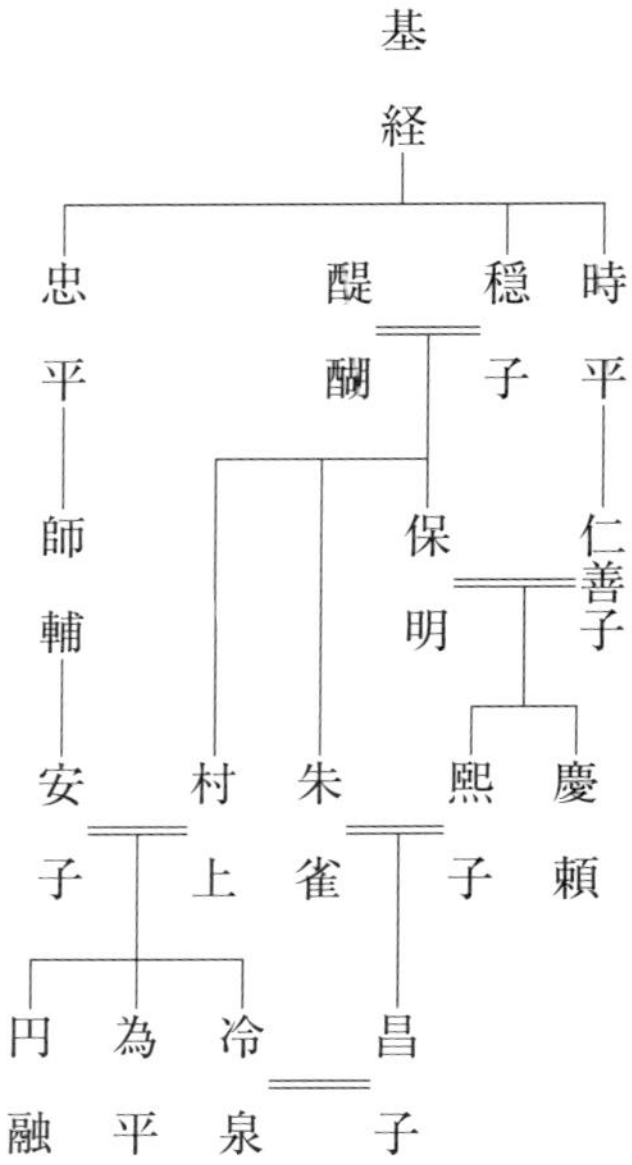

たためである。保明は九二三（延長元）年に死去し、同年に慶頼が立太子するが、これも九二五（延長三）年に五歳で死去した。保明の直系は断え、朱雀の立太子となる。ここで、次の三点に注意したい。

㈠　慶頼の立太子に伴い、穏子が皇后に立てられた。久々の皇后制の復活である。これによって八世紀型の理念のもとに、直系の権威を固めようとしたのであろう。

㈡　幼帝朱雀の即位に伴い、摂政制が復活された（摂政藤原忠平）。これも八世紀型の路線である。

㈢　兄弟継承に移行したあと、朱雀と熙子、冷泉と昌子、という組み合わせの婚姻が生まれた。これは直系の権威の継受に関係がある。一見、六世紀型のようにもみえるが、皇統形成原理のもう一つ〔補注4〕の型（本書一五六・一五七・一五九頁の平城型）として理解すべきであろう。

㈢の婚姻は八世紀型を基本としながらも、この型を導入して朱雀及び村上系の権威の補強をはかったものであろう。本来の直系、保明の血統は熙子・昌子の女系に伝えられ、最後は村上系に結び付けられた。村上の即位はかなり偶然的であり、もし朱雀に男子があれば、彼の即位はなかったわけである。村上が冷泉の立太子に際して、上皇朱雀の意向を憚り、師輔とともに思案を廻らさざるをえなかったのも、(29)このような経緯が背景にあった。その冷泉と昌子との婚姻は、冷泉の直系としての地位を安定化させるために、最も有効な手段であったに違いない。(30)

注

（1）『政事要略』巻卅（阿衡事）所収。

（2）『中央史壇』十二巻四号、一九二六年四月。

（3）『宇多天皇日記』仁和四（八八八）年六月二日条（『政事要略』巻卅所収）に次のようにある。

先日、先帝（光孝）、左に愚（宇多）の手を執り、右に相国（基経）の手を執り、託して曰く、「我日《ひにひ》に衰耗す。これ何事に拠るかを知らず。この人（宇多）必ず卿（基経）の子の如し。輔弼たらむのみ」と。ここに於て帝崩ず。以後、朕《われ》（宇多）彼の大臣（基経）に謂はく、「今、親しく馮《たの》むべき無し。既に孤《みなしご》と成る。未だ政事を覚知せず。更に誰が人に属《つ》かむ。惣じて善悪皆以て当に知るべき無し。況や卿（基経）は前代より猶 政《まつりごと》を摂《と》る。朕《わ》が身に至りては親しきこと父子の如し。宜しく政を摂るべきのみ」と。

なお、仁和三年閏十一月廿七日答太政大臣辞関白勅（『政事要略』巻卅所収）参照。

（4）『大鏡』第一巻。

（5）『日本紀略』昌泰二（八九九）年三月十四日条。

（6）『九暦』天暦四年六月十五日条（逸文）（宮内庁書陵部編『御産部類記〈上〉』所収、一九八一年、明治書院。東京大学史料編纂所編『大日本古記録　九暦』にも収む）。

（7）『日本紀略』延喜元（九〇一）年三月条。菅原道真の失脚はこの年の正月二十五日である。

(8) 陽成の生母、藤原高子は八九六（寛平八）年に皇太后を廃された（『日本紀略』寛平八年九月廿二日条）。原因は密通と伝えられ（『扶桑略記』同日条）、陽成と貞保の権威を傷つけることになった。

(9) 『古代政治社会思想（日本思想大系8）』所収、一九七九年、岩波書店。

(10) 前注(6)に同じ。

(11) 承久三年三月九日藤原道家願文案（『鎌倉遺文』二七二九号）。目崎徳衛氏「『寛平御遺誡』の逸文一条」（『日本歴史』四四一号、一九八五年二月）がこの逸文を紹介された。

(12) 前注(9)に同じ。

(13) 山本信吉氏「平安中期の内覧について」（坂本太郎博士古稀記念会編『続日本古代史論集』下巻所収、一九七二年、吉川弘文館）。

(14) 『権記』寛弘八年八月廿三日条。

(15) 森田悌氏『平安時代政治史研究』第一部第二章、一九七八年、吉川弘文館。

(16) 光孝の任摂政詔は『三代実録』元慶八年六月五日条。宇多の任摂政詔（仁和四年六月二日）は『政事要略』巻卅所収。宇多詔は引用文中の「必」字を「如」字とする。なお、注(13)山本氏論文は光孝詔の主旨を太政大臣の職掌の確認にあるとされているが、卑見がこの説を採らず、主旨を摂政の任命にあると解したことについては本書一九五頁以下参照。また、基経の抗表に対する光孝の勅答にも「諮禀」とある（『三代実録』元慶八年七月八日条）。

(17) 土田直鎮氏「類聚三代格所収官符の上卿」（『仏教史研究』四号、一九六九年十二月）。なお、上卿に関しては土田直鎮氏「上卿について」（坂本太郎博士還暦記念会編『日本古代史論集』下巻所収、一九六二年、吉川弘文館）を参照されたい。

(18) 時平と光以外の者が上卿として現われるのは、延喜八年十二月廿七日官符「頒下延喜格事」(『別聚符宣抄』所収、上卿源湛)である。

(19)『神道大系　儀式・内裏式』(渡辺直彦氏校注、一九八〇年、神道大系編纂会)。

(20)『日本紀略』宇多天皇寛平九年七月三日条。宇多はこの後、班子の住する東院に移った(『日本紀略』昌泰元年二月十三日条)。

(21)『践祚部類鈔』(『群書類従』巻三十三所収)。

(22) しかし、この解釈には難点もある。第五章注(2)に述べたように、この「太上天皇の在世」云々の一節は『本朝文粋』所収本には存在しても、『菅家文草』所収本には存在しないからである。菅原道真の編集になる『菅家文草』にこの一節が見えないということは、道真自身はこの一節に特別の意味を認めていなかったとも言えるであろう。

(23) 周知のごとく、白河にとっての障碍とは父後三条の皇位継承方針(実仁、輔仁)であり、鳥羽にとっての障碍は祖父白河の皇位継承方針(崇徳)であり、後白河にとっての障碍は父鳥羽のそれ(二条)であった。彼らはそれぞれ自己の意思を堀河、近衛、高倉に定め、これを実現した。和田英松「院政に就いて」(『国史学』十号、一九三二年。同『国史説苑』所収、一九三九年、明治書院)。

(24) かつての「院庁政権」「院庁政治」なる考え方の誤りが明らかにされた現在でも(橋本義彦氏「院政論」〈同氏『平安貴族社会の研究』所収、一九七六年、吉川弘文館〉参照)、国政にどれだけ関わっているか、という視点から「院政」を見ようとする発想は根強く続いている。宇多に関しても、目崎徳衛氏「宇多上皇の院と国政」(古代学協会編『延喜天暦時代の研究』所収、一九六九年、吉川弘文館)等のすぐれた論文にもこの傾向は窺われる。

(25)　昌泰四（延喜元）年正月廿五日宣命（『政事要略』巻廿二所収）。文中に宇多を指して「前上皇」とあるのは、八九九（昌泰二）年に出家により太上天皇の尊号を停めたことによる（『日本紀略』昌泰二年十一月廿五日条）。付言すれば、この措置は「院政」の実質に何ら影響しない。

(26)　『大日本史料』第一編之二、延喜元年二月二日条。諸史料に異同あるも、『大日本史料』の判定が妥当であろう。なお、斉世の同母兄斉中は、八九一（寛平三）年に死去した（『日本紀略』寛平三年十月十三日条）。

(27)　宇多のこの行動を『日本紀略』は正月三十日条にかけ、『扶桑略記』は正月二十五日条にかける。この決定的場面は二十五日であることがふさわしく、『扶桑略記』に従うべきであろう。

(28)　宇多の来訪を取り次がなかった責任者として、蔵人頭藤原菅根を正月二十六日に罷免するも、二月十九日に早くも還補している（『公卿補任』）。形を取り繕っただけのことで、処罰に値しない。

(29)　『九暦』天暦四年六月十日条、同月廿七日条。

(30)　直系の地位は、のちに冷泉系から円融系に移行した。

〔補注〕

(1)　前章（第六）の補注(3)（二五四頁）に述べたごとく、原版は陽成の長男源清蔭が八八四（元慶八）年に誕生したことを見落としたため、以上の宇多擁立問題の分析において清蔭の存在に触れなかった。そこで、この点に検討を加え、卑見を補足したい。

光孝の即位とともに開始されたとみられる直系候補選定作業において、陽成の男子は当然に有力候補者になったはずであるとする見方があろうかと思われる。しかし、卑見は単純にそのような見方が成り立つとは考えない。その理由の第一は、ここで選ばれるべきは直系の担い手であったが、前章の補注(2)(二五三頁)に述べたように、清蔭は生母の血筋からして、直系と認められる資格を具えていないからである。清蔭は埒外に置かれたとみるべきであろう。

理由の第二は、退位以後の陽成がなお直系の地位を保持しえていたとは、容易には認め難いからである。これは問題の根本に関わる論点である。あるいは、陽成は生まれながらの直系であったのだから、退位したとはいえ、直系としての地位が簡単に揺らぐはずはない、と考えてみたくもなるが、しかし、実際には、陽成の直系としての地位は明らかに崩れていった。そのことを最も端的に示すのは、藤原基経の娘、温子をめぐる動向である。

本書二六五頁に触れたように、温子は宇多の即位後に入内し、女御から皇太夫人になり、中宮と称された。基経の娘である彼女の入内は、宇多が直系の継承者と認められた証しであるといってよい。もし温子に男子が生まれていたならば、当然、その男子が皇位を継承したであろう。そのように、温子は直系を継承する天皇の妻となり、八世紀型の皇統をつくる役割を担う女性であったとみなされる。その温子が陽成の妻にはならなかったということに注目しなければならない。

陽成が殺人事件を起こしたとき(八八三年)、温子は十二歳であった。おそらく陽成と温子の婚姻は以前から決まっていたはずであり、事件が起きなければ、じきに温子は入内したであろうと推測される。そ退位の後も、もし陽成がなお直系として認められていたならば、温子の入内が実現されたであろう。その男子の誕生を待ち、その間は傍系の天皇を立てる、という方針が続くはずである。光孝の次には本康親王(光孝の異母弟)などを立てればよい。かかる方策が採られず、陽成と温子の婚姻がついに成立しなかったということは、陽成はもはや直系の地位を確保しえてはいないという実情を示すものにほかならない。陽成が直系と認められなくなる理由は、やはり殺人事件にあるとみるべきであろう。

以上のように、光孝在位期は直系が決まらない混迷化した情況にあった、とみなして間違いないように思われる。この情況に清蔭を加えても、宇多擁立問題の分析内容に変化が生じるわけではない。本書の論旨を修正する必要はないと考える。

（2）孝謙と平城の上皇としての活動を「院政」と認めないこの論には無理がある。孝謙は他戸の、平城は高丘の立太子を実現させた。この点で「皇位継承は彼らの意思や希望に合致し」たのであるから、この局面を「院政」として認めるのが妥当である。

（3）「院政」の前提は譲位の制度であり、譲位した天皇が皇位継承に自己の意思を貫こうとするのが「院政」である。従って、男性天皇として譲位を最初に行った聖武が、「院政」の最初の例となるであろう。聖武は皇位継承に自己の血統をあくまでも残そうと執着しており、聖武に「院政」の起源をみるのが妥当である。次に孝謙の例があり、その次に光仁の例がある。光仁の意思が早良親王の立太子にあり、譲位によってそれを実現したこと、そして、直系を桓武ではなく、早良に託そうとしたとみられることは、まさに光仁の「院政」と認められよう（第四章補注（1）〈一七六頁〉）。但し、光仁は譲位後、半年で死去したため、彼の意図は桓武によって否定されることになった）。その後に平城、清和がいる（清和も「院政」に含めてよい）。このように、聖武以来、幾人も「院政」の例があり、宇多を初例とするのは誤りである。但し、宇多の「院政」がその実質において、きわめて画期的であることは間違いない。なお、「院政」については拙著『日本中世の朝廷・幕府体制』（前掲）Ⅱ章・同『保元の乱・平治の乱』（二〇〇二年、吉川弘文館）・同『〔天皇の歴史04〕天皇と中世の武家』（前掲）も参照されたい。

（4）第一章補注（2）（六五頁）に言う「女系による直系の血統の継承」である。

結び

a　政治史における古代と中世の区切りを、一一八〇年代の内乱と幕府（武家）の成立に置くとすれば、以上の叙述を終えてなお、古代の道のりはまだ遠く長い。中世との間には、さらに二百年余りもの距離がある。この残された時期については、本書の第五章と第七章に若干の見通しを記すにとどまった。不本意ながら、いまその分析を具体化する準備はない。しかし、おそらくはその提示した見通しにさほどの狂いはないであろう。本書は、天皇制の固有の論理の働きに一貫して主たる関心を注いだが、この視点と手法は、残る二百年余の政治史に対しても、依然として有効性を保つことができるものと予想する。

b　最後に、本書の内容の領域と限界について説明しておきたい。政治史を標榜しながら、叙述の実際はほぼ朝廷内部の事象のみに限られた。本書の内容は、端的に言って、宮廷政治史である。もとより政治史にはより広大な領域がある。それは中央と地方との関係であり、政治的統合と支配の問題である。この政治史の全領域に較べれば、本書の領域はあまりに狭隘であり、故に内容の貧しさを感じさせるが、しかし、それはそれとして、許されるべきことではなかろうか。本書がそのような限界をもったというそのこと自体に、考えるべき意味があるように思われる。

本書は、天皇制とは何か、を問いつつ叙述を進めた。このことがおのずから本書の性格を規定したとみなしたい。つまり、本書の領域と限界としていま見たものは、実は、天皇制にその淵源があるのではなかろうか。その領域と限界こそ、天皇制に固有の属性であるように思われる。天皇制の論理が働く場は朝廷の内部に限られる、ということなのであろう。主題を天皇制に絞って論じる限りは、本書のごとき結果を免れえないのではなかろうか。

再び、冒頭の序論を顧みたい。明治維新以前において、天皇は裸の存在ではなかった。それは朝廷の中の存在であった。如上の論点はこの問題に繋がるのである。現代人は、ややもすると近代天皇制の特殊な姿を以て、そのまま過去に投影しやすい。政治的統合の主体についても、当然に天皇であるかのように思い込みがちである。この点を反省し、朝廷の存在にあらためて瞳を凝らすことが必要であろう。そのとき天皇制と朝廷との各々の位置づけが明確になり、政治史の枠組みを固めることが可能になると思われる。

天皇制は朝廷をつくる核であり、朝廷の組織原理である。天皇制の役割は基本的にこの点にあろう。そして、この朝廷はどのような位置にあるかといえば、朝廷こそが政治的統合を担う主体であろう。天皇制を核として朝廷がつくられ、朝廷の支配として政治的統合が成り立つという、二段階に分かれた構造なのである。本書の課題と領域は、その第一の段階にあった。次の第二の段階、すなわち、政治的統合と支配に関する考察は、また新たに、朝廷とは何か、という問いから始まることになるであろう。

〈付論〉村上天皇の死から藤原道長「望月の歌」まで

村上天皇が九六七（康保四）年に死去して以後、皇統は冷泉天皇系と円融天皇系の二つに分裂する異常事態が進行し、朝廷は不安定な状態に陥った。その情況は一〇一七（寛仁元）年、敦明親王（三条天皇子・冷泉孫）が皇太子を辞退し、皇統が円融系に一本化されて分裂が一応解消されるまで、五十年にわたって続いた。以下、この時期における皇位継承の経緯を概観し、併せて藤原道長の「望月の歌」のエピソードに触れてみたい。

村上は譲位をせず、在位のまま死去した。普通、天皇は死を予感すると、出家を遂げるために譲位するものである。村上が譲位を躊躇した理由は何か、それを推測すれば、皇太子（冷泉）を即位させる条件がまだ整っていないと考えていたからであろう。冷泉には精神障害があり、天皇としての在位をできるだけ短期間に止どめる必要があった。そのためには、冷泉に男子が生まれ、それが冷泉の即位と同時に皇太子に立ち、速やかに冷泉からその男子に譲位するのが最善であり、「正統」〈ショウトウ〉の継承も問題なく実現される。おそらく村上は、冷泉に男子が誕生するまでは譲位はできないということにこだわり続けて、結局、在位のまま死去してしまったのであろう。冷泉の即位後、冷泉の弟（円融）が皇太弟に立てられ、そのわずか一年後（九六八年）に冷泉の長男（花山天皇）が誕生する。村上にとって死は早過ぎた。村上がもう少し長く生きたならば、円融が皇太弟に立つことはなく、皇統の分裂問題が起きることもなかったのである。

円融は九六九（安和二）年に即位し、九八四（永観二）年に花山に譲位するまで、十五年も在位した。この間、花山もまた皇太子の地位に十五年いたのである。円融は、本来は中継ぎ役であり、花山が八、九歳になった頃（幼帝即位の前例）に譲位してよいはずであるのに、かくも在位が長期化したのは、男子を得て皇位継承者とし、中継ぎ役から脱しようとしたからであろう。円融の男子（一条天皇）は九八〇（天元三）年に誕生した。彼は譲位してこの男子を立太子させ、その望みを果たした。円融をめぐるかかる動向については、沢田和久氏「円融朝政治史の一試論」（『日本歴史』六四八号。二〇〇二年）の分析がある。

花山は在位わずかに二年で、九八六（寛和二）年に皇位を捨て、出家した。そのとき彼は夜中に内裏を脱出するという破天荒な行動をとったが、それは彼自身の意思にほかならない。花山はこの内裏脱出計画を藤原兼家父子にのみ相談し、その脱出行の道案内をさせた。他方、外戚などの親縁貴族には秘密にして一切相談しなかったのは、彼らは退位に反対するのが明らかであったからであろう。それに対し、一条および三条（花山の異母弟）の外戚である兼家が花山の退位を歓迎することは、当然ながら、花山自身にもよく分かっていたはずである。だからこそ、花山は兼家を協力者に選んだ。仏道修行に専心したいためである。この点、『大鏡』は、花山は兼家父子に騙され、その策略にはめられたとの筋立てに作るが、およそ現実味は感じられない。

自ら皇位を捨てた天皇はきわめて珍しい。しかも、花山は「正統」を担いうる立場にあったにもかかわらず、それに執着しなかった。こうした天皇もいるという事実を認めるほかなかろう。

次の一条は、九八六年に即位し、一〇一一（寛弘八）年、死の直前に譲位するまで、二十五年の長きにわたって在位した。その間、皇太子に冷泉男子（三条）がいる点は父の円融に似た状況であるが、しかし、一条の場合は、九九九（長保元）年に長男（敦康親王）が生まれ、その後も男子の誕生が続いたにもかかわらず、譲位しようとしなかった点に特色がある。それは、できうれば三条の即位を阻止し、皇統を円融系に一本化しようと意図したからであろう。しかるに、結果は一条が三条よりも先に死去したため、三条の即位が実現し、一条のかかる意図は果たされなかった。この一条をめぐる動向についても、沢田和久氏「一条朝政治史の基礎的考察」（『北大史学』四四号。二〇〇四年）の分析がある。

三条の即位と同時に、一条の次男（後一条天皇）が皇太子に立った（一〇一一年）。この三条の在位期に、皇統分裂問題は大詰めを迎える。それは三条が皇位を継承するにふさわしい男子を持たなかったからである。皇位継承にふさわしいとされるのは、摂関の家系の娘を生母とする人物である。それが貴族の合意が得られる条件であった。摂関の家系は、紆余曲折を経て、この時期には藤原道長に帰着していたが、一条の中宮となった道長の長女（彰子）は二人の男子（後一条と後朱雀天皇）を生んだのに対し、三条の中宮となった道長の次女（妍子）には男子は生まれなかった。ここに問題解決の方向が定まり、冷泉系の皇統は廃絶を余儀なくされる。この背景には「正統」の確立（分裂の解消）を望む貴族の強い意向があったことを注視せねばならない。

但し、三条はその最後に抵抗を試みた。三条は眼病等のために在位が難しい状態になっていたので、道長はそれを理由に後一条の即位と後朱雀の立太子を目論み、三条に譲位を迫った。しかし、道長のこの行動は軽率であった。三条はそれを逆手に取り、他の妻に生まれた男子（敦明）の立太子を要求し、道長にそれを呑ませて譲位したのである（一〇一六年）。敦明の立太子を許したことは明らかに道長の失敗であった。だが、道長はすぐに巻き返しに出ることができた。三条が譲位の翌年に死去したからである。全く孤立した敦明は自ら皇太子を辞め、替わって後朱雀が皇太弟に立ち、円融系への一本化が実現された（一〇一七年）。

＊

その翌年の一〇一八（寛仁二）年十月十六日、道長の三女威子が後一条天皇の中宮に立てられた。この夜の宴席で、道長が座興に詠んだのが「望月の歌」である。

この日、道長は娘の三人目の立后を実現した。歴史上、初めてのことである。今の天皇と皇太弟の外祖父であるだけではなく、道長が将来も長く天皇の外戚の地位を確保するであろうことは確実であるように思われた。その晴れやかな宴席で、道長は「誇りたる歌」を即興に作ったとして、次の和歌を貴族に披露した。

此世乎は我世と所思望月乃虧たる事も無と思へハ

（この世をば我が世とぞ思ふ望月の虧けたることも無しと思へば）

この和歌を最初に聞かされた藤原実資は、「御歌優美なり」とし、「自分にはとても返歌は作れないので、皆でこれを唱和しよう」と呼びかけ、公卿全員でこの和歌を何度も吟詠したという。月の皓々と照る夜であった（『小右記』寛仁二年十月十六日条）。

これは道長の「栄華」を象徴するエピソードとして有名である。この場面は、普通、得意の絶頂にある道長と、彼に追従する公卿集団、という構図で理解されている。「この世は我が世」と高言してはばからない道長の傲慢な態度と、その道長にへつらう公卿の屈従的態度とが対比され、道長の権力者としての姿が強調されがちである。しかしながら、どうであろうか。はたして道長は得意満面にあけすけに、そのような自慢をしたのであろうか。

一つのはっきりした問題がある。それはこの日が十六日であり、この夜を照らしていたのは十六夜〈いざよひ〉の月であって、十五夜の「望月」ではなかった、という点である。道長は十六夜の月を見てこの和歌を詠み、公卿等も十六夜の月を見ながらこの和歌を唱和した。そうすると、おかしなことになろう。「望月の歌」は「虧けたることも無し」と歌うのに、道長や貴族が今見ているのは、既に「虧け」始めた月なのである。ここにこの歌の本当の意味があるのではないか。

そこで、もう一度「この世をば」の歌に戻り、これを一首の和歌として素直に読み直してみよう。そうすると、これは「望月」の「思（ひ）」を詠んだ歌であることがわかる。「この世をば我が世とぞ思ふ」のも、「虧けたることも無しと思（ふ）」のも、それは「望月」である。皓々と輝く満月は、まるで、この世は我が世だ、自分が虧けることなどありはしない、とでも思っているかのようだ、という趣旨であって、この「思ふ」の主語を道長と解したのでは、この和歌の仕掛けにはまることになる。道長がそのようなことを「思ふ」はずはない。なぜなら、今日は十六夜であり、月は既に虧け始めているのだから。昨日の満月も今日はもう虧け始める、栄華のはかなさ。それがこの和歌に託した道長の想いであろう。例の貴族好みの趣味である。道長がはじめに「誇りたる歌」を詠んだと言ったのは、公卿等が道長はさぞかし有頂天であろうと思っていることを、道長は知っていたからである。そこでまずは有頂天になっているかのごとくにみせかけて、実は自分は違う、ということを公卿等に伝えようとした。栄華の危うさ、この世のはかなさを自分は知っている、と。実資がこの和歌を「優美」と評価したのは、この和歌のそのような奥行きを理解したからであろう。そして、公卿等もまたこの和歌に託された道長の心情に共感したからこそ、十六夜の月を仰ぎながら、何度も唱和したのであろう。

道長と公卿とのこの融和した姿は、道長が皇統の分裂を解決したことの賜物であろう。公卿は、朝廷が安定化した安堵感と道長に対する信頼感に包まれた。それが摂関の権威を作り出す。道長自身はこの宴から半年後に（一〇一九年三月）、出家を遂げた。「望月の歌」を詠んだとき、道長は既に出家を心に決めていたであろう。その心境がこの和歌を詠ませたのである。

増訂版あとがき

本書の原版は、一九八六年に『古代史研究選書』の一冊として吉川弘文館より刊行された。私の初めての著作であった。この『選書』の執筆者に私をご推薦くださされたのは故佐伯有清先生である。亡き佐伯先生に感謝を申し上げたい。

本書はその復刊である。但し、多少手を加え、一つに、原版の内容に密着する小文を「付論」として増補し、もう一つに、原版の記述の誤りを正し、或いはより正確な表現に改め、さらに文章の読みやすさを図るなどの補訂を施した。あわせて以て「増訂版」とする。

「付論」として収載した拙文「村上天皇の死から藤原道長『望月の歌』まで」は、『史学雑誌』百十七編十一号（二〇〇八年）の「コラム　歴史の風」に掲載したものである。原版の叙述は十世紀半ばの村上天皇即位と冷泉天皇立太子で終わっており、その後の政治史については、第五―三―d項（二〇〇・二〇一頁）にわずかな見通しを示したに過ぎない。ここに収めたのは論文の体をなさない粗略な短文であるが、少しでも原版の闕を補うべく、本書に加えることにした。

次に、原版の補訂について説明しよう。

第一に、原版の記述に誤りがある場合、それを正すのに二つの方法を採った。一つは、原文を削除、ないし書き改め、そのことを補注に明記する方法、もう一つは、原文をそのままに残し、それが誤りであることを補注で説明する方法、である。どちらを用いるかは、誤りの質や度合いによって適宜選択した。いずれにしても、補注を参照されたい。

第二に、原版の記述に誤りはないが、必要な分析や説明が欠けている場合、原文をそのままに残し、補注で必要な分析や説明を補充した。

第三に、原版には用語や表現が必ずしも的確ではない箇所が数多く存在する。論旨を明確にするために、適宜、それらをより的確な用語・表現に修正したが、これらについては補注を省略した。

第四に、原版は史料をその原文の形で引用したが、この増訂版では読みやすさを図り、漢字文や宣命などの引用史料を読下し文に書き直した。また、読みにくい漢字にはルビを振った。読下し文は歴史的仮名遣いを用い、ルビは現代仮名遣いを用いた。なお、読下し文の作成には、『〈新日本古典文学大系〉続日本紀一～五』（岩波書店）や『〈日本思想大系〉古代政治社会思想』（岩波書店）などを参照した。

第五に、同じく読みやすさを図り、原版の堅い表現を平易なものに変え、不要な読点を削除した。

以上の補訂作業の結果、原版の論旨は、全くと言ってよいほど、修正する必要がないことを確認した。特に重要なのは第一にあげた、原版の記述に誤りがある場合であるが、それらの誤りを訂正しても、論旨の変更や修正には及ばないことが確認された。これによって本書の刊行に安心感を懐くことができたのは幸いである。

原版の刊行から既に三十年に迫る歳月を経ても、本書の叙述は原版刊行の時点にそのまま立ち止まっている。研究者の良心があれば、原版刊行後に寄せられた批判を紹介、検討し、原版の立論の是非を論じる一文を草するべきであろう。増訂版を称しながら、かかる意味での付論を掲載できなかったのは、私の怠惰以外の何ものでもない。読者にお許しを乞うばかりである。

本書の原版は私の古代・中世政治史研究の出発〈たびだち〉であった。とはいえ、古代史に関してはこれ一冊しかない。この後は中世史に入り込み、そこで右往左往してきたが、もともと恩師佐藤進一先生に憧れて中世史を志した身であるから、これは自然な成り行きである。歩いてみると、古代史と中世史を隔てる壁などはない。古代と中世は自由に行き来できる。そこで、私は古代と中世を一つの世界とみなし、その世界を一貫して支えている理念（ものの考え方）の存在を探ろうとした。本書の原版とその後の仕事は一体である。

室町時代初期（南北朝期）まではこれで行けそうだというはじめの予感も、あながち外れてはいなかったように思う。しかし、この先、室町時代以後に進もうとすると、案の定、世界が別のようで、行く手は見えない。何が問題なのか、わからないのが残念である。

本書の原版から始まった旅も、そろそろ終えざるをえない模様となった。この旅の終わりに、再び〈たびだち〉の仕事に立ち戻ることができたのはまことに幸運である。この旧著を復刊していただいた吉川弘文館の皆様に篤く御礼申し上げる。

二〇一四年八月三十一日

河内祥輔

天皇系図（本書「序論」補注（6）参照）

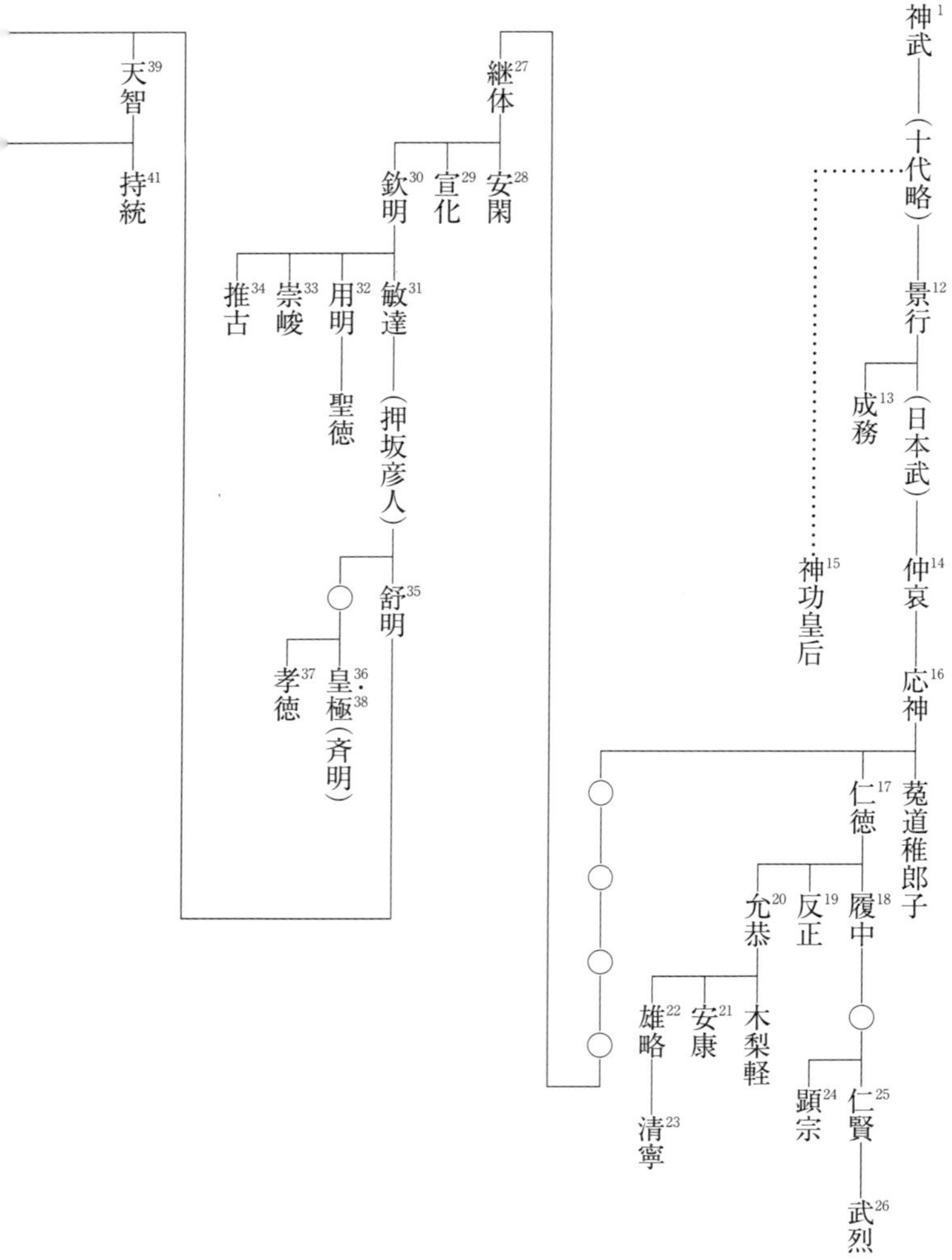

神武 1
（十代略）
景行 12
成務 13
（日本武）
仲哀 14
神功皇后 15
応神 16
菟道稚郎子
仁徳 17
履中 18
反正 19
允恭 20
木梨軽
安康 21
雄略 22
清寧 23
顕宗 24
仁賢 25
武烈 26
継体 27
安閑 28
宣化 29
欽明 30
敏達 31
用明 32
崇峻 33
推古 34
聖徳
（押坂彦人）
舒明 35
皇極 36・38（斉明）
孝徳 37
天智 39
持統 41

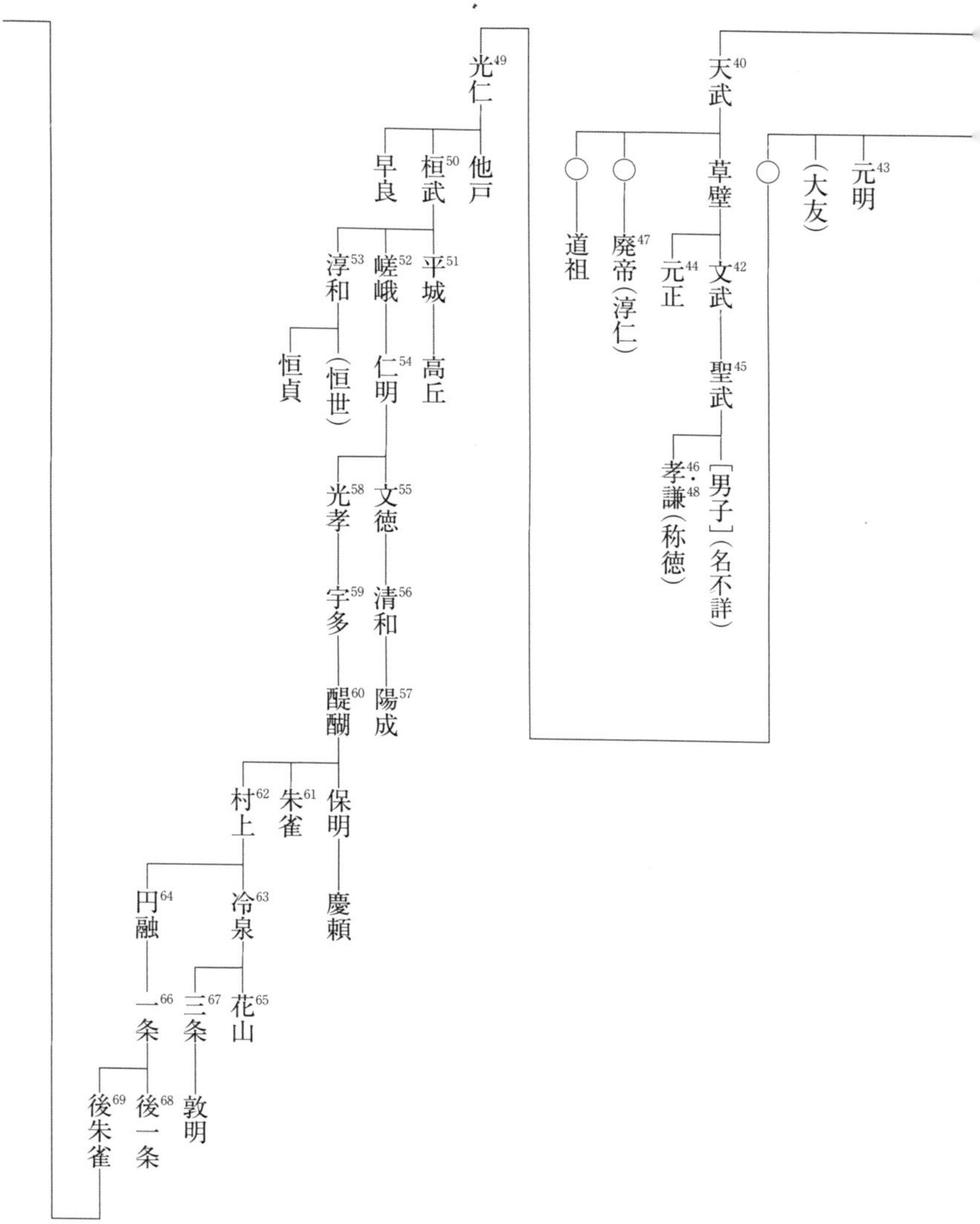
天武[40]
元明[43]
（大友）
草壁
道祖
廃帝[47]（淳仁）
元正[44]
文武[42]
聖武[45]
［男子］（名不詳）
孝謙[46・48]（称徳）
光仁[49]
他戸
桓武[50]
早良
平城[51]
嵯峨[52]
淳和[53]
高丘
仁明[54]
（恒世）
恒貞
文徳[55]
光孝[58]
清和[56]
宇多[59]
陽成[57]
醍醐[60]
保明
朱雀[61]
村上[62]
慶頼
冷泉[63]
円融[64]
花山[65]
三条[67]
一条[66]
敦明
後一条[68]
後朱雀[69]

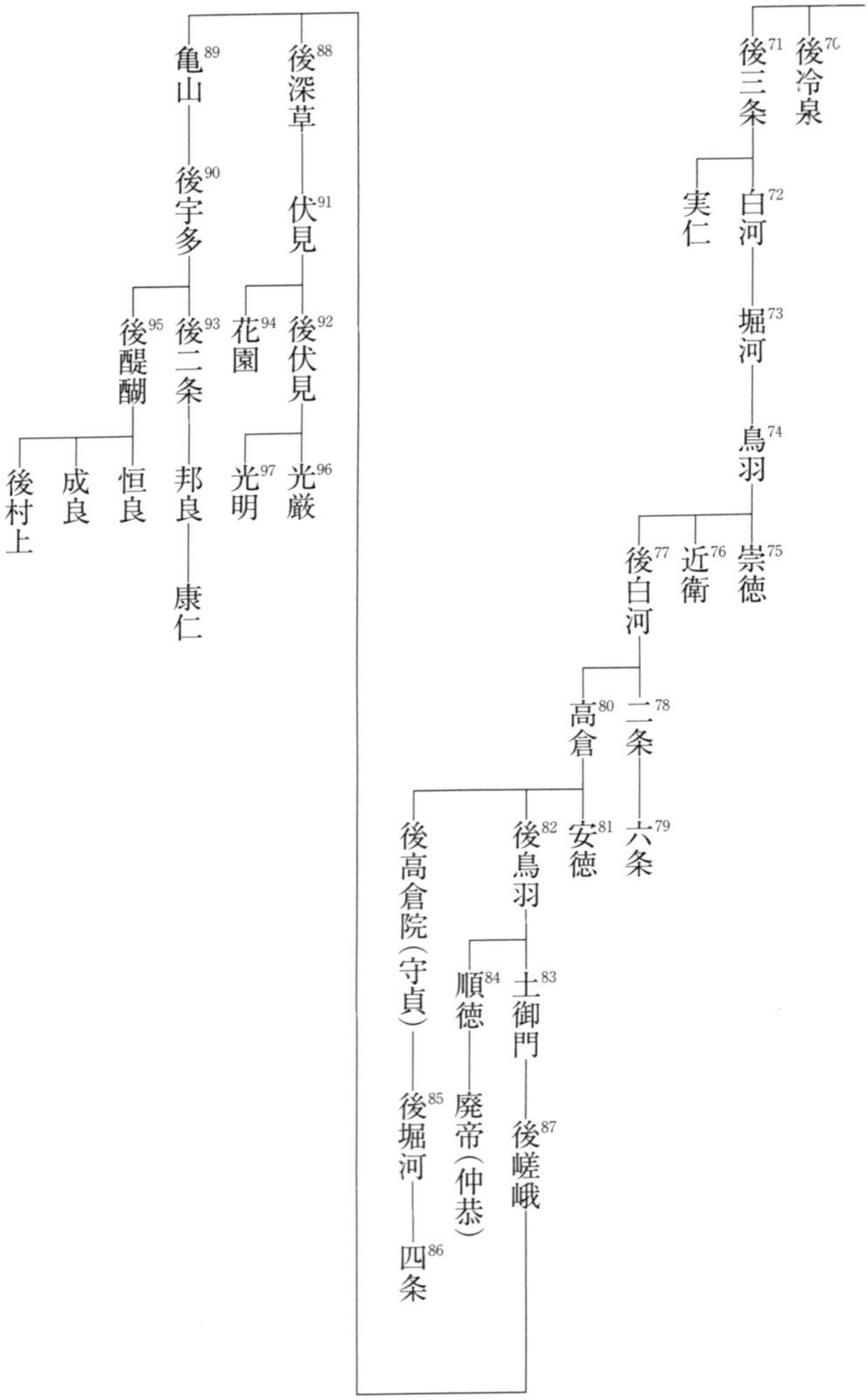
後冷泉 70
後三条 71
白河 72
実仁
堀河 73
鳥羽 74
崇徳 75
近衛 76
後白河 77
二条 78
六条 79
高倉 80
安徳 81
後鳥羽 82
土御門 83
順徳 84
後高倉院(守貞)
後堀河 85
四条 86
廃帝(仲恭)
後嵯峨 87
後深草 88
亀山 89
後宇多 90
伏見 91
後伏見 92
後二条 93
花園 94
後醍醐 95
光厳 96
光明 97
邦良
康仁
恒良
成良
後村上

さ　行

た　行

な　行

索　　引

あ　行

か　行

著者略歴
一九四三年　北海道に生まれる
一九七一年　東京大学大学院人文科学研究科国史学専門課程博士課程中退
現在　北海道大学名誉教授

主要著書
『頼朝の時代―一一八〇年代内乱史―』（平凡社、一九九〇年、『頼朝がひらいた中世』〈ちくま学芸文庫、二〇一三年〉として復刊）
『保元の乱・平治の乱』（吉川弘文館、二〇〇二年）
『中世の天皇観』（山川出版社、二〇〇三年）
『日本中世の朝廷・幕府体制』（吉川弘文館、二〇〇七年）
『天皇と中世の武家』（共著、講談社、二〇一一年）

古代政治史における天皇制の論理〈増訂版〉

二〇一四年（平成二十六）十月一日　第一刷発行

著　者　河《こう》内《ち》祥《しょう》輔《すけ》
発行者　吉川道郎
発行所　株式会社 吉川弘文館
郵便番号一一三―〇〇三三
東京都文京区本郷七丁目二番八号
電話〇三―三八一三―九一五一〈代〉
振替口座〇〇一〇〇―五―二四四番
http://www.yoshikawa-k.co.jp/
組版＝株式会社キャップス
印刷＝藤原印刷株式会社
製本＝誠製本株式会社
装幀＝清水良洋・渡邉雄哉

ISBN978-4-642-08260-0